北京大學《儒藏》編纂與研究中心 編

《儒藏》精華編選刊

考亭淵源録

〔明〕宋端儀 撰
〔明〕薛應旂 重輯
彭榮 校點

北京大學出版社
PEKING UNIVERSITY PRESS

圖書在版編目(CIP)數據

考亭淵源録 /（明）宋端儀撰；（明）薛應旂重輯；北京大學《儒藏》編纂與研究中心編. --北京：北京大學出版社，2024.8. --（《儒藏》精華編選刊）.

ISBN 978-7-301-35484-1

Ⅰ. B244.75

中國國家版本館CIP數據核字第2024RW9823號

書　　名	考亭淵源録 KAOTING YUANYUANLU
著作責任者	（明）宋端儀 撰　（明）薛應旂 重輯 彭榮 校點 北京大學《儒藏》編纂與研究中心 編
策劃統籌	馬辛民
責任編輯	陳軍燕
標準書號	ISBN 978-7-301-35484-1
出版發行	北京大學出版社
地　　址	北京市海淀區成府路205號　100871
網　　址	http://www.pup.cn　新浪微博: @北京大學出版社
電子郵箱	編輯部 dj@pup.cn　總編室 zpup@pup.cn
電　　話	郵購部 010-62752015　發行部 010-62750672 編輯部 010-62756449
印 刷 者	三河市北燕印裝有限公司
經 銷 者	新華書店 650毫米×980毫米　16開本　26印張　288千字 2024年8月第1版　2024年8月第1次印刷
定　　價	106.00元

目録

考亭淵源録卷之十六……二四一

考亭淵源録卷之十七……二六〇

考亭淵源録卷之十八

考亭淵源録卷之二十一……三三七

校點説明

《考亭淵源録》二十四卷，明宋端儀撰，薛應旂重輯。

宋端儀（一四四六—一五〇一），字孔時，號立齋，福建莆田人。成化十七年（一四八一）進士，曾任禮部精膳司主事，尋丁内外艱。服闋，改本部祠祭司，遷主客司員外郎。弘治九年（一四九六），陞廣東按察司僉事，奉勑提督學政。十四年夏，以鄉試屆期，衝冒炎瘴巡歷南韶諸邑，預選應試之士，遂染疾卒於官，年甫五十有六。據《明史》本傳，端儀「慨建文朝忠臣湮没，乃搜輯遺事，爲《革除録》」。建文忠臣之有録，自端儀始也」。端儀另著有《考亭淵源録初稿》《道南三先生遺書》《朱子事類》《莆田人物志》《鄉賢考證》《莆陽遺事》《莆陽舊事偶録》《立齋閒録》《西湖塵談録》《祠部典故》《高科考》《宋氏族譜》等，今多不傳。

薛應旂（一五〇〇—一五七五），字仲常，號方山，武進（今屬江蘇）人。嘉靖十四年（一五三五）進士第二，授慈溪知縣，與郡守不合，後改九江教授。華亭徐階督學江西，檄掌白鹿書院事。尋擢南京吏部主事，轉考功郎中，主察典。輔臣嚴嵩欲去南京吏科給事中王燁，令尚寶司司丞諸傑貽書應旂，囑以黜燁，應旂反黜傑。嵩怒，嗾御史劾之，謫建昌通判，歷浙江提學副使罷歸。《雒閩源流録》載其著有《憲章録》《宋元通鑑》《甲子會紀》《高士傳》《浙江通志》《薜子庸語》《四書人物考》等書。

宋端儀在任職禮部時，署清務簡，尤留意程朱理學。以程氏師友淵源，朱子已有録以示後學，而朱子門人亦多哲士，尚未有表著之者，遂輯《考亭淵源録》十四卷，「因所可考見，裒録一二，聊備草創，以俟能者」，自題爲《初稿》。隆慶元年（一五六七），林潤以右僉都御史巡撫蘇、淞諸府，命薛應旂加以删潤，薛氏乃「以宋公初稿，稽諸往籍所載，質以平日所聞，反復思惟，參互考訂，删其繁冗，增其未備，而一得之愚，亦不敢不盡」，録成二十四卷，並於隆慶三年刻板印行（以下簡稱隆慶本），是國内所見唯一刻本。隆慶本十行，行二十字，白口，單邊單魚尾，有刻工。日本曾於天保九年（一八三八）翻刻此本，有菰口治解題。天保刻本格式與字體都儘可能保持隆慶本原貌，偶有誤刻。一九七七年，岡田武彦、荒木見悟共同主編的《和刻影印近世漢籍叢刊・思想編》影印出版了天保本。

宋端儀《初稿》現存清抄本，損卷一、卷二，存目録、宋端儀自序、卷三至卷十四，今藏臺北「國圖」。從目録看，《初稿》的卷一、卷二分别題爲「晦庵文公朱先生上、下」，卷三爲「南軒張宣公」及「東萊吕成公」，後十一卷皆爲朱子門人。隆慶本在《初稿》基礎上，增加了對朱子師承及同輩學者如陸九淵兄弟、陳亮、陳傅良等人的介紹，從《初稿》論門人的後十一卷，擴展成十九卷，並對門人次序做了較大調整，在最後一卷還增加了對胡紘的介紹。《初稿》與隆慶本互有詳略，但後者體例更爲統一，便於閲讀。例如在介紹人物生平時，隆慶本摒棄了《初稿》所採用的行狀、碑文、祭文等形式，一律以《宋史》等材料爲準，即便《宋史》無傳，需要採取時人墓誌的，也將墓誌等材料參入介紹中，而非單篇另行。而且，隆慶本在「備遺」部分也有所去取，並增加了許多書信内容，較之《初稿》準確。以對張栻與吕祖謙的評價爲例，《初稿》多載朱子的批評，極少肯定，而隆慶本的載録則側重於肯定二者的學術成就，同時指出缺點，顯得公允。總之，隆慶本在《初稿》的基礎上進行了較大加工，主要反映了薛應旂對朱子的理解。

本次校點，以《四庫全書存目叢書・史部・傳記類》所收録的隆慶本《考亭淵源録》爲底本，底本附四庫館臣《提要》，今予保留。《初稿》有宋端儀自序，有文獻價值，此次整理時收入。鑒於《初稿》與隆慶本出入太多，無法作爲校本，故主要依據《宋史》（清乾隆武英殿刻本）、《晦庵集》（四部叢刊景明嘉靖本）、《朱子語類》（明成化九年刻本）校對，另參考《擊壤集》（四部叢刊景明成化本）、《龍圖陳公文集》（清抄本）、《二程遺書》（清文淵閣四庫全書本)、《東萊集》(民國續金華叢書本)、《宋名臣言行録續集别集外集》(清文淵閣四庫全書本)、《勉齋集》(元刻延祐二年重修本)、《東嘉録》(清景明抄本)、《萬姓統譜》(清文淵閣四庫全書本)、《宋元學案》(清道光刻本)、《閩中理學淵源考》(清文淵閣四庫全書本)、《經義考》(清文淵閣四庫全書本)等相關書籍加以校訂。

校點者 彭 榮

初稿序[1]

按：晦庵得伊洛之淵源，而南軒、東萊二先生平昔相與講學，亦若横渠之於二程，故以次之。其及門士，林梅塢羽謂動以千計，而元楊仲弘據後學葉士龍所編《語録》，遂謂升堂入室四十四人，不知若人蓋因記録遺語見稱，其間固多賢者，而黄直卿、蔡元定、李敬子諸賢多不與。兼之李道傳所集《語録》，則只三十二人。李性傳《續録》則又四十一人。安敢謂便彼四十四人者果皆爲入室，而外此不復有人耶？然去之三百餘年，中間再更變故，雖其顯著者，簡册猶或遺之，若次焉者，則又並其名氏亦亡矣。故今僅因所可考見，裒録一二。聞見不博，決擇未精，聊備草創，以俟能者之删潤云爾。蒲陽宋端儀識。

[1] 本序原無，據清抄本《初稿》補。

考亭淵源録序

中丞念堂林公奉命撫吴，飭吏軌民，帖然定矣。曰：其俗未易也。乃進而教之以禮。居一年，屏僞去奢，翕然同矣。曰：其心未格也。思進而教之以學，出故提學宋公所緝《考亭淵源録初藁》，屬提學薛君成之。薛君於是倣朱子所爲《伊洛淵源録》者，爲加潤色，增其所未備，凡爲卷二十四，以復於公。公將鋟梓以傳，俾階爲序。階按字書，源也者，言水之所出也；淵也者，言水之所止也。夫水，出於山，分而爲四瀆，播而爲百川，合而匯於四海，此其爲淵源者然也。儒者之於學，其得諸師傳，流衍洋溢，有源之義焉。其朋友之相發明，門弟子之轉相授受，涵浸漸被，有淵之義焉。此朱子「伊洛淵源」所由名也。然階聞之：儒者之於師，非徒習其説之難也。其以會友，其以傳諸人。亦非徒説之貴也。固必有體諸身，措諸事業，卓然可以紹前哲而澤天下後世者，夫然後無所愧於「淵源」之稱。在昔虞夏史臣紀載堯、舜、禹之事，自「精一執中」數語外，皆其行與政也。孔子之教門人，既示之詩書禮樂矣，慮其徒騖於口耳也，故曰「予欲無言」，「吾無行而不與二三子」。而其高第弟子，亦知孔子之教不專以説辭也，故於《鄉黨》，述其身教者詳焉。蓋孔子而上，其所謂淵源者如此。朱子之爲《伊洛淵源録》也，略於周、程諸大儒之言，而詳於其行與政，殆虞夏史臣之指，而孔門紀鄉黨之例歟？自朱子歿，學者溺於訓詁詞章。弟子之於師，以爲能習其説足矣。朋友之會聚，以爲能講明其師説足矣。轉而傳之其徒，又以爲能不失其所聞於師者是矣。貿貿焉不知堯、舜、禹、孔子之學，乃在夫行與政，而非徒説辭之謂也。宋公之緝《考亭淵源録》，抑亦朱子之爲心歟？近時士大夫敢爲高論而或外於彝倫，喜爲空談而不務求諸實踐，其弊蓋有甚於前者。林公之欲格民心也，固宜自士始。欲格士之心也，固宜自辯其所謂淵源始。今而後讀兹録者，考見夫朱子之行與政如是，又觀於其師友，徧及其門人，而見夫延平、籍溪、象山、南軒諸先生，勉齋、西山諸君子之行與政如是。惕然反諸身，求以紹前哲而澤天下後世，則於公嘉惠之意，庶無負矣乎！階少從事於學，然以愚且惰，迄今既老，而行猶不足信於人，政猶不足及於物，中夜深念，未嘗不赧且汗也。輒論叙學之淵源以及所自愧悔者，書諸首簡，使後學之彦有所戒勉焉。宋公名端儀，林公名潤，俱莆人。薛君名應旂，武進人。録梓於隆慶己巳正月十日，成於四月十日。

賜進士及第，特進光禄大夫、柱國少師兼太子太師，吏部尚書、建極殿大學士，知制誥、知經筵事，國史總裁致仕，華亭徐階序。

重編考亭淵源録序

前廣東提學僉事莆陽宋公端儀，嘗編《考亭淵源録》。以未及詳定，自題曰「初藁」。無何，而公卒矣。今御史中丞念堂林公，與公同邑，謂是編關繫匪輕，而一時草創，尚未竟公之志，乃出以示旂刪潤，且屬序諸簡端。旂三復之。作而嘆曰：宋公佩復先儒，林公表章墜緒，無非爲斯道計也。旂不類，竊有志焉久矣，敢不贊成斯美，以與學者共哉？夫道之在天下未嘗息，而其顯晦絶續之幾，則繫乎其時，亦存乎其人。即如考亭先生，學宗濂洛，遠紹洙泗，孰不謂其集諸儒之大成哉？然而異言諠豗，則猶未免焉。方其在淳熙、慶元間，以小人而攻君子，固不足論。迨今理學大明之後，乃復有訓詁支離之議。正德間，陽明王公嘗輯朱子之定論，以發明其造詣之精一。而依傍門户，未窺堂奥者，輒又二三其説，甚則詭異以徼近名，附和以希速化。邇數年來，蓋又難言之矣。此念堂公於兹編有不容但已也。旂受兹重委，不敢遜避，謹以宋公初稿，稽諸往籍所載，質以平日所聞，反覆思惟，參互考訂，刪其繁冗，增其未備，而一得之愚，亦不敢不盡。嘗觀考亭編《伊洛淵源》，首載濂溪，以追伊洛之所自；次及其同時之友、及門之士，以見淵源之所漸。乃若龜山、上蔡、廣平，則皆程門高第弟子。傳之豫章，講之武夷，以及于延平、籍溪、屏山、白水，而考亭寔皆師之。一時若廣漢、金華、金谿、永康、東嘉，皆以學名世，而考亭與之往復切磋，反覆論難。凡德性問學之端，王伯義利之辨，體統散殊之歸，精微嚴密之指，咸究其極：此正淵源之所在。而初稿自廣漢、金華之外，咸未之録。

余悉爲增入，仍倣濂溪之例，發端于延平，其諸以次書之，上續伊洛之傳，下闡淵源之派。蓋必如是，則知考亭以集大成，而學者有所依據，當不爲衆言之所淆惑、偏見之所拘滯。合異以反同，會博而歸約，庶致知實踐，有所措手。道待時而行，人感時而發，而真儒輩出矣。編成，敬復於念堂公就正，以究宋公未竟之志。而僭踰之罪，知不能免也。因書以爲序。

皇明隆慶戊辰冬十二月，朔旦，後學武進薛應旂謹序。

書考亭淵源目録後

《考亭淵源録》成，余既序之矣。客有覽者，起而問曰：今之講學者，所在有之，議論種種，蓋云衆矣。其號爲知學者，則謂陸氏之學，聖門之的傳也；朱氏之學，聖門之羽翼也。子是之編乃比而同之，次象山於考亭師友之列，豈亦近世《道一編》之遺意乎？曰：非然也。夫道原于天而畀於人，人人有之，人人能言之，而知之者蓋鮮。講學者，將以明斯道，而措諸行也。苟非深造自得者，是難與口舌争也。《道一編》者，無亦見朱、陸皆賢，而立論不同，故合二氏而彌縫之。其本來面目，真切血脉，恐亦未之深究也。旂雖寡陋，自童子時，即有志於學。三十年前，從事舉業，出入訓詁，章分句析，漫無歸着。一旦聞陽明王公之論，盡取象山之書讀之，直闖本原，而工夫易簡。正如解纏縛而舒手足，披雲霧而覩青天。喜躍不勝，時發狂叫，遂以爲道在是矣。如是者又三十年，然每一反觀，居常則覺悠悠，遇事未見得力。及徧視朋儕，凡講斯學者，率少究竟。乃復展轉于衷，年踰五十，猶未能不惑。及罷官歸，則既老矣。恐終無所得，而虚負此生，日以孔孟之書，反覆潛玩。賴天之靈，恍然而悟，始知朱子之言，孔子教人之法也；陸子之言，孟子教人之法也。今觀《論語》一書，言心者二，言性者一，「克己復禮」，唯以告顔子，而「一貫」之傳，自參、賜之外，無聞焉。其所雅言者，不過詩書執禮，文行忠信，入孝出弟，事賢友仁，三戒三畏，六言六蔽，五行九思，與夫居處恭，執事敬，與人忠，出門如賓，使民如祭之類。無非欲學者隨事隨物，無時無處而不用其力也。故門人疑其有隱，而其自謂則亦以中人以下不可語上。夫以夫子之在當時，其成己成物之心，蓋將舉一世而甄陶之，以開萬世之太平。非不欲吾人之一蹴至道，而顧若珍祕之者，何也？寔以道雖各具於人心，而非實自致力者，不能體貼。若汎以語之，則人將褻玩。猶之夜光之璧、照乘之珠，漫以投人，不駭則疑矣。縱其祖父遺之子孫，若非克家繩武者，亦必輕視浪費，豈能慎守而永保之哉？此固夫子之微意也。迨至孟子之時，儀衍横行，楊墨塞路，吾道晦蝕，幾於盡矣。若不盡出其底裏以語之，夫誰與我？此孟子所以一見梁惠，遂言仁義。齊宣易牛，指其是心足王。而性善堯舜之語，直以告之曹交、滕世子，而不少隱焉。其諸盡心、知性、養氣、集義之微，人皆得而聞之，不必及門之士也。旂嘗以爲，夫子韞櫝寶藏，盡爲孟子掀翻矣。此豈以君子之道誣人哉！憂世變而悲人窮，汲汲以拯天下之溺，不得不然也。故曰："予豈好辨哉？予不得已也。"此孔孟一道，而教人之法不同也。然自今觀之，孔門之所造就者，不特顔、曾、閔、冉卓然爲殊絶人物，而宰、仲、言、卜之徒，皆彬彬君子也。若孟氏之門，樂克、告子，號稱高弟，已不當與孔門下士並論，而公孫丑、萬章之徒，直衆人耳。此其故可知矣。蓋孔門之聞道也難，故多務爲近裏着己、精思實踐之功，而隨其分量，各有所得。孟門之聞道也易，而身心性命之教，率皆視爲常談，而入耳出口，漫不經意，以故鮮有所得。此其理與勢蓋有必至者耳。象山之門，東南之士群然趨之。而其所成就，自楊敬仲、袁和叔、沈叔晦、舒元質之外，罕有聞焉。考亭之門，則自黄直卿、蔡季通以下，率多名儒碩士。凡脩己治人之道，化民成俗之功，行之當時，而垂之後世。凡列於兹録者，具在史册，歷歷可考見也。夫先難後獲，學者固不當有計功責效之心，而學問之真的，則自此可驗，而吾人當知所趨向矣。先是，陽明王公輯《朱子晚年定論》，似若考亭有得於象山。今觀象山晚年，教人讀書，須是反覆窮究，項項分明；博學、審問、慎思、明辨、篤行，日進無已，其有得於考亭者，蓋寔多也。道本一致，學不容二。兩先生寔所以相成，而非所以相反也。具在録中，學者當自得之。其諸一二叛徒，固孔門之伯寮，程門之邢恕也，何足論哉。仍存初藁，亦可爲永鑒云。

隆慶己巳春正月，既望，後學薛應旂謹書。

考亭淵源録卷之一

後學莆陽宋端儀初藁
後學武進薛應旂參修
後學莆陽林潤校正

延平先生李侗

李侗，字愿中，南劍州劍浦人。年二十四，聞郡人羅從彦得河洛之學，遂以書謁之。其略曰：侗聞之，天下有三本焉。父生之，師教之，君治之。闕其一，則本不立。古之聖賢莫不有師，其肄業之勤惰，涉道之淺深，求益之先後，若存若亡，其詳不可得而考。惟洙泗之間，七十二弟子之徒，議論問答，具在方册，有足稽焉，是得夫子而益明矣。孟氏之後，道失其傳，支分派别，自立門户，天下真儒不復見於世。其聚徒成群，所以相傳授者，句讀文義而已爾。謂之熄焉，可也。侗惟先生服膺龜山先生之講席有年矣，況嘗及伊川先生之門，得不傳之道於千五百年之後。性明而修，行完而潔，擴之以廣大，體之以仁恕，精深微妙，各極其至。漢唐諸儒，無近似者。至於不言而飲人以和，與人並立而使人化，如春風發物，蓋亦莫知其所以然也。凡讀聖賢之書，粗有識見者，孰不願得授經門下，以質所疑。至於異論之人，固當置而勿論也。侗之愚鄙，徒以習舉子業，不得服役於門下。而今日拳拳欲求教者，以謂所求有大於利禄也。抑侗聞之：道可以治心，猶食之充飽，衣之禦寒也。人有迫於饑寒之患者，皇皇焉爲衣食之謀，造次顛沛未始忘也。至於心之不治，有没世不知慮，豈愛心不若口體哉？弗思甚矣。侗不量資質之陋，徒以祖父以儒學起家，不忍墜箕裘之業，孜孜矻矻，爲利禄之學。雖知真儒有作，聞風而起，固不若先生親炙之，得於動静語默之間，目擊而意全也。今生二十有四歲，茫乎未有所止。燭理未明，而是非無以辨。宅心不廣，而喜怒易以摇。操履不完，而悔吝多。精神不充，而智巧襲。揀焉而不淨，守焉而不敷。朝夕恐懼，不啻如饑寒切身者求充饑禦寒之具也。不然，安敢以不肖之身爲先生之累哉。

從之累年，授《春秋》《中庸》《語》《孟》之説。從彦好静坐，侗退入室中亦静坐。從彦令静中看喜怒哀樂未發前氣象，而求所謂中者，久之，而於天下之理，該攝洞貫，以次融釋，各有條序。從彦亟稱許焉。既而退居山田，謝絶世故餘四十年，食飲或不充，而怡然自適。事親孝謹，仲兄性剛多忤，侗事之得其懽心。閨門内外，夷愉肅穆，若無人聲，而衆事自理。親戚有貧不能昏嫁者，則爲經理賑助之。與鄉人處，飲食言笑終日油油如也。其接後學，答問不倦，雖隨人淺深施教，而必自反身自得始。故其言曰：「學問之道，不在多言，但默坐澄心，體認天理。若是，雖一毫私欲之發，亦退聽矣。」又曰：「學者之病，在於未有灑然冰解凍釋處。如孔門諸子，群居終日，交相切磨，又得夫子爲之依歸，日用之間，觀感而化者多矣。恐於融釋而不脱落處，非言説所及也。」又曰：「讀書者，知其所言莫非吾事，而即吾身以求之，則凡聖賢所至而吾所未至者，皆可勉而進矣。若直求之文字，以資誦説，其不爲玩物喪志者幾希。」又曰：「講學切在深潛縝密，然後氣味深長，蹊徑不差。若概以理一，而不察其分之殊，此學者所以流於疑似亂真之説而不自知也。」嘗以黄庭堅之稱濂溪周茂叔「胸中灑落，如光風霽月」爲善形容有道者氣象。嘗諷誦之，而顧謂學者：「存此於胸中，庶幾遇事廓然，而義理少進矣。」其語《中庸》曰：「聖門之傳是書，其所以開悟後學，無遺策矣。然所謂『喜怒哀樂未發謂之中』者，又一篇之指要也。若徒記誦而已，則亦奚以爲哉？必也體之於身，實見是理，若顔子之歎，卓然若有所見，而不違乎心目之間，然後擴充而往，無所不通，則庶乎其可以言《中庸》矣。」其語《春秋》曰：「《春秋》一事各是發明一例，如觀山水，徙步而形勢不同，不可拘以一法。然所以難言者，蓋以常人之心推測聖人，未到聖人灑然處，豈能無失耶？」侗既閑居，無意當世，而傷時憂國，論事感激動人。嘗曰：「今日三綱不振，義利不分。三綱不振，故人心邪僻，不堪任用，是致上下之氣間隔，而中國日以衰。義利不分，故自王安石用事，陷溺人心，至今不自知覺。人趨利而不知義，則主勢日孤。人主當於此留意，不然，則是所謂『雖有粟，吾得而食諸』也。」是時吏部員外郎朱松與侗爲同門友，雅重侗，遣子熹從學，熹卒得其傳。沙縣鄧迪嘗謂松曰：「愿中如冰壺秋月，瑩澈無瑕，非吾曹所及。」松以謂知言。而熹亦稱侗：「資稟勁特，氣節豪邁，而充養完粹，無復圭角。精純之氣，達於面目。色温言厲，神定氣和。語默動静，端詳閑泰。自然之中，若有成法。平日恂恂，於事若無甚可否。及其酬酢事變，斷以義理，則有截然不可犯者。」又謂：「自從侗學，辭去復來，則所聞益超絶。」其上達不已如此。侗子友直、信甫，皆舉進士，試吏旁郡，更請迎養，歸道武夷。會閩帥汪應辰以書幣來迎，侗往見之，至之日，疾作，遂卒，年七十有一。信甫仕至監察御史，出知衢州，擢廣東、江東憲，以特立不容於朝云。

備　遺

晦庵曰：「先生之道德純備，學術通明，求之當世，殆絶倫比。然不求知於世，而亦未嘗輕以語人。故上之人既莫之知，而學者亦莫之識。是以進不獲施之於時，退未及傳之於後。而先生方且玩其所安樂者於畎畝之中，悠然不知老之將至，蓋所謂『依乎中庸，遯世不見知而不悔』者，先生庶幾焉。」

問延平先生言行。晦庵曰：「他却不曾著書，充養得極好。凡爲學，不過是恁地涵養將去，初無異義。只是先生睟面盎背，自然不可及。初亦是豪邁底人，到後來也得琢磨之力。」

問：延平謂「常存此心，勿爲事物所勝」。曰：「先生涵養自是别，真所謂不爲事物所勝者。古人云『終日無疾言遽色』，他真個是如此。」

先生意，只是要得學者静中有個主宰存養處。

問：《延平行狀》云「終日危坐，以驗夫喜怒哀樂之前氣象爲如何，而求其所謂中者」，與伊川之説若不相似。曰：「這處是舊日下得語太重，今以伊川之語格之，則其下工夫處亦是有些子偏。只是被李先生静得極了，便自見得是有個覺處。」

問：延平欲於未發之前觀其氣象，此與楊氏「體驗於未發之前」者異同如何？曰：「這個亦有些病。那體驗字是有個思，思了便是已發。若觀時恁著意看，便也是已發。」又曰：「延平説，人心中大段惡念却易制伏，最是那不大段計利害，乍往乍來底念慮，相續不斷，難爲祛除。今看得來是如此。」

李先生取人，❶大抵令於静中體認大本未發時氣象分明，即處事應物自然中節。此乃龜山門下相傳指訣。

大抵思索義理到紛亂窒塞處，須是一切掃去，放教胸中空蕩蕩地了，却舉起一看，便自覺得有下落處。此説向見李先生曾説來，今日方真實驗得如此。

若著些利害，便不免開口告人，却與不學之人何異？

向見李先生説，若大段排遣不去，只思古人所遭患難有大不可堪者，持以自比，則亦可以少安矣。始者甚卑其説，以爲何至如此。後來臨事，却覺有得力處，不可忽也。

舊見李先生説，少從師友，幸有所聞，中間無講習之助，幾成廢墜，然賴天之靈，此個道理，時常在心目間，未嘗敢忘。此可見其持守之功矣。

籍溪先生胡憲

胡憲，字原仲，建州崇安人，故侍讀南陽安國從父兄之子也。憲生而沈静端慤，不妄言笑。稍長，從安國學，始聞河南程氏之説。尋以鄉貢，入太學。會元祐學有禁，乃獨與鄉人劉致中陰誦而竊講焉。既又學《易》於涪陵處士譙天授，久未有得。天授曰：「是固當然。蓋心爲物漬，故不能有見，唯學乃可明耳。」憲於

❶ 「取」，《晦庵集》卷四十作「教」。

是喟然歎曰：「所謂學者，非克己功夫也耶？」自是一意下學，不求人知。一旦揖諸生，歸隱于故山。非其道義，一毫不取於人。力田賣藥，以奉其親。安國稱其有隱君子之操，而鄉人士子，慕從之遊，日以益衆。一時賢士大夫聞其名者，亦皆注心高仰之。於是從臣折彦質、范冲、朱震、劉子羽、吕祉、吕本中，共以憲行義聞於朝。詔特徵之。憲以母老辭。既而彦質入西府，又言於上。促召愈急，憲辭益固。乃授左迪功郎，添差建州學教授。猶不起。郡守魏矼爲遣行義諸生，入里致詔，且爲手書陳大義，開譬甚力。憲不得已，乃出拜命。既就職，日進諸生，而告之以古人爲己之學。聞者始而笑，中而疑，久而觀其所以修身，所以事親，所以接人，無一不如所言，於是翕然尊信悦服。郡人程元以馴行稱，龔何以廉節著，皆迎致之，俾參學政。於是教日益孚，士日益化。秩滿，復留者再，蓋七年不徙官。而母年益高，不樂居官舍，求得監南嶽廟以歸，居累年。間嘗一爲福建路安撫司準備差遣，帥守大禁鬻鹽私販者，雖銖兩必重坐，憲爲陳法義，請寬之，而帥守顧不悦，憲於是有去意。久之，復請奉祠以歸。是時秦檜用事，天地閉塞二十年，已泊然無復當世之念。及檜死，群賢稍復進用，白爲大理司直。未行，改秘書省正字。人謂必不復起，乃一辭即受，雖門人弟子，莫不疑之。到館下累月，又默默無一言，人益以爲怪。會次當奏事殿中，而病不能朝，即草疏言：「虜人大治汴京宫室，勢必敗盟。今元臣宿將，惟張浚、劉錡在，而中外有識皆謂虜果南牧，非此兩人莫能當。惟陛下亟起而用之，臣死不恨矣。」時浚、錡皆爲積毁所傷，上意有未釋然者。論者雖或頗以爲説，然未敢斥然正言之也。憲獨極意顯言，無所顧避，疏入即求去。諸臣留之不得，上亦感其言，以爲左宣教郎，主管崇道觀，使歸而食其禄。於是向之疑者乃始愧歎心服，而繼其説者亦益衆。以故浚、錡卒召用，而憲則以病不起矣。紹興三十二年四月十二日卒，年七十有七。

憲質本恬澹，而培養深固。平居危坐植立，時然後言。望之枵然如槁木之枝，而即之温然，雖當倉卒，不見其有疾言遽色。人或犯之，未嘗較也。其讀書，不務多爲訓説，獨嘗纂《論語説》數十家，復抄取其要，附以己説，與他文草槀藏于家。平生與劉致中同志。既與俱隱，又得劉子翬與之遊，更相切磨，以就其學，而朱松亦晚而定交焉。松既病且没，遂因以屬其子熹於憲及致中、子翬之門，而熹事憲爲最久。憲葬時，其子親仁尚幼，不克銘。淳熙五年，乃屬熹，使狀其行。

備　遺

元晦曰：「先生教諸生，於工課暇，以片紙書古人懿行或詩文銘贊之有補於人者，粘置壁間，俾往來誦之，咸令精熟。」

屏山先生劉子翬

劉子翬，字彦冲，贈太師韐之仲子，以父任，授承務郎，辟真定府幕屬。韐死靖康之難，子翬痛憤幾無以爲生。廬墓三年，服除，通判興化軍。寇入閩境，子翬與郡將張當世晝計備禦，如素服戎事者，賊不敢犯。事聞，詔因任子翬。始執喪致羸疾，自號病翁，以不堪吏事，辭歸武夷山，不出者凡十七年。間走其父墓下瞻望徘徊，涕泗嗚咽，或累日而返。妻死不再娶，事繼母及兄子羽盡孝友。子羽之子珙幼，英敏嗜學，子翬教之不懈，珙卒有立。與籍溪胡憲、白水劉勉之交，相得。每見，講學外無雜言。他所與遊，皆海内知名士，而期以任重致遠者，惟新安朱熹而已。初，熹父松且死，以熹託子翬。及熹請益，子翬告以《易》之「不遠復」三言，俾佩之終身。熹後卒爲儒宗。子翬少喜佛氏説，歸而讀《易》，即涣然有得。其説以爲學《易》當先《復》，故以是告熹焉。一日感微疾，即謁家廟，泣别母，與親朋訣。付珙家事，指示葬處。處親戚孤弱之無業者已，乃訓學者修身求道數百言，彈瑟賦詩，澹然如平日。居二日而卒，年四十七，學者稱爲屏山先生。

備　遺

公學尤深於《易》，家有東、西二齋，東以「復」名，西以「蒙」名。蒙齋之記有曰：「三代而下，易學廢矣。六國之士爲談説所蒙，兩漢之士爲章句所蒙，晉、魏之士爲虚無所蒙，隋、唐之士爲辭藻所蒙，皆處偏滯而不反。如波滚沙，反以自渾。如谷騰霧，反以自暝。初不知其豁然者常存也。今吾與二三子既知之矣，可不競競肅肅以養其聖耶？」

元晦跋先生文集曰：「先生文辭之偉，固足以驚一世之耳目。然其精微之學，静退之風，形於文墨，有足以發蒙蔽而銷鄙吝之萌者，所宜盡心也。」

跋先生遺帖曰：「先生壯歲棄官，端居味道，一室蕭然，無異禪衲。視世之聲色權利人所競逐者，漠然若無見也。熹蚤以童子獲侍左右，先生始亦但以舉子見期。熹竊窺見其自爲與教人者若不相似，暇日僭請焉。先生欣然嘉其志，乃開示爲學門户，朝夕誨誘。其後屬疾，熹適在外，亟歸省問。甚喜，曰：『病中無可與語，幸子之歸也。』自是教詔益詳，期許益重，至爲其道平生問學次第，傾倒無餘。一日，授詩一篇，乃其手書。歿後發其所封遺書，復有片紙屬熹，末有勉力大業之語。熹泣受寶藏，不敢失墜，以示子孫及同志，使知跂慕前修景行之懿。」

白水先生劉勉之

劉勉之，字致中。自幼强學，日誦數千言。耳目所接，一過不復忘。其爲文，肆筆而成，滂沛閎闊，凌厲頓挫，儕輩少能及之。踰冠，以鄉舉詣太學。時蔡京用事，方禁士毋得挾元祐書，制師生收司連坐法，犯者罪至流徙。名爲一道德者，而寔以鉗天下之口。勉之心獨知其非是，陰訪伊洛程氏之傳，得其書藏去。深夜同舍生皆熟寐，乃始探篋解裹，下帷然膏，潛抄而默誦之。聞涪陵譙天授嘗從程子遊，兼邃易學，適以事至京師，即往扣焉，盡得其學之本末。既而遂厭科舉之業。一日棄録牒，揖諸生而歸。道南都，見元城劉忠定公。過毘陵，見龜山楊文靖公。皆請業焉。而忠定尤奇其材，留語數十日，告以平生行己立朝大節，以至方外之學。他人所不及聞者，無不傾盡。勉之受其言，精思力行，朝夕不怠，久而若有得焉。則疇昔所聞一言之善，融會貫通，皆爲己用，而其踐履日以莊篤。與胡憲、劉子翬友善，日以講論切磋爲事。其於當世之務若不屑焉，而論説區處，鉅細顯微，皆有條理。亂後，故山室廬荒頓，乃即建陽近郊蕭屯別墅，結草爲堂，讀書其中。力耕稼以自給，澹若無求於世，而一時賢士大夫莫不注心高仰之。中書舍人吕本中知之尤深，嘗以小詩問訊，有「老大多材，十年堅坐」之句，世傳以爲實録。是時國家南渡幾十年，謀復中原，以攄宿憤，而未有一定之計。方且痦寐俊傑，與圖事功。本中乃與同列列其行誼志業，以聞於朝。特詔詣闕。將行，劉子翬爲作《招劍》之文以祝之，其卒之亂曰：「寶劍徠，奉君王。撫四夷，定八荒。時乎時，毋深藏。」其所望於勉之者蓋如此。既至，會秦檜已顓國柄，爲其事非己出，不能平。時又方決屈己和戎之策，惡聞天下正論。意山林之士，不顧利害，敢盡言觸忌諱。尤不欲使見天子，談當世事，第令策試後省，給札，俾上其對。勉之知道不行，即日謝病歸。杜門十餘年，造養益熟，名聞益尊。故相趙鼎出鎮南州，道經其里，謁語移日，彌加歎重。然其去未幾，即遭讒，竄海外以没。同時知勉之者，亦皆廢錮不復用。於是竟不及一試而卒。卒之日，紹興十九年二月十日也，年五十有九。有志之士，莫不哀之。

勉之學本爲己，而才周世用。臨事裁處，不動聲色。平居嚴敬自持，若不可犯。而接物之際，恂恂和悦，色笑可親。其臨財廉，一介不妄取。少時婦家富而無子，謀盡以貲産歸女氏。既謝不納，又擇其宗屬之賢者，舉而畀之，使奉其先祀。其與人交，誠信懇惻。同里胡寅，蚤出爲季父後，不自知其本親，鄉人多竊議之，而莫以告。勉之獨爲移書，具陳本末。寅感其言，爲數歸省，議因以息。朱松蚤與勉之遊，松將没，深以後事爲寄，且戒其子熹往學焉。松殁，勉之慨然爲經理其家事，而教誨熹如子姪，既又以其女歸之。親舊羈貧，收恤扶助，亦皆曲盡恩意。學者造門，隨其材品，爲説聖賢教學門户，以及前言往行之懿，終日亹亹無倦色，自壯至老，如一日也。建州於今爲建寧府，勉之墓在草堂涉溪西北七里所，群玉鄉三桂里之學士原。慶元戊午，熹爲表其墓。

考亭淵源録卷之二

考亭先生朱熹

朱熹，字元晦，一字仲晦，徽州婺源人。父松，字喬年，中進士第，胡世將、謝克家薦之，除秘書省正字。趙鼎都督川、陝、荆、襄軍馬，招松爲屬，辭。鼎再相，除校書郎，遷著作郎。以御史中丞常同疏薦，除度支員外郎、史館校勘，歷司勳、吏部郎。秦檜決策議和，松與同列上章極言其不可。檜怒，風御史論松懷異自賢。出知饒州，未上，卒。熹幼穎悟，甫能言，父指天示之曰：天也。熹問曰：天之上何物？松異之。就傅，授以《孝經》。一閲，題其上曰：「不若是，非人也。」嘗從群兒戲沙上，獨端坐以指畫沙，視之，八卦也。年十八，貢于鄉，中紹興十八年進士第。主泉州同安簿，選邑秀民充弟子員，日與講説聖賢修己治人之道，禁女婦之爲僧道者。罷歸，請祠監潭州南嶽廟。明年，以輔臣薦，與徐度、吕廣問、韓元吉同召，以疾辭。

孝宗即位，詔求直言，熹上封事言：「聖躬雖未有過失，而帝王之學不可以不熟講。朝政雖未有闕遺，而脩攘之計不可以不早定。利害休戚雖不偏舉，而本原之地不可以不加意。陛下毓德之初，親御簡策，不過風誦文辭，吟咏情性，又頗留意於老子、釋氏之書。夫記誦詞藻，非所以探淵源而出治道；虚無寂滅，非所以貫本末而立大中。帝王之學，必先格物致知，以極夫事物之變，使義理所存，纖悉畢照，則自然意誠心正，而可以應天下之務。」次言：「修攘之計不時定者，講和之説誤之也。夫金人於我有不共戴天之讐，則不可和也明矣。願斷以義理之公，閉關絶約，任賢使能，立紀綱，厲風俗。數年之後，國富兵强，視吾力之强弱，觀彼釁之淺深，徐起而圖之。」次言：「四海利病，係斯民之休戚。斯民休戚，係守令之賢否。監司者，守令之綱。朝廷者，監司之本也。欲斯民之得其所，本原之地，亦在朝廷而已。今之監司姦贓狼籍，肆虐以病民者，莫非宰執臺諫之親舊賓客。其已失勢者，既按見其交私之狀而斥去之。尚在勢者，豈無其人？顧陛下無自而知之耳。」

隆興元年，復召入對。其一言：「大學之道，在乎格物以致其知。陛下雖有生知之性，高世之行，而未嘗隨事以觀理，即理以應事。是以舉措之間，動涉疑貳。聽納之際，未免蔽欺。平治之效，所以未著。」其二言：「君父之讐不與共戴天。今日所當爲者，非戰無以復讐，非守無以制勝。」且陳古先聖王所以强本折衝、威制遠人之道。時相湯思退方倡和議，除熹武學博士，待次。乾道元年，促就職。既至而洪适爲相，復主和，論不合，歸。三年，陳俊卿、劉珙薦爲樞密院編修官，待次。五年，丁内艱。六年，工部侍郎胡銓以詩人薦，與王庭珪同召，以未終喪，辭。七年，既免喪，復召，以禄不及養辭。九年，梁克家相，申前命，又辭。克家奏熹屢召不起，宜蒙褒録，執政俱稱之。上曰：「熹安貧守道，廉退可嘉，特改合入官，主管台州崇道觀。」熹以求退得進，於義未安，再辭。淳熙元年，始拜命。二年，上欲獎用廉退，以勵風俗。龔茂良行丞相，❶以

---

❶「行丞相」，《宋史·道學三》作「行丞相事」。

熹名進。除秘書郎，力辭，且以手書遺茂良，言一時權倖群小乘間讒毁。乃因熹再辭，即從其請，主管武夷山冲佑觀。

五年，史浩再相，除知南康軍。降旨便道之官，熹再辭，不許。至郡，興利除害。值歲不雨，講求荒政，多所全活。訖事，奏乞依格推賞納粟人。間詣郡學，引進士子，與之講論。訪白鹿洞書院遺址，奏復其舊，爲《學規》，俾守之。明年夏，大旱，詔監司、郡守條具民間利病。遂上疏言：「天下之務，莫大於恤民。而恤民之本，在人君正心術以立紀綱。蓋天下之紀綱不能以自立，必人主之心術公平正大，無偏黨反側之私，然後有所繫而立。君心不能以自正，必親賢臣，遠小人，講明義理之歸，閉塞私邪之路，然後乃可得而正。今宰相、臺省、師傅、賓友、諫諍之臣皆失其職，而陛下所與親密謀議者，不過一二近習之臣。上以蠱惑陛下之心志，使陛下不信先王之大道，而説於功利之卑説；不樂莊士之讜言，而安於私暬之鄙態。下則招集天下士大夫之嗜利無耻者，文武彙分，各入其門。所喜，則陰爲引援，擢寘清顯。所惡，則密行訾毁，公肆擠排。交通貨賂，所盜者皆陛下之財。命卿置將，所竊者皆陛下之柄。陛下皆謂宰相、❶師傅、賓友、諫諍之臣，或反出其門牆，承望其風旨。其幸能自立者，亦不過齪齪自守，而未嘗敢一言以斥之。其甚畏公論者，乃能略警逐其徒黨之一二，既不能深有所傷，而終亦不敢正言以擣其囊橐窟穴之所在。勢成威立，中外靡然向之，使陛下之號令黜陟不復出於朝廷，而出於一二人之門。名爲陛下獨斷，而實此一二人者陰執其柄。」且云：

---

❶「陛下皆謂」，《晦庵集》卷十一作「雖陛下所謂」，《宋史·道學三》作「陛下所謂」。

「莫大之禍，必至之憂，近在朝夕，而陛下獨未之知。」上讀之大怒，曰：「是以我爲亡也！」熹以疾請祠，不報。

陳俊卿以舊相守金陵，過闕入見，薦熹甚力。宰相趙雄言於上曰：「士之好名，陛下疾之愈甚，則人之譽之愈衆，無乃適所以高之。不若因其長而用之，彼漸當事任，能否自見矣。」上以爲然，乃除熹提舉江西常平茶鹽公事。旋録救荒之勞，除直秘閣，以前所奏納粟人未推賞，辭。會浙東大饑，宰相王淮奏改熹提舉浙東常平茶鹽公事，即日單車就道。復以納粟人未推賞，辭職名。納粟賞行，遂受職名。入對，首陳災異之由與脩德任人之説。次言：「陛下即政之初，蓋嘗選建英豪，任以政事，不幸其間不能盡得其人，是以不復廣求賢哲，而姑取軟熟易制之人，以充其位。於是左右私褻使令之賤，始得以奉燕閑，備驅使，而宰相之權日輕。又慮其勢有所偏，而因重以壅己也，則時聽外廷之論，將以陰察此輩之負犯而操切之。陛下既未能循天理、公聖心，以正朝廷之大體，則固已失其本矣。而又欲兼聽士大夫之言，以爲駕馭之術。則士大夫之進見有時，而近習之從容無間。士大夫之體貌既莊而難親，其議論又苦而難入。近習便嬖側媚之態既足以蠱心志，其胥史狡獪之術又足以眩聰明。是以雖欲微抑此輩，而此輩之勢日重。雖欲兼采公論，而士大夫之勢日輕。重者既挾其重，以竊陛下之權。輕者又借力於所重，以爲竊位固寵之計。日往月來，浸淫耗蝕，使陛下之德業日隳，綱紀日壞。邪佞充塞，貨賂公行，兵愁民怨，盗賊間作，災異數見，饑饉荐臻。群小相挺，人人皆得滿其所欲，惟有陛下了無所得，而顧乃獨受其弊。」上爲動容。所奏凡七事，其一二事，手書以防宣洩。

熹始拜命，即移書他郡募米商，蠲其征。及至，則客舟之米已輻輳。熹日鈎訪民隱，按行境内，單車屏徒從，所至人不及知。郡縣官吏憚其風采，至自引去，所部肅然。凡丁錢、和買、役法、榷酤之政，有不便於民者，悉釐而革之。於救荒之餘，隨事處畫，必爲經久之計。有短熹者，謂其疏於爲政。上謂王淮曰：「朱熹政事却有可觀。」熹以前後奏請多所見抑，幸而從者，率稽緩後時。蝗旱相仍，不勝憂憤，復奏言：「爲今之計，獨有斷自聖心，沛然發號，省躬求言，然後君臣相戒，痛自省改。其次惟有盡出内庫之錢，以供大禮之費，爲收糴之本。詔户部免徵舊負，詔漕臣依條檢放租税，詔宰臣沙汰被災路分州軍、監司、守臣之無狀者。遴選賢能，責以荒政，庶幾猶足下結人心，消其乘時作亂之意。不然，臣恐所憂者不止於饑殍，而將在於盜賊。蒙其害者不止於官吏，而上及於國家也。」

知台州唐仲友，與王淮同里，爲姻家。吏部尚書鄭丙、侍御史張大經交薦之，遷江西提刑。未行，熹行部至台，訟仲友者紛然，按得其實，章三上，淮匿不以聞。熹論愈力，仲友亦自辯，淮乃以熹章進呈。上令宰屬看詳。都司陳庸等乞令浙西提刑委清强官究實，仍令熹速往旱傷州郡相視。熹時留台未行，既奉詔，益上章論。前後六上，淮不得已，奪仲友江西新命以授熹，辭不拜。遂歸，且乞奉祠。時鄭丙上疏，詆程氏之學，且以沮熹。淮又擢太府寺丞陳賈爲監察御史，賈面對，首論近日搢紳有所謂道學者，大率假名以濟僞，願考察其人，擯棄勿用。蓋指熹也。十年，詔以熹累乞奉祠，可差主管台州崇道觀，既而連奉雲臺、鴻慶之祠者五年。

十四年，周必大相，除熹提點江西刑獄公事，以疾辭。不許，遂行。十五年，淮罷相。遂入奏，首言近年刑獄失當，獄官當擇其人。次言經總制錢之病民，及江西諸州科罰之弊。而其末言：「陛下即位二十七年，因循荏苒，無尺寸之效可以仰酬聖志。嘗反覆思之，無乃燕閒蠖濩之中，虚明應物之地，天理有所未純，人欲有所未盡。是以爲善不能充其量，除惡不能去其根。一念之頃，公私、邪正、是非、得失之機，交戰於其中。故體貌大臣非不厚，而便嬖側媚得以深被腹心之寄。寤寐英豪非不切，而柔邪庸繆得以久竊廊廟之權。非不樂聞公議正論，而有時不容。非不堲讒説殄行，而未免誤聽。非不欲報復陵廟讐耻，而未免畏怯苟安。非不愛養生靈財力，而未免歎息愁怨。願陛下自今以往，一念之頃，必謹而察之：此爲天理耶？人欲耶？果天理也，則敬以充之，而不使其少有壅閼。果人欲也，則敬以克之，而不使其少有凝滯。推而至於言語動作之間，用人處事之際，無不以是裁之。則聖心洞然，中外融徹，無一毫之私欲得以介乎其間，而天下之事，將惟陛下所欲爲，無不如志矣。」是行也，有要之於路，以爲正心誠意之論，上所厭聞，戒勿以爲言。熹曰：「吾平生所學，惟此四字，豈可隱默以欺吾君乎？」及奏，上曰：「久不見卿。浙東之事，朕自知之。今當處卿清要，不復以州縣爲煩也。」

時曾覿已死，王抃亦逐，獨内侍甘昪尚在。熹力以爲言。上曰：「昪乃德壽所薦，爲其有才耳。」熹曰：「小人無才，安能動人主。」翌日除兵部郎官，以足疾丐祠。本部侍郎林栗嘗與熹論《易》《西銘》，不合，劾熹：「本無學術，徒竊張載、程頤之緒餘，謂之道學。所至輒携門生數十人，妄希孔孟歷聘之風，邀索高價，不肯供職，其僞不可掩。」上曰：「林栗言似過。」周必大言：「熹上殿之日，足疾未瘳，勉强登對。」上曰：「朕亦見其跛曳。」左補闕薛叔似亦奏援熹。乃令依舊職江西提刑。太常博士葉適上疏與栗辨，謂其言無一實者，「謂之道學」一語，無實尤甚。往日王淮表裏臺諫，陰廢正人，蓋用此術。詔：「熹昨入對，所論皆新任職事，朕亦諒其誠，復從所請，可疾速之任。」會胡晉臣除侍御史，首論栗執拗不通，喜同惡異，無事而指學者爲黨。乃黜栗知泉州。熹再辭，免，除直寶文閣，主管西京嵩山崇福宫。未踰月，再召，熹又辭。

始熹嘗以爲口陳之説，有所未盡，乞具封事以聞。至是投匭進封事曰：「今天下大勢，如人有重病，内自心腹，外達四支，無一毛一髮不受病者。且以天下之大本與今日之急務爲陛下言之。大本者，陛下之心。急務，則輔翼太子、選任大臣、振舉綱紀、變化風俗、愛養民力、修明軍政六者是也。古先聖王，兢兢業業，持守此心，是以建師保之官，列諫諍之職。凡飲食、酒漿、衣服、次舍、器用、財賄，與夫宦官、宫妾之政，無一不領於冢宰。使其左右前後，一動一静，無不制以有司之法，而無纖芥之隙、瞬息之頃得以隱其毫髮之私。陛下所以精一、克復而持守其心、果有如此之功乎？所以修身、齊家而正其左右，果有如此之效乎？宫省事禁，臣固不得而知。然爵賞之濫，貨賂之流，閭巷竊言，久已不勝其籍籍。則陛下所以修之家者，恐其未有以及古之聖王也。至於左右便嬖之私，恩遇過當，往者淵、覿、説、抃之徒，勢焰熏灼，傾動一時，今已無可言矣。獨有前日臣所面陳者，雖蒙聖慈委曲開譬，然臣之愚，竊以爲此輩但當使之守門傳命，供掃除之役。不當假借崇長，使得逞邪媚，作淫巧於内，以蕩上心。立門庭，招權勢於外，以累聖政。臣聞之道路，自王抃既逐之後，諸將差除，多出此人之手。陛下竭生靈膏血以奉軍旅，顧乃未嘗得一温飽，是皆將帥巧爲名色，奪取其糧，肆行貨賂於近習，以圖進用。出入禁闥腹心之臣，外交將帥，共爲欺蔽，以至於此。而陛下不悟，反寵暱之，以是爲我之私人。至使宰相不得議其制置之得失，給諫不得論其除授之是非。則陛下所以正其左右者，未能及古之聖王又明矣。至於輔翼太子，則自王十朋、陳良翰之後，宫僚之選，號爲得人，而能稱其職者蓋已鮮矣。而又時使邪佞儇薄，闒冗庸妄之輩，或得參錯於其間。所謂講讀，亦姑以應文備數，而未聞其有箴規之効。至於從容朝夕，陪侍遊燕者，又不過使臣宦者數輩而已。師傅、賓客既不復置，而詹事、庶子有名無實。其左右春坊，遂直以使臣掌之。既無以發其隆師親友、尊德樂義之心，又無以防其戲慢媟狎、奇衺雜進之害。宜討論前典，置師傅、賓客之官，罷去春坊使臣，而使詹事、庶子各復其職。至於選任大臣，則以陛下之聰明，豈不知天下之事，必得剛明公正之人，而後可以任哉？其所以常不得如此之人，而反容鄙夫之竊位者，直以一念之間，未能徹其私邪之蔽，而燕私之好，便嬖之流，不能盡由於法度。若用剛明公正之人以爲輔相，則恐其有以妨吾之事，害吾之人，而不得肆。是以選擇之際，常排擯此等，而後取凡疲懦軟熟，平日不敢直言正色之人而揣摩之。又於其中得其至庸極陋，決可保其不至於有所妨者，然後舉而加之於位。是以除書未出，而物色先定。姓名未顯，而中外已逆知其決非天下第一流矣。至於振肅紀綱，變化風俗，則今日宫省之間，禁密之地，而天下不公之道，不正之人，顧乃得以窟穴盤據於其間。而陛下目見耳聞，無非不公不正之事，則其所以薰蒸銷鑠，使陛下好善之心不著，疾惡之意不深，其害已有所不可勝言者矣。及其作姦犯法，則陛下又未能深割私愛，而付諸外廷之議，論以有司之法。是以紀綱不正於上，風俗頹弊於下，其爲患之日久矣。而浙中爲尤甚。大率習爲軟美之態、依阿之言，以不分是非，不辨曲直爲得計。甚者以金珠爲脯醢，以契券爲詩文。宰相可啗則啗宰相，近習可通則通近習。惟得之求，無復廉耻。一有剛毅正直守道循理之士出乎其間，則群議衆排，指爲「道學」，而加以矯激之罪。十數年來，以此二字禁錮天下之賢人君子，復如昔時所謂元祐學術者，排擯詆辱，必使無所容其身而後已。此豈治世之事哉！至於愛養民力，修明軍政，則自虞允文之爲相也，盡取版曹歲入窠名之必可指擬者，號爲歲終羨餘之數而輸之内帑。顧以其有名無實，積累掛欠，空載簿籍，不可催理者，撥還版曹，以爲内帑之積，將以備他日用兵進取不時之須。然自是以來，二十餘年，内帑歲入，不知幾何。而認爲私貯，典以私人，宰相不得以式貢均節其出入，版曹不得以簿書勾考其在亡，日銷月耗，以奉燕私之費者，蓋不知其幾何矣，而曷嘗聞其能用此錢以易敵人之首，如太祖之言哉？徒使版曹經費，闕乏日甚，督促日峻，以至廢去祖宗以來破分良法，而必以十分登足爲限。以爲未足，則又造爲比較監司、郡守殿最之法，以誘脅之。於是中外承風，競爲苛急。此民力之所以重困也。諸將之求進也，必先掊尅士卒以殖私利，然後以此自結於陛下之私人，而蘄以姓名達於陛下之貴將。貴將得其姓名，即以付之軍中，使自什伍以上，節次保明，稱其材武堪任將帥，然後具奏牘而言之陛下之前。陛下但見等級推先，案牘具備，則誠以爲公薦而可以得人矣，而豈知其論價輸錢，已若晚唐之債帥哉？夫將者三軍之司命，而其選置之方，乖剌如此。則彼智勇材略之人，孰肯抑心下首於宦官、宫妾之門？而陛下之所得以爲將帥者，皆庸夫走卒，而猶望其修明軍政，激勸士卒，以强國勢，豈不誤哉！凡此六事，皆不可緩，而本在於陛下之一心。一心正，則六事無不正。一有人心私欲以介乎其間，則雖欲憊精勞力以求正夫六事者，亦將徒爲文具，而天下之事愈至於不可爲矣。」疏入，夜漏下七刻，上已就寢，亟起秉燭，讀之終篇。明日，除主管太一宫，兼崇政殿説書。熹力辭。除秘閣修撰，奉外祠。

光宗即位，再辭職名，仍舊直寶文閣，降詔獎諭。居數月，除江東轉運副使，以疾辭，改知漳州。奏除屬縣無名之賦七百萬，減經總制錢四百萬。以習俗未知禮，采古喪葬嫁娶之儀，揭以示之，命父老解説，以教子弟。土俗崇信釋氏，男女聚僧廬爲傳經會，女不嫁者爲庵舍以居，熹悉禁之。常病經界不行之害，會朝論欲行泉、汀、漳三州經界，熹乃訪事宜，擇人物及方量之法上之。而土居豪右，侵漁貧弱者，以爲不便，沮之。宰相留正，泉人也，其里黨亦多以爲不可行。布衣吴禹圭上書訟其擾人，詔且需後，有旨先行漳州經界。明年，以子喪請祠。時史浩入見，請收天下人望，乃除熹秘閣修撰，主管南京鴻慶宫。熹再辭。詔：「論撰之職，以寵名儒。」乃拜命。除荆湖南路轉運副使，辭。漳州經界竟報罷，以言不用自劾。除知静江府，辭，主管南京鴻慶宫。未幾，差知潭州，力辭。黄裳爲嘉王府翊善，自以學不及熹，乞召爲宫僚。王府直講彭龜年亦爲大臣言之。留正曰：「正非不知熹，但其性剛，恐到此不合，反爲累耳。」熹方再辭，有旨：「長沙巨屏，得賢爲重。」遂拜命。會洞獠擾屬郡，熹遣人諭以禍福，皆降之。申敕令，嚴武備，戢姦吏，抑豪民。所至興學校，明教化。四方學者畢至。

寧宗即位，趙汝愚首薦熹及陳傅良。有旨：赴行在奏事。熹行且辭。除焕章閣待制、侍講。辭，不許。入對，首言：「乃者太皇太后躬定大策，陛下寅紹丕圖，可謂處之以權，而庶幾不失其正。自頃至今三月矣，或反不能無疑於逆順名實之際。竊爲陛下憂之，❶猶有可諉者，亦曰，陛下之心，前日未嘗有求位之計，今日未嘗忘思親之懷，此則所以行權而不失其正之根本也。充未嘗求位之心，以盡負罪引慝之誠；充未嘗忘

❶「爲」，原作「謂」，據《晦庵集》《宋史・道學三》改。

親之心，以致温清定省之禮，而大倫正，大本立矣。」復面辭待制、侍講。上手劄：「卿經術淵源，正資勸講。次對之職，勿復勞辭，以副朕崇儒重道之意。」遂拜命。會趙彦逾按視孝宗山陵，以爲土肉淺薄，下有水石。孫逢吉覆按，乞别求吉兆。有旨集議。臺史憚之，議中輟。熹竟上議狀，言壽皇聖德，衣冠之藏當博訪名山，不宜偏信臺史，委之水泉沙礫之中。不報。時論者以爲上未還大内，則名體不正而疑議生，金使且來，或有窺伺。

有旨：修葺舊東宫，爲屋三數百間，欲徙居之。熹奏疏言：「此必左右近習，倡爲此説，以誤陛下，而欲因以遂其姦心。臣恐不惟上帝震怒，災異數出，正當恐懼修省之時，不當興此大役，以咈譴告警動之意；亦恐畿甸百姓饑餓流離，阽於死亡之際，或能怨望忿切，以生他變。不惟無以感格太上皇帝之心，以致未有進見之期，亦恐壽皇在殯，因山未卜，几筵之奉，不容少弛。太皇太后、皇太后皆以尊老之年，煢然在憂苦之中，晨昏之養，尤不可闕。而四方之人，但見陛下亟欲大治宫室，速得成就。一旦翩然委而去之，以就安便，六軍萬民之心，將有扼腕不平者矣。前鑑未遠，甚可懼也。又聞太上皇后懼忤太上皇帝聖意，不欲其聞太上之稱，又不欲其聞内禪之説，此又慮之過者。殊不知若但如此，而不爲宛轉方便，則父子之間，上怨怒而下憂恐，將何時而已。父子大倫，三綱所繫，久而不圖，亦將有借其名以造謗生事者，此又臣之所大懼也。願陛下明詔大臣，首罷修葺東宫之役，而以其工料回就慈福、重華之間，草創寢殿一二十間，使粗可居。若夫過宫之計，則臣又願陛下下詔自責，減省輿衛。入宫之後，暫變服色。如唐肅宗之改服紫袍，執控馬前者，以伸負罪引慝之誠。則太上皇帝雖有忿怒之情，亦且霍然消散，而歡意浹洽矣。至若朝廷之紀綱，則臣又願陛下深詔左右，勿預朝政。其實有勳庸，而所得褒賞，未愜衆論者，亦詔大臣公議其事，稽考令典，厚報其勞。而凡號令之弛張，人才之進退，則一委之二三大臣，使之反覆較量，勿循己見，酌取公論，奏而行之。有不當者，繳駮論難，擇其善者，稱制臨決。則不惟近習不得干預朝權，大臣不得專任己私，而陛下亦得以益明習天下之事，而無所疑於得失之算矣。若夫山陵之卜，則願黜臺史之説，別求草澤，以營新宫。使壽皇之遺體得安於内，而宗社生靈皆蒙福於外矣。」疏入，不報，然上亦未有怒熹意也。每以所講，編次成帙以進，上亦開懷容納。

熹又奏勉上進德云：「願陛下日用之間，以求放心爲之本，而於玩經觀史，親近儒學，益用力焉。數召大臣，切劘治道。群臣進對，亦賜温顔。反覆詢訪，以求政事之得失，民情之休戚，而又因以察其人才之邪正短長，庶於天下之事，各得其理。熹奏：禮經敕令，子爲父，嫡孫承重爲祖父，皆斬衰三年。嫡子當爲其父後，不能襲位執喪，則嫡孫繼統而代之執喪。自漢文短喪，歷代因之，天子遂無三年之喪。爲父且然，則嫡孫承重可知。人紀廢壞，三綱不明，千有餘年，莫能釐正。壽皇聖帝至性自天，易月之外，猶執通喪。朝衣朝冠，皆用大布。所宜著在方册，爲萬世法程。間者遺詔初頒，太上皇帝偶違康豫，不能躬就喪次，陛下以世嫡承大統，則承重之服，著在禮律，所宜遵壽皇已行之法。一時倉卒，不及詳議，遂用漆紗淺黄之服。不惟上違禮律，且使壽皇已行之禮，舉而遂廢，臣竊痛之。然既往之失不及追改，唯有將來啓殯發引，❶禮

❶「唯」，原闕，據《晦庵集》《宋史·道學三》補。

當復用初喪之服。

會孝宗祔廟，議宗廟迭毁之制。孫逢吉、曾三復首請併祧僖、宣二祖，奉太祖居第一室，祫祭則正東向之位。有旨集議。僖、順、翼、宣四祖祧主，宜有所歸。自太祖皇帝首尊四祖之廟，治平間，議者以世數寖遠，請遷僖祖於夾室。後王安石等奏，僖祖有廟，與稷、契無異，請復其舊。時相趙汝愚雅不以復祀僖祖爲然，侍從多從其説。吏部尚書鄭僑欲且祧宣祖而祔孝宗。熹以爲，藏之夾室，則是以祖宗之主下藏於子孫之夾室，神宗復奉以爲始祖，已爲得禮之正，而合於人心，所謂有其舉之而莫敢廢者乎。又擬爲《廟制》以辨，以爲物豈有無本而生者。廟堂不以聞，即毁撤僖、宣廟室，更創別廟以奉四祖。

始，寧宗之立，韓侂胄自謂有定策功，居中用事。熹憂其害政，數以爲言，且約吏部侍郎彭龜年共論之。會龜年出護使客，熹乃上疏斥言左右竊柄之失，在講筵復申言之。御批云：「憫卿耆艾，恐難立講，已除卿宫觀。」汝愚袖御筆還上，且諫且拜。内侍王德謙徑以御筆付熹，臺諫争留，不可。樓鑰、陳傅良旋封還録黄，脩注官劉光祖、鄧馹封章交上。熹行，被命除寶文閣待制與州郡差遣，辭。尋除知江陵府，辭。仍乞追還新舊職名。詔依舊煥章閣待制，提舉南京鴻慶宫。

慶元元年初，趙汝愚既相，收召四方知名之士，中外引領望治，熹獨惕然以侂胄用事爲慮。既屢爲上言，又數以手書啓汝愚當用厚賞酬其勞，勿使得預朝政，有「防微杜漸，謹不可忽」之語。汝愚方謂其易制，不以爲意。及是，汝愚亦以誣逐，而朝廷大權悉歸侂胄矣。熹始以廟議自劾，不許。以疾再乞休致，詔：「辭職謝事，非朕優賢之意，依舊秘閣修撰。」二年，沈繼祖爲監察御史，誣熹十罪。詔落職罷祠。門人蔡元定亦送道州編管。四年，熹以年近七十，申乞致仕。五年，依所請。明年卒，年七十一。疾且革，手書屬其子在及門人范念德、黄榦，拳拳以勉學及修正遺書爲言。翌日，正坐整衣冠，就枕而逝。

熹登第五十年，仕於外者僅九考，立朝纔四十日。家故貧，少依父友劉子羽寓建之崇安，後徙建陽之考亭。簞瓢屢空，晏如也。諸生之自遠而至者，豆飯藜羹，率與之共。往往稱貸於人以給用，而非其道義，則一介不取也。

自熹去國，侂胄勢益張。何澹爲中司，首論專門之學，文詐沽名，乞辨真僞。劉德秀仕長沙，不爲張栻之徒所禮，及爲諫官，首論留正引僞學之罪。僞學之稱，蓋自此始。太常少卿胡紘言：「比年僞學猖獗，圖爲不軌，望宣諭大臣，權住進擬。」遂召陳賈爲兵部侍郎。未幾，熹有奪職之命。劉三傑以前御史，論熹、汝愚、劉光祖、徐誼之徒，前日之僞黨，至此又變而爲逆黨。即日除三傑右正言。右諫議大夫姚愈，論道學權臣，結爲死黨，窺伺神器。乃命直學士院高文虎草詔諭天下，於是攻僞學日急。選人余嘉至上書乞斬熹。方是時，士之繩趨尺步，稍以儒名者，無所容其身。從游之士，特立不顧者，屏伏丘壑。依阿巽懦者，更名他師，過門不入，甚至變易衣冠，狎游市肆，以自别其非黨。而熹日與諸生講學不休。或勸其謝遣生徒者，笑而不答。有籍田令陳景思者，故相康伯之孫也，與侂胄有姻連，勸侂胄勿爲已甚。侂胄意亦漸悔。熹既没，將葬，言者謂：「四方僞徒，期會送僞師之葬。會聚之間，非妄談時人短長，則繆議時政得失。望令守臣約束。」從之。嘉泰初，學禁稍弛。二年，詔：熹已致仕，除華文閣待制，與致仕恩澤。後侂胄死，詔：賜熹遺表恩澤，謚曰「文」。尋贈中大夫，特贈寶謨閣直學士。理宗寶慶三年，贈太師，追封信國公，改徽國。

始熹少時，慨然有求道之志。父松病亟，嘗屬熹曰：「籍溪胡原仲、白水劉致中、屏山劉彦冲三人，學有淵源，吾所敬畏。吾即死，汝往事之，而惟其言之聽。」三人謂胡憲、劉勉之、劉子翬也。故熹之學，既博求之經傳，復徧交當世有識之士。延平李侗老矣，嘗學於羅從彦。熹歸自同安，不遠數百里，徒步往從之。

其爲學，大抵窮理以致其知，反躬以踐其實，而以居敬爲主。嘗謂聖賢道統之傳，散在方册，聖經之旨不明，而道統之傳始晦。於是竭其精力，以研窮聖賢之經訓。所著書有《易本義》《啓蒙》《蓍卦考誤》《詩集傳》，《大學》《中庸》章句、或問，《論語》《孟子》集註，《太極圖》《通書》《西銘》解，《楚辭》集註、辨證，《韓文考異》。所編次有：《論孟集議》《孟子指要》《中庸輯略》《孝經刊誤》《小學書》《通鑑綱目》《宋名臣言行録》《家禮》《近思録》《河南程氏遺書》《伊洛淵源録》，皆行於世。熹没，朝廷以其《大學》《語》《孟》《中庸》訓説，立於學官。又有《儀禮經傳通解》，未脱藁，亦在學官。平生爲文凡一百卷，生徒問答凡八十卷，别録十卷。

理宗紹定末，秘書郎李心傳乞以司馬光、周敦頤、邵雍、張載、程顥、程頤、朱熹七人列于從祀，不報。淳祐元年正月，上視學，手詔以周、張、二程及熹從祀孔子廟。黄榦曰：「道之正統，待人而後傳。自周以來，任傳道之責者，不過數人。而能使斯道章章較著者，一二人而止耳。由孔子而後，曾子、子思繼其微，至孟子而始著。由孟子而後，❶周、程、張子繼其絶，至熹而始著。」識者以爲知言。熹子在，紹定中爲吏部侍郎。

---

❶ 「曾子子思」至「孟子而後」，《勉齋集》卷三十無此十八字。

備遺

先生年二十四，始學于李延平。嘗言：「自見李先生，爲學始就平實，乃知向日從事釋老之説皆非。」

延平與其友羅博文宗禮書曰：「元晦進學甚力，樂善畏義，吾黨鮮有。晚得此人，商量所疑，甚慰。」又云：「此人極穎悟，力行可畏。講學論辨，極造其微，侗因此追求，有所省發。渠所論難處，皆是操戈入室。須從原頭體認來，所以好説話。侗昔於羅先生得入處後，無朋友，幾放倒了，得渠如此，極有益。渠初從謙處下工夫，故皆就裏面體認。今既論難，見儒者路脉，極能指其差誤之處，自見羅先生來，未見有如此者。」又云：「此子別無他事，一味潛心於此。初講學時，頗爲道理所縛。今漸能融釋於日用處，一意下工夫。若於此漸熟，則體用合矣。此道理全在日用處熟，若静處有而動處無，即非矣。」

乾道四年編《程氏遺書》成。❶初，二程門人各有所録，雜出並行，間頗爲後人竄易，至是序次有倫，去取精審，學者始有定從，而程子之道復明於世。

淳熙二年，東萊自東陽來，留止寒泉精舍旬日，相與掇周、程、張書關大體而切日用者，彙次成十四篇，號《近思録》。先生嘗謂學者曰：「四子，六經之階梯；《近思録》，四子之階梯。以言爲學者，當因此而入也。」

四年，先生既編次《語孟集義》，又約其精粹妙得本旨者爲《集註》，又疏其所以去取之義爲《或問》。然

---

❶「乾道」，原作「隆興」，據《宋名臣言行録》外集卷十二改。

恐學者轉而趨薄，故《或問》之書，未嘗出以示人。然辨析毫釐，無微不顯，真讀書之龜鑑也。又謂：「《易》本爲卜筮而作，皆因吉凶以示訓戒，故其言雖約，而所包甚廣。夫子作《傳》，亦略舉其一端，以見凡例而已。然自諸儒分經合傳之後，舉子便文取義，往往未及玩心全經，而遽執傳之一端以爲定説。於是一卦一爻，僅爲一事，而《易》之爲用，反有所局，而無以通天下之故。」故作《周易本義》。又謂：「《詩》自毛、鄭以來，皆以《小序》爲主，其與經文舛戾，則妄穿鑿爲説。前後諸儒，未能釐正。」先生獨以經文爲主，而討其序之是非，復爲一編，附其經後，以還其舊云。

六年，知南康軍，首下教三條：一以役煩税重，求所以寬恤之方。二俾士人、鄉老，教戒子弟，使修孝弟忠信之行。三俾父老推擇子弟之志學者詣學。又立濂溪祠，以二程配。別立五賢堂。陶靖節、劉西澗父子、李公擇、陳了齋。復白鹿書院，約聖賢教人爲學之大端，條列以示學者。

十一年，先生還自浙東，見其士習馳騖於外，每語學者，且觀孟子「道性善」及「求放心」兩章，務收斂凝定，以致克己求仁之功。而深斥其所學之誤，以爲舍六經《語》《孟》而尊史遷，舍窮理盡性而窮世變，舍治心修身而喜事功，大爲學者心術之害。極力爲吕祖儉輩言之。又答陳亮書，箴其義利雙行，王伯並用之説。先生嘗曰：「海内學術之弊，不過兩説。江西頓悟，永康事功。若不極力争辨，此道無由得明。」

十三年，《易學啓蒙》成。先生初作《易本義》，懼學者未明厥旨，乃作《啓蒙》四篇。以爲言易不本象數，既支離散漫，而無所根著。其本象數者，又不知法象之自然，未免穿鑿附會。故其篇目，以本圖書、原卦畫、明蓍策、考變占爲次。凡挂揲及變爻，皆盡破古今諸儒之失。

十四年，先生既發揮《大學》以開悟學者，又懼其失序無本，而不足以有進，乃輯《小學書》以訓蒙士，使培其根，以達其支。

淳熙十五年冬，❶始出《太極通書》《西銘》二書《解義》，以授學者。

紹熙元年，在漳州刊四經、四子書成，奉以告諸先聖。《易》取古文，分經傳爲十二篇。《詩》《書》皆取序，合爲一篇，寘諸經後。《春秋》則出左氏經文，别爲一書，以踵三經後。四子則謂程子之教人，必先使之用力乎《大學》《論語》《中庸》《孟子》之書，然後及乎六經。蓋其難易、小大、遠近之序固如此而不可亂也。然讀者不先於《孟子》，而遽及《中庸》，則非所以爲入道之漸。

五年冬，竹林精舍成，後改滄洲。率諸生行舍菜之禮于先聖先師，以告成事。周、程、邵子、司馬、延平七先生從祀。祝文曰：「恭惟道統，遠自羲軒。集厥大成，允屬元聖。述古垂訓，萬世作程。三千其徒，化若時雨。惟顔、曾氏，傳得其宗。逮思及輿，益以光大。自時厥後，口耳失真。千有餘年，乃曰有繼。周程授受，萬理一原。曰邵曰張，爰及司馬。學雖殊轍，道則同歸。俾我後人，如夜復旦。不以凡陋，❷少蒙義方。中靡常師，晚逢有道。載鑽載仰，雖未有聞。賴天之靈，幸無失墜。逭兹退老，同好鼎來。落此一丘，群居伊始。探原推本，敢昧厥初。奠以告虔，尚其昭格。陟降庭止，惠我光明。傳之方來，永永無斁。」

---

❶ 「淳熙」，原作「乾道」，據《宋名臣言行録》外集卷十二改。

❷ 「不」，《晦庵集》卷六十八作「熹」。

慶元二年冬，先生方與諸生講論，有報褫職罷祠者。先生略起視之，復坐講論如初，辭色依然和平。翌旦，諸生始知有指揮。

先生自言：「初見延平，説得無限道理，也曾去學禪。李先生云：『公恁地懸空理會得許多道理，而面前事却理會不下。道亦無他玄妙，只在日用間著實做工夫處，便自見得。』熹後來方曉得他説，故今日不至於無理會耳。」

舊嘗以論心論性處皆類聚看，看熟，久則自見。

把一己私意去看聖賢之書，如何看得出？熹所以讀書自覺得力者，只是不先立論，且尋句内意，隨文解義。

「大抵讀書須是虚心方得。聖人説一字是一字，自家只平著心去秤停，都不使一毫杜撰，只順他去。熹向時也杜撰説得，終不濟事。如今方見得分明，方見得聖人一言一字不吾欺。只今六十一歲方理會得恁地，若或去年死也，則枉了。自今夏來，覺見得才是。聖人説話，也不少一箇字，也不多一箇字，恰恰地好，都不用些穿鑿。莊子云：『吾與之虚而委蛇。』既虚了，又要隨他曲折恁地去。」又曰：「熹覺今年方無疑。」

看道理，若只恁地説過，一遍便了，則都不濟事。須是常常把來思量始得。延平嘗言：「道理須是日中理會，夜裏却去静處坐地思量，方始有得。」熹依此説去做工夫，真箇是不同。

自書畫像，曰：「從容乎禮法之場，沉潛乎仁義之府，是予蓋將有意焉，而力莫能與也。佩先師之格言，奉前烈之餘矩，惟闇然而日修，或庶幾乎斯語。」

考亭淵源録卷之三

南軒先生張栻

張栻，字敬夫，丞相浚子也。穎悟夙成，浚愛之。自幼學，所教莫非仁義忠孝之實。長，師胡宏。宏一見即以孔門論仁親切之旨告之，栻退而思，若有得焉。宏稱之曰：「聖門有人矣。」栻益自奮厲，以古聖賢自期，作《希顏録》。

以廕補官，辟宣撫司都督府書寫機宜文字，除直祕閣。時孝宗新即位，浚起謫籍，開府治戎，參佐皆極一時之選。栻時以少年，内贊密謀，外參庶務，其所綜畫，幕府諸人皆自以爲不及也。間以軍事入奏，因進言曰：「陛下上念宗社之讎耻，下閔中原之塗炭，惕然於中，而思有以振之。臣謂此心之發，即天理之所存也。願益加省察，而稽古親賢以自輔，無使其或少息。則今日之功可以必成，而因循之弊可革矣。」孝宗異其言，於是遂定君臣之契。

浚去位，湯思退用事，遂罷兵講和。金人乘間縱兵入淮甸，中外大震，廟堂猶主和議，至敕諸將無得輒稱兵。時浚已没，栻營葬甫畢，即拜疏言：「吾與金人有不共戴天之讎，異時朝廷雖嘗興縞素之師，然旋遣玉帛之使。是以講和之念未忘於胸中，而至誠惻怛之心無以感格于天人之際。此所以事屢敗而功不成也。

今雖重爲群邪所誤，以蹙國而召寇，然亦安知非天欲以是開聖心哉？謂宜深察此理，使吾胸中了然無纖介之惑，然後明詔中外，公行賞罰，以快軍民之憤，則人心悦，士氣充，而敵不難却矣。繼今以往，益堅此志，誓不言和，專務自强，雖折不撓。使此心純一，貫徹上下，則遲以歲月，亦何功之不濟哉？」疏入，不報。久之，劉珙薦於上，除知撫州，未上，改嚴州。時宰相虞允文以恢復自任，然所以求者類非其道，意栻素論當與已合，數遣人致殷勤，栻不答。入奏，首言：「先王所以建事立功無不如志者，以其胸中之誠有以感格天人之心而與之無間也。今規畫雖勞而事功不立，陛下誠深察之日用之間，念慮云爲之際，亦有私意之發以害吾之誠者乎？有，則克而去之，使吾中扃洞然無所間雜，則見義必精，守義必固，而天人之應，將不待求而得矣。夫欲復中原之地，先有以得中原之心。欲得中原之心，先有以得吾民之心。求所以得吾民之心者，豈有他哉？不盡其力，不傷其財而已矣。今日之事，固當以明大義、正人心爲本。然其所施有先後，則其緩急不可以不詳；所務有名實，則其取舍不可以不審。此又明主所宜深察也。」

明年，召爲吏部侍郎，兼權起居郎侍立官。時宰方謂敵勢衰弱可圖，建議遣泛使，往責陵寢之故。士大夫有憂其無備而召兵者，輒斥去之。栻見上，上曰：「卿知敵國事乎？」栻對曰：「不知也。」上曰：「金國饑饉連年，盜賊四起。」栻曰：「金人之事，臣雖不知，境中之事，則知之矣。」上曰：「何也？」栻曰：「臣切見比年諸道多水旱，民貧日甚，而國家兵弱財匱，官吏誕謾，不足倚賴，正使彼實可圖。臣懼我之未足以圖彼也。」上爲默然久之。栻因出所奏疏讀之曰：「臣竊謂陵寢隔絶，誠臣子不忍言之至痛。然今未能奉辭以討之，又不能正名以絶之，乃欲卑辭厚禮以求於彼，則於大義已爲未盡。而異論者猶以爲憂，則其淺陋畏怯固益甚矣。然臣竊揆其心意，或者亦有以見我未有必勝之形，而不能不憂也歟？蓋必勝之形，當在於早正素定之時，而不在於兩陣決機之日。」上爲竦聽改容。栻復讀曰：「今日但當下哀痛之詔，明復讎之義，顯絶金人，不與通使。然後修德立政，用賢養民，選將帥，練甲兵。通内修外攘、進戰退守以爲一事，且必治其實而不爲虚文，則必勝之形，隱然可見。雖有淺陋畏怯之人，亦且奮躍而争先矣。」上爲歎息褒諭，以爲前始未聞此論也。其後因賜對，反覆前説，上益嘉歎，面諭：「當以卿爲講官，冀時得晤語也。」會史正志爲發運使，名爲均輸，實盡奪州縣財賦，遠近騷然。士大夫争言其害，栻亦以爲言。上曰：「正志謂但取之諸郡，非取之於民也。」栻曰：「今日州郡財賦，大抵無餘。若取之不已，而經用有闕，不過巧爲名色以取之於民耳。」上矍然曰：「如卿之言，是朕假手於發運使以病吾民也。」旋閲其實，果如栻言，即詔罷之。

兼侍講，除左司員外郎。講《詩·葛覃》，進説：「治生於敬畏，亂起於驕淫。使爲國者每念稼穡之勞，而其后妃不忘織紝之事，則心不存者寡矣。」因上陳祖宗自家刑國之懿，下斥今日興利擾民之害。上歎曰：「此王安石所謂『人言不足恤』者所以爲誤國也。」知閤門事張説除簽書樞密院事，栻夜草疏，極諫其不可。旦詣朝堂，質責宰相虞允文曰：「宦官執政自王黼始，❶近習執政自相公始。」允文慚憤不堪。栻復奏：「文武誠不可偏，然今欲右武以均二柄，而所用乃得如此之人，非惟不足以服文吏之心，正恐反激武臣之怒。」孝宗感悟，命得中寢。然宰相實陰附説。明年，出栻知袁州，申説前命。中外諠譁，説竟以謫死。

❶「王」，《宋史·道學三》作「京」。

栻在朝未期歲，而召對至六七，所言大抵皆脩身務學，畏天恤民，抑僥倖，屏讒諛。於是宰相益憚之，而近習尤不悦。退而家居累年，孝宗念之，詔除舊職，知静江府，經略安撫廣南西路。所部荒殘多盜，栻至，簡州兵，汰冗補闕，籍諸州黥卒伉健者爲效用。日習月按，申嚴保伍法。諭溪峒酋豪彌怨睦隣，毋相殺掠。於是群蠻帖服。朝廷買馬横山，歲久弊滋，邊氓告病，而馬不時至。栻究其利病六十餘條奏革之，諸蠻感悦，争以善馬至。孝宗聞栻治行，詔特進秩直寶文閣，因任。尋除秘閣脩撰、荆湖北路轉運副使，改知江陵府，安撫本路。一日去貪吏十四人。湖北多盗，府縣往往縱釋，以病其良民。栻首劾大吏之縱賊者，捕斬姦民之舍賊者，令其黨得相捕告以除罪，群盜皆遁去。郡瀕邊屯，主將與帥守每不相下，栻以禮遇諸將，得其驩心。又加恤士伍，勉以忠義，隊長有功輒補官，士咸感奮。並淮奸民出塞爲盜者，捕得數人，有北方亡奴亦在盜中。栻曰：「朝廷未能正名討敵，無使疆埸之事其曲在我。」命斬之以狥於境，而縛其亡奴歸之。北人歎曰：南朝有人。信陽守劉大辨怙勢希賞，廣招流民而奪見户熟田以與之。栻劾大辨詐諼，所招流民不滿百，而虚增其數十倍，請論其罪。不報。章累上，大辨易他郡。栻自以不得其職，求去。詔以右文殿脩撰，提舉武夷山冲佑觀。

病且死，猶手疏勸上親君子，遠小人，信任防一己之偏，好惡公天下之理。天下傳誦之。栻卒時年四十有八。

備　遺

先生答鄭自明書曰：「天理難窮，資質難恃。工於論人者，察己常疎闊；狃於訐直者，所發多弊病。「讀經書，須平心易氣，涵泳其間。若意思稍過當，亦自礙却正理。要切處乃在持敬，若專一工夫，積累多，自然體察有力。只靠言語上苦思，未是也。」

一日奏事，上問天，進對曰：「不可以蒼蒼者便爲天，當求諸視聽言動之間。一念纔是，便是上帝鑒觀，『上帝臨汝』，『簡在帝心』。一念纔不是，便是上帝震怒。」

公爲人坦蕩明白，表裏洞然。詣理既精，信道又篤。其樂於聞過，而勇於徙義，則又奮厲明決，無毫髮滯吝意，以至疾病垂死，而口不絕吟於天理人欲之間，則平日可知也。故其德日新，業日廣，而所以見於論説行事之間者，上下信之，至於如此。雖小人以其好惡之私，或能壅塞於一時，然至於公論之久長，蓋亦莫得而揜之也。

公之教人，必使之先有以察乎義利之間，而後明理居敬以造其極。其剖析精明，傾倒切至，必竭兩端而後已。所爲郡，必葺其學，於静江又特盛。暇日召諸生，告語不倦。民以事至庭中者，亦必隨事教戒，而於孝悌忠信睦婣任恤之意，尤孜孜焉。世俗鬼神佛老之説，必屏絕之。獨於社稷山川、古先聖賢之奉，爲之競競，雖法令所無，亦以義起。其水旱禱祠，無不應也。

平生所著書，唯《論語説》最後出，而《洙泗言仁》《諸葛忠武侯傳》爲成書。其他如《書》《詩》《孟子》《太極圖說》《經世》《編年》之屬，則猶欲稍更定焉，而未及也。然其提綱挈領，所以開悟後學，使不迷於所向，其功則已多矣。蓋其常言有曰：「學莫先於義利之辨。而義也者，本心之所當爲而不能自已，非有所爲而爲之者也。一有所爲而爲之，則皆人欲之私，而非天理之所存矣。」嗚呼！至哉言也，其亦可謂擴前聖之所未發，而同於「性善」「養氣」之功者歟。

靖康之變，國家之禍極矣。小大之臣奮不顧身以任其責者，蓋無幾人。而其承家之孝，許國之忠，判決之明，計慮之審，又未有如公者。雖降命不長，不克卒就其業，然其志義偉然，死而後已，則質諸鬼神而不可誣也。

考亭贊畫像曰：「擴仁義之端至於可以彌六合，謹義利之判至於可以析秋毫。拳拳乎其致主之切，汲汲乎其幹父之勞，仡仡乎其任道之勇，卓卓乎其立心之高！知之者識其春風沂水之樂，不知者以爲湖海一世之豪。彼其揚休山立之姿，既與其不可傳者死矣，觀於此者，尚有以卜其見伊、吕而失蕭、曹也耶？」考亭序其文曰：「公自幼壯，不出家庭，而固已得夫忠孝之傳。既又講於五峰之門，以會其歸。而其所以默契於心者，人有所不得而知也。獨其見於論説，則義利之間，毫釐之辨，蓋有出於前哲之所欲言而未及究者。措諸事業，則凡宏綱大用，巨細顯微，莫不洞然於胸次，而無一毫功利之雜。是以論道之家與四方學者，争向往之。入侍經帷，出臨藩屏，則天子亦味其言，嘉其績，且將倚以大用，而敬夫不幸死矣。敬夫天資甚高，聞道甚蚤。其學之所就，既足以名於一世，然察其心，蓋未嘗一日以是而自足也。比年以來，方且窮經會友，日反諸心，而不知年數之不足也。」

東萊先生吕祖謙

吕祖謙，字伯恭，尚書右丞好問之孫也。自其祖始居婺州。祖謙之學，本之家庭，有中原文獻之傳。長從林之奇、汪應辰、胡憲游，既又友張栻、朱熹，講索益精。

初，蔭補入官，後舉進士，復中博學宏詞科，調南外宗教。丁内艱，居明招山，四方之士争趨之。除太學博士。時中都官待次者，例補外。添差教授嚴州。尋復召爲博士，兼國史院編脩官、實録院檢討官。輪對，勉孝宗留意聖學。且言：「恢復大事也，規模當定，方略當審。陛下方廣攬豪傑，共集事功，臣願精加考察，使之確指經畫之實，孰爲先後，使嘗試僥倖之説不敢陳於前，然後與一二大臣定成算而次第行之，則大義可伸，大業可復矣。」

召試館職。先是，召試者率前期從學士院求問目，獨祖謙不然，而其文特典美。嘗讀陸九淵文，喜之，而未識其人。考試禮部，得一卷，曰：「此必江西小陸之文也。」揭示果九淵，人服其精鑑。父憂免喪，主管台州崇道觀。越三年，除秘書郎、國史院編脩官、實録院檢討官。以脩撰李燾薦，重脩《徽宗實録》。書成，進秩。面對，言曰：「夫治道體統，上下内外不相侵奪而後安。向者陛下以大臣不勝任而兼行其事，大臣亦皆親細務而行有司之事。外至監司、守令職任，率爲其上所侵，而不能令其下。故豪猾玩官府，郡縣忽省部。椽屬凌長吏，賤人輕柄臣。平居未見其患，一旦有急，誰與指麾而伸縮之邪？如曰『臣下權任太重，懼其不能無私』，則有給舍以出納焉，有臺諫以救正焉，有侍從以詢訪焉。儻得端方不倚之人分處之，自無專恣之慮，何必屈至尊以代其勞哉？人之關鬲脉絡，少有壅滯，久則生疾。陛下於左右雖不勞操制，苟玩而弗慮，則聲勢浸長，趨附浸多，過咎浸積。内則懼爲陛下所遣，而益思壅蔽；外則懼爲公議所疾，而益肆詆排。願陛下虚心以求天下之士，執要以總萬事之機，勿以圖任或誤而謂人多可疑，勿以聰明獨高而謂智足偏察，勿詳於小而忘遠大之計，勿忽於近而忘壅蔽之萌。」

又言：「國朝治體有遠過前代者，有視前代爲未備者。夫以寬大忠厚建立規模，以禮遜節義成就風俗，此所謂遠過前代者也。故於俶擾艱危之後，駐蹕東南踰五十年，無纖毫之虞，則根本之深可知矣。然文治可觀，而武績未振。名勝相望，而幹略未優。故雖昌熾盛大之時，此病已見。是以元昊之難，范、韓皆極一時之選，而莫能平殄，則事功之不競，從可知矣。臣謂今日治體，視前代爲未備者，固當激厲而振起；遠過前代者，尤當愛護而扶持。」

遷著作郎，以末疾請祠歸。先是，書肆有書曰《聖宋文海》，孝宗命臨安府校正刊行。學士周必大言：「《文海》去取差謬，恐難傳後。盍委館職銓擇，以成一代之書。」孝宗以命祖謙。遂斷自中興以前，崇雅黜浮，類爲百五十卷上之，賜名《皇朝文鑑》。詔除直祕閣。時方重職名，非有功不除。中書舍人陳騤駁之，孝宗批旨云：「館閣之職，文史爲先。祖謙所進，採取精詳，有益治道，故以寵之，可即命詞。」騤不得已草制。尋主管冲祐觀。明年，除著作郎，兼國史院編脩官。卒，年四十五。謚曰「成」。

祖謙學以關、洛爲宗，而旁稽載籍，不見涯涘。心平氣和，不立崖異，一時英偉卓犖之士，皆歸心焉。少褊急，一日誦孔子言「躬自厚而薄責於人」，忽覺平時忿懥涣然冰釋。朱熹嘗言：「學如伯恭，方是能變化氣質。」其所講畫，將以開物成務。既臥病，而任重道遠之意不衰。居家之政，皆可爲後世法。脩《讀詩記》《大事記》，皆未成書。考定《古周易》《書説》《閫範》《官箴》《辨志録》《歐陽公本末》，皆行于世。晚年會友之地曰麗澤書院，在金華城中。既殁，郡人即而祠之。

備遺

先生嘗曰：「讀史先看統體，合一代綱紀風俗消長治亂觀之。如秦之暴虐，漢之寬大，皆其統體也。其偏勝及流弊處，皆當考。復須識一君之統體，如文帝之寬，宣帝之嚴之類。統體蓋爲大綱，如一代統體在寬，雖有一兩君稍嚴，不害其爲寬；一君統體在嚴，雖有一兩事稍寬，不害其爲嚴，讀史自以意會之可也。至於戰國三分之時，既有天下之統體，復有一國之統體，觀之亦如前例。大要先識一代統體，然後就其中看一國之統體，二者常相關也。既識統體，須看機括。國之所以盛衰，事之所以成敗，人之所以邪正，於幾微萌芽，察其所以然，是謂機括。」

又曰：「讀史既不可隨其成敗以爲是非，又不可輕立意見，易出議論。須揆之以理，體之以身，平心熟看，參會積累，經歷諳練，然後時勢事情，漸可識别。」

與張敬夫書略曰：「從前病痛，良以嗜慾粗薄，故却欠克治經歷之功。思慮稍少，故却欠操存澄定之力。積蓄未厚，而發用太遽。涵泳不足，而談説有餘。」

與考亭書曰：「學者須是專心致志，絶利一源，凝聚停蓄，方始收拾得上。」

考亭致書曰：「承喻整頓收斂，則入於著力；從容游泳，又墮於悠悠。此正學者之通患。然程子嘗曰：亦須且自此去，到德盛後自然左右逢其原。今亦當且就整頓收斂處着力，但不可用意安排等候，即成病耳。」

又曰：「承喻所疑別紙求教，然其病在於略知道體之渾然無所不具，而不知渾然無所不具之中，精粗本末、賓主内外，蓋有不可以毫髮差者。是以其言常喜合而惡離，却不知文理密察，縷析毫分，而不害乎本體之渾然也。」先生答曰：「所喻誠爲至論。」

又曰：「所喻講學克己之功，裒多益寡，正得恰好。然此二事，各是一件工夫。學者於此須是無所不用其極，然後足目俱到，無偏倚之患。若如來喻，便有好仁不好學之蔽矣。且《中庸》言學、問、思、辨，而後繼之以篤行。程子於涵養、進學，亦兩言之。皆未嘗以此包彼，而有所偏廢也。」先生答曰：「所喻致知、克己不可偏，甚善。前此多見友朋每校量義理，而於踐履處多不檢點，故發裒多益寡之論。然要如來喻，乃完粹耳。」

又曰：「杜門進學，所造想日深。所謂『凝聚收斂是大題目』，此不易之論，乃工夫根本。」

又曰：「伯恭嘗言，道理無窮，學者先要不得有自足心。此至論也。」

「博雜極害事，伯恭日前只向雜博處用功，却於要約處不曾仔細研究。如《閫範》之作，旨意極佳。」

伯恭聰明，看義理不子細。向嘗與校《程易》，到《噬嗑》卦「和而且治」處，一本作「和而且洽」字。據「治」字於理爲是，他硬執要作「洽」字。「和」已有洽意，更下「洽」字不得。緣他先讀史多，所以看麤了眼。

讀書須是先經爲本，而後讀史。

理會制度，偏攷究其小小者，惟君舉爲有所長。同父則談論古今，説王説霸。伯恭則兼君舉、同父之所長。

「向見伯恭説少時性氣粗暴，嫌飲食不如意，便打破家事，後因久病，只將一册《論語》早晚閑看，忽然覺得意思一時平了，遂終身無暴怒。此可爲變化氣質法。」

考亭淵源録卷之四

復齋先生陸九齡

陸九齡，字子壽。八世祖希聲相唐昭宗，孫德遷，五代末，避亂居撫州之金溪。父賀，以學行爲里人所宗，嘗采司馬氏冠、昏、喪、祭儀行於家。生六子，九齡其第五子也。幼穎悟端重，十歲喪母，哀毁如成人。稍長，補郡學弟子員。時秦檜當國，無道程氏之學者，九齡獨尊其説。久之，聞新博士學黄、老，不事禮法，慨然嘆曰：「此非吾所願學也。」遂歸家，從父兄講學益力。是時吏部員外郎許忻有名中朝，退居臨川，少所賓接，一見九齡，與語，大悦，盡以當代文獻告之。自是九齡益大肆力於學，繙閲百家，晝夜不倦，悉通陰陽、星曆、五行、卜筮之説。

性周謹，不肯苟簡涉獵。入太學，司業汪應辰舉爲學録。登乾道五年進士第，調桂陽軍教授。以親老道遠，改興國軍。未上，會湖南茶寇剽廬陵，聲揺旁郡，人心震慴。舊有義社以備寇，郡從衆請，以九齡主之。門人多不悦，九齡曰：「文事武備，一也。古者有征討，公卿即爲將帥。比閭之長，則五兩之帥也。士而耻此，則豪俠武斷者專之矣。」遂領其事，調度屯禦皆有法。寇雖不至，而郡縣倚以爲重。暇則與鄉之子弟習射，曰：「是固男子之事也。」歲惡，有剽刼者過其門，必相戒曰：「是家射多命中，無自取死。」及至興國，地濱大江，俗儉嗇而鮮知學。九齡不以職閒自佚，益嚴規矩，肅衣冠，如臨大衆。勸綏引翼，士類興起。不滿歲，以繼母憂去。服除，調全州教授。未上，得疾。一日晨興，坐牀上與客語，猶以天下學術人才爲念。至夕，整襟正卧而卒，年四十九。寶慶二年，特贈朝奉郎、直秘閣，賜謚「文達」。

九齡嘗繼其父志，益脩禮學，治家有法。闔門百口，男女以班，各供其職。閨門之内，嚴若朝廷，而忠敬樂易，鄉人化之，皆遜弟焉。與弟九淵相爲師友，和而不同，學者號「二陸」。有來問學者，九齡從容啓告，人人自得。或未可與語，則不發。嘗曰：「人之惑有難以口舌争者，言之激，適固其意，少需未必不自悟也。」廣漢張栻與九齡不相識，晚歲，以書講學，期以世道之重。吕祖謙常稱之曰：「所志者大，所據者實。有肯綮之阻，雖積九仞之功不敢遂；有毫釐之偏，雖立萬夫之表不敢安。公聽並觀，却立四顧，弗造於至平至粹之地，弗措也。」兄九韶，弟九淵。

備　遺

考亭餞東萊，至鵝湖，先生兄弟來會講論。先生作詩云：「孩提知愛長知欽，古聖相傳只此心。大抵有基方築室，未聞無址忽成岑。留情傳註翻榛塞，著意精微轉陸沉。珍重友朋勤琢切，須知至樂在于今。」考亭聞之，謂東萊曰：「子壽早已上子静船了也。」既而象山和云：「墟墓興哀宗廟欽，斯人千古最靈心。涓流積至滄溟水，拳石崇成泰華岑。易簡工夫終久大，支離事業竟浮沉。欲知自下升高處，真僞須先辨只今。」

最後考亭和云：「德業風流夙所欽，❶別離三載更關心。偶扶藜杖出寒谷，又枉籃輿度遠岑。舊學商量加邃密，新知培養轉深沉。却愁説到無言處，不信人間有古今。」

東萊柬考亭曰：「子壽前日經過，留此二十餘日，幡然以鵝湖前見爲非，甚欲着實看書講論。心平氣下，相識中甚難得。」考亭答曰：「子静似猶有舊來意思，子壽言其雖已轉步，而未曾移身。回思鵝湖講論時氣勢，今何止十去七八耶？」

余大雅問晦庵曰：「陸子壽看先生解《中庸》『莫顯乎微』，云：『幾微細事也。』因嘆美其説之善，前後説者，連『莫見乎隱』一滚説了，更不見切實處，今如此分别，却是使人有點檢處。九齡自覺力弱，尋常非禮念慮，固能常常警策，不使萌於心，此殆所謂幾微處也。」先生曰然。

梭山先生陸九韶

九韶，字子美。其學淵粹，隱居山中，晝之言行，夜必書之。其家累世義居，一人最長者爲家長，一家之事聽命焉。歲遷子弟，分任家事。凡田疇、租税、出納、庖爨、賓客之事，各有主者。九韶以訓戒之辭爲韻語，晨興，家長率衆子弟謁先祠畢，擊鼓誦其辭，使列聽之。子弟有過，家長會衆子弟，責而訓之。不改，則撻之。終不改，度不可容，則言之官府，屏之遠方焉。九韶所著，有《梭山文集》《家制》《州郡圖》。

---

❶「業」，《晦庵集》卷四作「義」。

備　遺

晦庵答陸子美書曰：「伏承示諭《太極》《西銘》之失，備悉指意。然二書之説，從前不敢輕議。非是從人脚根，依他門户，却是反覆看來，道理實是如此，别未有開口處，所以信之不疑，而妄以己見輒爲之説。正恐未能盡發其奥，而反以累之，豈敢自謂有扶掖之功哉？今詳來教，及省從前所論，却恐長者從初便忽其言，不曾致思，只以自家所見道理爲是，不知却元來未到他地位，而便以己見輕肆詆排也。今亦不暇細論，只如《太極》篇首一句，最是長者所深排。然殊不知不言無極，則太極同於一物，而不足爲萬化之根；不言太極，則無極淪於空寂，而不能爲萬化之根。只此一句，便見其下語精密，微妙無窮。而向下所説許多道理，條貫脉絡，井井不亂，只今便在目前，而亘古亘今，攧撲不破。只恐自家見得未曾如此分明直截，則其所可疑者，乃在此而不在彼也。至於《西銘》之説，猶更分明。今亦且以首句論之：人之一身，固是父母所生，然父母之所以爲父母者，即是乾坤。若以父母而言，則一物各一父母。若以乾坤而言，則萬物同一父母矣。萬物既同一父母，則吾體之所以爲體者，豈非天地之塞？吾性之所以爲性者，豈非天地之帥哉？古之君子，惟其見得道理真實如此，所以親親而仁民，仁民而愛物。推其所爲，以至於能以天下爲一家，中國爲一人，而非意之也。今若必謂人物只是父母所生，更與乾坤都無干涉。其所以有取於《西銘》者，但取其姑爲宏闊廣大之言以形容仁體而破有我之私而已，則是所謂仁體者，全是虚名，初無實體，而一己之私却是實理，合有分别。聖賢於此，却初不見義理，只見利害，而妄以己意造作言語，以增飾其所無，破壞其所有也。

若果如此，則其立言之失，『膠固』二字豈足以盡之，而又何足以破人之梏於一己之私哉！大抵古之聖賢，千言萬語，只是要人明得此理。此理既明，則不務立論，而所言無非義理之言；不務正行，而所行無非義理之實。無有初無此理，而姑爲此言以救時俗之弊者。不知子静相會，曾以此話仔細商量否？近見其所論王通《續經》之説，似亦未免此病也。此間近日絶難得江西便，草草布此，却託子静轉致。但以來書半年方達推之，未知何時可到耳。如有未當，切幸痛與指摘，剖析見教。理到之言，不得不服也。」

梭山欲立社倉于青田，象山與趙監書云：「社倉自元晦建請，幾年于兹矣。有司不復掛之牆壁，遠方至無知者。九淵在敕局時，因編寬卹詔令，得見此文。與同官咨嗟者累日，遂編入廣賑卹門。今乃得執事發明之，此梭山兄所以樂就下風也。」是時又求元晦社倉規制，相與斟酌損益而行之，梭山主其事。至今逾一甲子，鄉民賴其利未艾也。

象山先生陸九淵

陸九淵，字子静。生三四歲，問其父天地何所窮際，父笑而不答，遂深思至忘寢食。及總角，舉止異凡兒，見者敬之。謂人曰：「聞人誦伊川語，自覺若傷我者。」又曰：「伊川之言，奚爲與孔子、孟子之言不類。近見其間多有不是處。」初讀《論語》，即疑有子之言支離。他日讀古書至「宇宙」二字，解者曰：「四方上下曰宇，往古來今曰宙。」忽大省曰：「宇宙内事，乃己分内事。己分内事，乃宇宙内事。」又嘗曰：「東海有聖人出焉，此心同也，此理同也。至西海、南海、北海有聖人出，亦莫不然。千百世之上有聖人出焉，此心同也，此理同也。至於千百世之下有聖人出，此心此理亦無不同也。」

後登乾道八年進士第，至行在，士争從之游。言論感發，聞而興起者甚衆。教人不用學規，有小過，言中其情，或至流汗。有懷於中而不能自曉者，爲之條析其故，悉如其心。亦有相去千里，聞其大概，而得其爲人。嘗曰：「念慮之不正者，頃刻而知之，即可以正。念慮之正者，頃刻而失之，即爲不正。有可以形迹觀者，有不可以形迹觀者。必以形迹觀人，則不足以知人。必以形迹繩人，則不足以教人。」初調隆興靖安縣主簿，丁母憂，服闋，改建寧崇安縣。以少師史浩薦，召審察，不赴。侍從復薦，除國子正，教諸生無異在家時。除敕令所删定官。九淵少聞靖康間事，慨然有感於復讐之義，至是訪知勇士，與議恢復大略。因輪對，遂陳五論：一論讐耻未復，願博求天下之俊傑，相與舉論道經邦之職。二論願致尊德樂道之誠。三論知人之難。四論事當馴致而不可驟。五論人主不當親細事。帝稱善。未幾，除將作監丞，爲給事中王信所駁。詔主管台州崇道觀。還鄉，學者輻湊。每開講席，户外屨滿，耆老扶杖觀聽。自號「象山翁」，學者稱象山先生。嘗謂學者曰：「汝耳自聰，目自明，事父自能孝，事兄自能弟，本無欠闕，不必他求，在乎自立而已。」又曰：「此道與溺於利欲之人言猶易，與溺於意見之人言却難。」或勸九淵著書，曰：「六經註我，我註六經。」又曰：「學苟知道，六經皆我註脚。」

光宗即位，差知荆門軍。民有訴者，無早暮皆得造于庭，復令其自持狀以追，爲立期，皆如約而至，即爲酌情決之，而多所勸釋。其有涉人倫者，使自毁其狀，以厚風俗。唯不可訓者，始寘之法。其境内官吏之貪廉，民俗之習尚善惡，皆素知之。有訴人殺其子者，九淵曰：「不至是。」及追究其子，果無恙。有訴竊取而不知其人，九淵出二人姓名，使捕至，訊之伏辜，盡得所竊物還訴者，且釋竊罪使自新。因語吏以某所某人爲暴，翌日有訴遇奪掠者，即其人也，乃加追治。吏大驚，郡以爲神。申嚴保伍之法，盗賊或發，擒之不逸一人，群盗屏息。荆門爲次邊，而無城。九淵以爲郡居江、漢之間，爲四集之路。南捍江陵，北援襄陽，東護隨、郢之脅，西當光化、夷陵之衝。荆門固，則四鄰有所恃，否則有背脅腹心之虞。由唐之湖陽以趨山，則其涉漢之處已在荆門之脅。由鄧之鄧城以涉漢，則其趨山之處已在荆門之腹。自此之外，間道之可馳，漢津之可涉，坡陀不能以限馬，灘瀨不能以濡軌者，所在尚多。自我出奇制勝，徼敵兵之腹脇者，亦正在此。雖四山環合，易於備禦，而城池闕然，將誰與守？乃請於朝而城之，自是民無邊憂。罷關市吏譏察，而減民税，商賈畢集，税入日增。舊用銅錢，以其近邊，以鐵錢易之，而銅有禁，復令貼納。九淵曰：「既禁之矣，又使之輸邪？」盡蠲之。故事，平時教軍伍射，郡民得與，中者均賞，薦其屬，不限流品。嘗曰：「古者無流品之令，而賢不肖之辨嚴。後世有流品之分，而賢不肖之辨略。」每旱，禱即雨，郡人異之。逾年，政行令脩，民俗爲變，諸司交薦。丞相周必大嘗稱荆門之政，以爲躬行之效。

一日語所親曰：「先教授兄有志天下，竟不得施以没。」又謂家人曰：「吾將死矣。」又告僚屬曰：「吾將告終。」會禱雪，明日，雪。迺沐浴更衣端坐，後二日日中而卒。會葬者以千數，謚「文安」。

初，九淵嘗與朱熹會鵝湖，論辨所學，多不合。及熹守南康，九淵訪之。熹與至白鹿洞，九淵爲講君子小人喻義利一章，聽者至有泣下，熹以爲切中學者隱微深痼之病。至于「無極而太極」之辨，則貽書往來，論難不置焉。門人楊簡、袁燮、舒璘、沈涣能傳其學。

登第時，考官吕祖謙能識其文於數千人之中。他日相謂曰：「未嘗承款教，僅得之傳聞。一見高文，心開目明，知其爲江西陸子静也。」

鵝湖之會，吕伯恭、陸子壽、劉子澄，及江浙諸友，皆止旬日。論及教人，晦翁之意，欲令人泛觀博覽，而後歸之約。二陸之意，欲先發明人之本心，而後使之博覽。朱以陸之教人爲太簡，陸以朱之教人爲支離，此頗不合。

備　遺

曾祖道曰：「頃年亦嘗見象山。」晦庵笑曰：「這好商量，公且道象山如何。」對曰：「象山之學，祖道曉不得，更是不敢學。」曰：「如何不敢學？」對曰：「象山與祖道言：『目能視，耳能聽，鼻能知香臭，口能知味，心能思，手足能運動，如何更要甚存誠持敬？硬要將一物去治一物，須要如此做甚？詠歸舞雩，自是吾夫子家風。』祖道對他曰：『是則是有此理，恐非初學所到地位。』象山曰：『吾子有之，而必欲外鑠以爲本，可惜。』祖道曰：『此恐只是先生見處。今要祖道便如此，却恐成猖狂妄行。』象山曰：『纏繞舊習，如落陷穽，卒除不得。』」晦翁曰：「子静若得人點化，是多少明快。蓋有不得不任其責者。」子静平日所以自任，正欲身率學者一於天理，而不以一毫人欲雜乎其間。

先生訪晦翁于南康。晦翁請先生登白鹿洞書院講席，先生講「君子喻於義，小人喻於利」一章畢，乃離席言曰：「熹當與諸生共守，以無忘陸先生之訓。」再三云：「熹在此不曾説到這裏，負愧何言。」乃復請先生書其説。先生書《講義》曰：「此章以義利判君子、小人，辭旨明白。然讀之者苟不切己觀省，亦恐未能有益也。九淵平日讀此，不無所感，竊謂學者於此當辨其志。凡人之所喻，由其所習，所習由其所志。志乎義，則所習必在乎義。所習在義，斯喻於義矣。志乎利，則所習必在乎利。所習在利，斯喻於利矣。故學者之志，不可不辨也。科舉取士久矣，名儒鉅公，皆由此出。今爲士者固不免此，然場屋之得失，顧其技與有司好惡如何耳，非所以爲君子、小人之辨也。而今世以此相尚，使汨没於此，而不能自拔。則終日從事者，雖曰聖賢之書，而要其志之所向，則與聖賢背而馳者多矣。推而上之，則又惟官資崇卑、廩禄厚薄是計，豈能悉心力於國事民隱，以無負於任使哉！從事其間，更歷之多，習講之熟，安能不有所喻？顧恐不在於義耳。誠能深思是身，不可使之爲小人之歸，其於利欲之習，怛然爲之痛心疾首，專志乎義而日勉焉，博學、審問、慎思、明辨而篤行之，由是而進於場屋，其文必皆道其平日之學、胸中之藴而不詭於聖人；由是而仕，必皆供其職，勤其事，心乎國，心乎民，而不爲身計，其得不謂之君子乎！秘書先生，起廢以新斯堂，其意篤矣。凡至斯堂者，必不殊志。願與諸君勉之。」

晦翁跋先生《講義》云：「陸兄子静，來自金谿。其徒朱克家、陸麟之、周清叟、熊鑑、路謙亨、胥訓實從。熹率僚友諸生俱至白鹿洞書院，請得一言以警學者。子静既不鄙而惠許之，至其所以發明敷暢，則又懇到明白，而皆有以切中學者隱微深痼之病，蓋聽者莫不竦然動心焉。熹又恐其久而或忘之也，復請子静筆之於簡，受而藏之。凡我同志，於此反身而深察之，則庶乎其不迷於入德之方矣。」尋以《講義》刻于石。

先生在敕局時，上殿輪對五劄。時有言差異者，晦翁索之，先生納去一本。晦翁貽書云：「奏篇垂示，得聞至論，慰沃良深。其規模宏大，源流深遠，豈腐儒鄙生所可窺測？然區區私憂，未免有萬牛回首之歎，然於我何病耶。語圓意活，混浩流轉，益見所養之深，所蓄之厚。但向上一路，未曾撥著。」

先生答晦翁書云：「奏劄獨蒙長者褒拂，譽譽之厚，俱無以當之，深慚踈愚，不能回互藏匿肺肝，悉以書寫。而兄尚有『向上一路未曾撥著』之疑，豈待之太重，望之太過，未免金注之昏耶。」

晦翁書云：「熹衰病日侵，所幸邇來日用工夫頗覺省力，無復向來支離之病，甚恨未得從容面論。未知異時尚復有異同否耳。」

先生答晦翁書云：「初冬始得五月八日書，前月又得五月二日書，開慰之劇。大抵學者之病痛，須得其實。徒以臆想，稱引先訓，文致其罪，斯人必不心服。縱其不能辨白，勢力不相當，强勉誣服，亦何益之有？豈爲無益，亦以害之，則有之矣。五月二日併所與居士兄書，頗覺辭費而理不明。九淵本欲條析以求教，適此便函未暇，尚遲續布。」

晦翁答先生書云：「所諭與令兄書『辭費而理不明』，今亦不記當時作何語，恐或實有此病。承許條析見教，何幸如之，虚心以俟。幸因早便見示，如有未安，却得細論，未可便似居士兄遽斷來章也。」

晦翁云：「今浙東學者，多子静門人。類能卓然自立，相見之次，便毅然有不可犯之色。自家一輩朋友，却又覺不振。」又云：「子静之門，如楊簡輩，躬行皆有可觀。」又與詹侍郎書云：「高教授能留意學校，甚善。渠從子静學，有意爲己，必能開導人也。」

晦翁貽先生詩云：「川源紅緑一時新，暮雨朝晴更可人。書册埋頭何日了，不如抛却去尋春。」先生聞之色喜，曰：「元晦至此，是可喜也。」

先生與晦翁書云：「首春伏領賜教，備承改歲動息，慰浣之劇。惟其不度，稍獻愚忠，未蒙省察，反成唐突。謙抑非情，督過深矣。不勝惶恐。向蒙尊兄促其條析，且有『無若令兄遽斷來章』之戒，深以爲幸。別紙所謂：『我日斯邁而月斯征，各尊所聞，各行所知，亦可矣。無復望其必同也。』不謂尊兄遽作此語，甚非所望。『君子之過也，如日月之食焉。過也人皆見之，更也人皆仰之。』通人之過，雖微箴藥，久當自悟。諒今尊兄必涣然於此矣。願依末光，以卒餘教。」

晦翁答書云：「荆門之命，少慰人意。今日之計，惟僻且遠，猶或可以行志，想不以是爲厭。三年有半之間，消長之勢，又未可以預料。流行坎止，亦非人力所能爲也。聞象山懇闢架鑿之功蓋有緒，❶來學者亦益，甚恨不得一至其間觀奇覽勝。熹春首之書，詞氣粗率，既發即知悔之，然已不及矣。」

包顯道侍晦翁，有學者因無極之辨，貽書詆先生者。晦庵復其書云：「南渡以來，八字着脚，理會着實工夫者，惟熹與陸子静二人而已。熹實敬其爲人，諸君未可以輕議之也。」

荆門郡故事，上元設醮，爲民祈福。先生會吏民，講《洪範》「五皇極」一章代醮事，發明人心之善，所以自求多福者。莫不曉然有感於中，或爲之泣。

傅子雲録先生云：「學者讀書，先於易曉處沉涵熟復，切己致思，則他難曉者涣然冰釋矣。若先看難曉

❶「懇闢」，嘉靖本《象山陸先生年譜》作「闢墾」。「蓋」，《象山陸先生年譜》作「益」。

處，終不能達。」

或問讀六經當先看何人解註，先生云：「須先精看古註。如讀《左傳》，則杜預註不可不精看。大概先須理會文義分明，則讀之其理自明白。」

有一後生欲處郡庠，先生訓之曰：一擇交，二隨身規矩，三讀古書、《論語》之屬。

周清叟録先生云：「後生看經書，須著看注疏及先儒解釋。不然，執己見議論，恐入自是之域，便輕視古人。至漢唐間名臣議論，反之吾心，有甚悖道處，亦須自家有證諸庶民而不謬底道理，然後别白言之。」

讀書之法，須是平平淡淡去看，仔細玩味，不可草草。所謂「優而柔之，厭而飫之」，自然有涣然冰釋，怡然理順底道理。

學者不自着實理會，只管看人口頭言語，所以不能進。且如做一文字，須是反覆窮究去，不得又换思量，皆要窮到窮處，項項分明。他日或問人，或聽人言，或觀一物，自有觸長底道理。

李伯敏録先生云：「學問當有日新之功，磨礲鍛鍊，方得此理明。如川之增，如木之茂，自然日進無已。今吾友死守定，如何會爲所當爲？博學、審問、謹思、明辨、篤行，博學在先，力行在後。吾友學未博，焉知所行者是當爲，是不當爲。」

人謂九淵不教人讀書，如敏求前日來問九淵下手處，九淵教他讀《旅獒》《太甲》《告子》「牛山之木」以下，何嘗不讀書來，只是比他人讀得别些子。

包揚録先生云：「後生有甚事？但遇讀書不曉便問，遇事物理會不得時便問，并與人商量，其他有甚事？」

求其放心，然能暫而不能久，請教。答曰：「但懲忿窒慾，未是學問事。便懲窒得全無後，也未是學。學者須是明理，須是知學，然後説得懲窒。知學後懲窒，與常人懲窒不同。常人懲窒，只是就事就末。」

學者須是打疊田地淨潔，然後令他奮發植立。若田地不淨潔，則奮發植立不得。古人爲學，即讀書然後爲學可見。然田地不淨潔，亦讀書不得。若讀書，則是假寇兵，資盜糧。

九淵從來勤理會。長兄每四更一點起時，只見九淵在看書，或檢書，或默坐。常諭子姪，以爲勤，他人莫及。今人却言九淵懶，不曾去理會，好笑。

後生精讀古書文。

詹阜民嘗問：「先生之學，亦有所受乎？」曰：「因讀《孟子》而自得之。」

有自象山來者，晦翁問：「子静多説甚話？」曰：「恰如時文相似，只連片滚將去。」曰：「所説者何？」曰：「他只説天地之性人爲貴，人爲萬物之靈。人所以貴與靈者，只是這心。其説雖詳多，只恁滚去。」晦翁曰：「信如斯言，雖聖賢復生，與人説，也只得恁地。自是諸公以時文之心觀之，故見得他箇是時文也。便若時文中説得恁地，便是聖賢之言也。」

晦翁聞先生訃，帥門人往寺中爲位哭。

考亭淵源録卷之五

陳亮

陳亮，字同父，婺州永康人。壯歲應鄉舉，繼入太學。爲人才氣超邁，以虜仇未雪爲國大耻。孝宗朝，六達帝庭上書，論恢復大計。又伏闕論宰相非才，無以係天下望。垂拱殿成，進賦以頌德，又進《郊祀慶成賦》。皆不報。光宗即位，伏闕上《鑒成箴》，又不報。既而帝欲官之，亮笑曰：「吾欲爲社稷開數百年之基，寧用以博一官乎？」亟渡江而歸。

日落魄醉酒，與邑之狂士飲，醉中戲爲大言，言涉犯上。一士欲中亮，以其事首刑部。侍郎何澹嘗爲考試官，黜亮，亮不平，語數侵澹，澹聞而嗛之，即繳狀以聞。事下大理，笞掠亮無完膚，誣服爲不軌。事聞，孝宗知爲亮，嘗陰遣左右廉知其事。及奏入取旨，帝曰：「秀才醉後妄言，何罪之有。」劃其牘于地，亮遂得免。居無何，亮家僮殺人于境，適被殺者家疑事由亮，聞于官。臺官論亮情重，下大理。時丞相王淮知帝欲生亮，而辛棄疾、羅點素高亮才，援之尤力，復得不死。亮自以豪俠，屢遭大獄，歸家益厲志讀書，所學益博。其學自孟子後，惟推王通。嘗曰：「研窮義理之精微，辨析古今之同異，原心於杪忽，較禮於分寸，以積累爲工，以涵養爲正，睟面盎背，則於諸儒誠有愧焉。至於堂堂之陳，正正之旗，風雨雲雷交發而並至，龍蛇虎豹變現而出没，推倒一世之智勇，開拓萬古之心胸，自謂差有一日之長。」亮意蓋指朱熹、吕祖謙等云。

紹興四年舉進士，上親擢之第一，授建康軍節度判官。次年卒，年五十有五。詳具《宋史·儒林傳》中。

備 遺

公與晦翁書曰：「伊洛諸公，謂三代以道治天下，漢、唐以智力把持天下。其説固已不能使人心服，而近世諸儒，遂謂三代專以天理行，漢、唐只是人欲。信斯言也，千五百年之間，天地不過架漏過時，人心亦是牽補度日，萬物何以阜蕃，而道何以常存乎？諸儒之論，爲曹孟德以下諸人設，可也，以斷漢、唐，豈不冤哉？」又曰：「高祖、太宗本君子之射也，惟御者不純乎正，故其射一出一入，而卒歸於禁暴戢亂愛人利物而不可掩者，其本領宏大開廣故也。故亮嘗有言：『三章之約，非蕭、曹之所能教。而定天下之亂，又豈劉文靖之所能發哉。』此儒者之所謂『見赤子入井』之心也。其本領宏大開廣，故其發處便可以震動一世，不止如見赤子時微眇不易推廣耳。天下大物也，不是本領宏大，如何擔當得去？惟其事變萬狀，而真心易以汩没，到得失枝落節處，其皎然者終不可誣耳。高祖、太宗，蓋天地賴以常運而不息，人紀賴以接續而不墜。而謂道之存亡，非人之所預，則過矣。漢、唐之君果無一毫氣力，則所謂卓然者，果何物耶？使二程若在，猶當正色而辨明之。亮之不肖，其不足論甚矣，然亦要做箇人，非專爲漢、唐分疏也。正欲明天地常運，而人爲常不息，要不可以架漏牽補度時日耳。願秘書平心以聽，惟理之從，盡洗天下之横竪高下，清濁黑白，一歸之正道。無使天地有棄物，四時有剩運，人心或可欺，而千五百年之君子皆可蓋也。」

又曰：「亮大概以爲，三代做得盡者也，漢、唐做不到盡者也。若謂其假仁詐義以行之，切恐待漢、唐之君太淺狹，而世之君子有不厭于心者矣。匡章，通國皆稱其不孝，而孟氏獨禮貌之。眼目既高，於駁雜之中有以得其心，故當波流奔迸，利欲百端，宛轉於其中，而能察其真心之所在，此君子之道所以爲可貴耳。若萬慮不作，全體潔白，而曰真心在焉者，此始學之事耳。一生辛勤於堯舜相傳之心法，不能點鐵成金，而不免以銀爲鐵，使千五百年之間成一大空缺，人道泯息，而不害乎天地之常運，而我獨卓然而有見，無乃甚高而孤乎？宜亮之不心服也。」

晦翁答書略曰：「以兄之高明俊傑，世間榮悴得失，本無足爲動心者。而細讀來書，似未免有不平之氣。區區竊獨妄意，此殆平日才太高，氣太鋭，論太險，迹太露之過，是以困於所長，忽於所短。雖復更歷變故，顛沛至此，而猶未知所以反求之端也。」曰：「若高帝，則私意分數，未甚熾然，已不可謂之無；太宗之心，則吾恐其無一念之不出於人欲也。直以其能假仁借義以行其私，而當時與之争者，才能智術既出其下，又不知有仁義之可借，是以彼善於此，而得以成其功耳。若以其能建立國家，傳世久遠，便謂其得天理之正。此正是以成敗論是非，但取其獲禽之多，而不羞其詭遇之不出於正也。千五百年之間，正坐如此，所以只是架漏牽補過了時日。其間雖或不無小康，而堯、舜、三王、周、孔所傳之道，未嘗一日得行於天地之間也。若論道之常存，却又初非人所能預，只是此箇，自是亘古亘今常在不滅之物，雖千五百年被人所壞，終殄滅他不得耳。漢、唐所謂賢君，何嘗有一分氣力扶助得他耶？

「兄人物奇偉英特，恐不但今日所未見。向來得失短長，正自不須挂齒牙，向人分説。但鄙意更欲賢者百尺竿頭進一步，將來不作三代以下人物，省得氣力爲漢、唐分疏，即更脱灑磊落耳。

「夫人只是這箇人，道只是這箇道，豈有三代、漢、唐之别？但以儒者之學不傳，而堯、舜、禹、湯、文、武轉相授受之心不明於天下，故漢、唐之君，雖或不能無暗合之時，而其全體却只在利欲上。此其所以堯、舜、三代自堯、舜、三代，漢祖、唐宗自漢祖、唐宗，終不能合而爲一也。今若必欲撤去限隔，無古無今，則莫能深考堯、舜相傳之心法，❶湯、武反之之功夫，以爲準則而求諸身，却就漢祖、唐宗心術微處痛加繩削，取其偶合而察其所自來，黜其悖戾而究其所從起，庶幾天地之常經，古今之通誼，有以得之於我。

「且如約法三章，固善矣，而卒不能免三族之令。一時功臣，無不夷滅。除亂之志固善矣，而不免竊取宫人私侍其父。其他亂倫逆理之事，往往皆身犯之。舉其終始而言，其合於義理者常小而少，不合於義理者常大而多。後之觀者，於此根本工夫，自有欠闕，故不知其非，而以爲無害於理。抑或以爲雖害於理，而不害其獲禽之多也。

「若夫『點鐵成金』之譬，施之有教無類、遷善改過之事則可，至於古人已往之迹，則其爲金爲鐵，固有定形，而非後人口舌議論所能改易矣。今乃欲追點功利之鐵，以成道義之金，不惟費却閒心力，無補於既往，正恐礙却正知見，有害於方來也。

「聖人者，金中之金也。學聖人而不至者，金中猶有鐵也。漢祖、唐宗用心行事之合理者，鐵中之金也。

---

❶「能」，《晦庵集》卷三十六作「若」。

曹操、劉裕之徒，則鐵而已矣。金中之金，乃天命之固然，非由外鑠。淘擇不淨，猶有可憾。今乃無故必欲棄舍自家光明寶藏，而奔走道路，向鐵爐邊查礦中撥取零金，不亦誤乎。

「兄高明剛決，非吝於改過者。願以愚言思之，黜去義利雙行、王伯並用之説，而從事於懲忿窒慾、遷善改過之事，粹然以醇儒之道自律。則豈獨免於人道之禍，而其所以培壅本根，澄源正本，爲異時發揮事業之地者，益光大而高明矣。」

同父縱横之才，伯恭不直治之，多爲諷説，反被他玩。

江西之學，只恐流於禪。永康之學，却專是功利。禪學，後來學者模索一上，無可模索，自會轉去。若功利則學者習之，便可見効，此意甚可憂。

陳同父祭東萊文云：「在天下無一事之可少，而人心有萬變之難明。」晦翁曰：「若如此，則鷄鳴狗盜皆不可無。」因與言《易》：「天下之動，貞夫一者也。天下何思何慮？同歸而殊途，一致而百慮。天下何思何慮？」又云：「同父在利欲膠漆盆中。」

陳傅良

陳傅良，字君舉，温州瑞安人。初，患科舉程文之弊，思出其説爲文章，自成一家，人争傳誦，從者雲合，由是其文擅當世。當是時，永嘉鄭伯熊、薛季宣皆以學行聞，而伯熊於古人經制治法，討論尤精。傅良皆師事之，而得季宣之學爲多。及入太學，與廣漢張栻、東萊吕祖謙友善。祖謙爲言本朝文獻相承條序，而主敬集義之功，得於栻爲多。自是四方受業者愈衆。

登進士甲科，教授泰州。參知政事龔茂良才之，薦于朝，改太學録，出通判福州。丞相梁克家領帥事，委成于傅良。傅良平一府曲直，壹以義，强禦者不得售其私，陰屬言官論罷之。後五年，起知桂陽軍。

光宗立，稍遷提舉常平茶鹽、轉運判官。湖湘民無後，以異姓爲嗣者，官利其貲，輒没入之。傅良曰：「絶人嗣，非政也。」復之幾二千家。轉浙西提點刑獄，除吏部員外郎。去朝十四年，❶至是而歸，鬚鬢無黑者。都人聚觀嗟嘆，號「老陳郎中」。

傅良爲學，自三代、秦、漢以下，靡不研究。一事一物，必稽於極而後已。而於太祖開創本原，尤爲潛心。及是，因輪對言曰：「太祖皇帝垂裕後人，以愛惜民力爲本。熙寧以來，用事者始取太祖約束一切紛更之。諸路上供歲額，增於祥符一倍。崇寧重脩上供格，頒之天下，率增至十數倍。其他雜斂，則熙寧以常平寬剩、禁軍闕額之類，别項封樁。而無額上供起於元豐，經制起於宣和，總制、月樁起於紹興，皆迄今爲額。折帛、和買之類，又不與焉。茶引盡歸於都茶場，鹽鈔盡歸於榷貨務，秋苗斗斛十八九歸於綱運，皆不在州縣。州縣無以供，則豪奪於民。於是取之斛面、折變、科敷、抑配、贓罰，而民困極矣。方今之患，何但四夷？蓋天命之永不永，係民力之寬不寬耳，豈不甚可畏哉！陛下宜以救民窮爲己任，推行太祖未泯之澤，以爲萬世無疆之休。」且言：「今天下之力竭於養兵，而莫甚於江上之軍。都統司謂之御前軍馬，雖朝廷不

---

❶ 「十四」，原作「四十」，據《宋史·儒林四》改。

得知；總領所謂之大軍錢糧，雖版曹不得與於是。中外之勢分，而事權不一，施行不專，雖欲寬民，其道無繇。誠使都統司之兵，與向者在制置司時無異；總領所之財，與向者在轉運司時無異，則内外爲一體。内外一體，則寬民力可得而議矣。」帝從容嘉納，且勞之曰：「卿昔安在？朕不見久矣。其以所著書示朕。」退以《周禮説》十三篇上之。遷秘書少監，兼實録院檢討官、嘉王府贊讀。紹熙三年，除起居舍人。明年，兼權中書舍人。

初，光宗之妃黄氏有寵，李皇后妬而殺之。光宗既聞之，而復因郊祀大風雨，遂震懼得心疾，自是視章疏不時。於是傅良奏曰：「一國之勢猶身也，壅底則致疾。今日遷延某事，明日阻節某人，即有姦險乘時爲利。則内外之情不接，威福之柄下移，其極至於天變不告，邊警不聞，禍且不測矣。」帝悟，會疾亦稍平，過重華宫。而明年重明節，復以疾不往。丞相以下，至於太學諸生，皆力諫，不聽，而召内侍陳源爲内侍省押班。傅良不草詞，且上疏曰：「陛下之不過宫者，特誤有所疑，而積憂成疾以至此爾。臣嘗即陛下之心反覆論之，竊自謂深切，陛下亦既許之矣。未幾中變，以誤爲實，而開無端之釁。以疑爲真，而成不療之疾。是陛下自貽禍也。」書奏，帝將從之。百官班立，以俟帝出。至御屏，皇后挽帝回。傅良遂趨上引裾，后叱之。傅良哭于庭，后益怒。傅良下殿徑行。詔改秘閣脩撰，仍兼贊讀，不受。

寧宗即位，召爲中書舍人，兼侍讀、直學士院、同實録院脩撰。會詔朱熹與在外宫觀，傅良言：「熹難進易退，内批之下，舉朝驚愕，臣不敢書行。」熹於是進寶文閣待制，與郡。御史中丞謝深甫論傅良言不顧行，出提舉興國宫。明年，察官交疏，削秩罷。嘉泰二年，復官，起知泉州，辭。授集英殿脩撰、進寶謨閣待制。

終于家，年六十七，謚「文節」。傅良著述，有《詩解詁》《周禮説》《春秋後傳》《左氏章指》行于世。

備　遺

晦翁問滕德粹：「去年何處作考官？」對以永嘉。問：「曾見君舉否？」曰：「見之。」曰：「説甚語？」曰：「説《洪範》及《左傳》。」曰：「《洪範》如何説？」曰：「君舉以爲讀《洪範》方知孟子之道性善。如前言五行、五事，則各言其德性，而未言其失。及過於皇極，則方辨其失。」曰：「不然。且各還他題目：一則五行，二則五事，三則八政，四則五紀，五則皇極。至其後，庶徵五福、六極，乃權衡聖道而著其驗耳。」又問：「《春秋》如何説？」滕云：「君舉云，世人疑左丘明好惡不與聖人同，謂其所載事多與經異，此則有説：且如晉先蔑奔秦，但謂『先蔑奔秦』耳，此乃先蔑立嗣不定，故書『奔』以示貶。」曰：「是何言語！先蔑實是奔秦，如何不書奔？且書奔秦謂之示貶，不書奔則此事自不見，何以爲褒？昨説與吾友，所謂『專於博上求之，不反於約』，乃謂此耳。是乃於穿鑿上益加穿鑿，疑誤後學。」

君舉到湘中，一收收盡南軒門人，胡季隨亦從之問學。熹向見季隨，固知其不能自立。其胸中自空空無主人，所以纔聞他人之説便動。季隨在湖南，頗自尊大，諸人亦多宗之。凡有議論，季隨便爲之判斷孰是孰非，此正猶張天師不問長少賢否，只是世襲做大。萬正淳曰：「湖南之從南軒者甚衆且久，何故都無一箇得其學？」曰：「欽夫言自有弊，諸公只去學他説話，凡説道理先大拍下。然欽夫後面却自有説，諸公却只是學得那大拍頭。」

考亭淵源録卷之六 此卷以後俱考亭門人

黄　榦

黄榦，字直卿，福州閩縣人。父瑀，在高宗時爲監察御史，以篤行正道著聞。瑀没，榦往見清江劉清之，清之奇之，曰：「子乃遠器，時學非所以處子也。」因命受業朱熹。榦家法嚴重，乃以白母，即日行。時大雪，既至而熹他出，榦因留客邸，卧起一榻，不解衣者二月，而熹始歸。榦自見熹，夜不設榻，不解帶，少倦則微坐一椅，或至達曙。熹語人曰：「直卿志堅思苦，與之處甚有益。」嘗詣東萊吕祖謙，以所聞於熹者相質正。及廣漢張栻亡，熹與榦書曰：「吾道益孤矣，所望於賢者不輕。」後遂以其子妻榦。

寧宗即位，熹命榦奉喪補將仕郎，❶銓中授迪功郎，監台州酒務。丁母憂，學者從之講學于墓廬甚衆。熹作竹林精舍成，遺榦書有「他時便可請直卿代即講席」之語。及編禮書，獨以喪、祭二編屬榦。稿成，熹見而喜曰：「所立規模次第，縝密有條理。他日當取所編家鄉、邦國、王朝禮，悉倣此更定之。」病革，以深衣及所著書授榦，手書與訣曰：「吾道之託在此，吾無憾矣。」訃聞，榦持心喪三年，畢，調監嘉興府石門酒庫。時

❶「喪」，《宋史・道學四》作「表」。

韓侂胄方謀用兵。吴獵帥湖北，將赴鎮，訪以兵事。榦曰：「聞議者謂今天下欲爲大舉深入之謀，果爾，必敗。此何時，而可進取哉？」獵雅敬榦名德，辟爲荆湖北路安撫司激賞酒庫兼準備差遣，事有未當，必輸忠款力争。江西提舉常平趙希懌、知撫州高商老辟爲臨川令。歲旱，勸糴捕蝗極其力。改知新淦縣，吏民習知臨川之政，皆喜，不令而政行。以提舉常平郡太守薦，擢監尚書六部門。未上，改差通判安豐軍。淮西帥司檄榦鞫和州獄。獄故以疑未決，榦釋囚桎梏，飲食之，委曲審問，無所得。一夜夢井中有人，明日，呼囚詰之曰：「汝殺人投之於井，我悉知之矣，胡得欺我。」囚遂驚服。果於廢井得尸。尋知漢陽軍。值歲饑，糴客米，發常平以賑。制置司下令，欲移本軍之粟而禁其糴，榦報以「乞候榦罷，然後施行」。及援鄂州例，十之一告糴於制司，荒政具舉。旁郡饑民輻湊，惠撫均一。春暖願歸者給之糧，不願者結廬居之，民大感悦。所至以重庠序，先教養。其在漢陽，即郡治後鳳栖山爲屋，館四方士，立周、程、游、朱四先生祠。以病乞祠，主管武夷冲祐觀。尋起知安慶府。至則金人破光山，而沿邊多警。安慶去光山不遠，民情震恐，乃請于朝，城安慶以備戰守，不俟報，即日興工。城分十二料，先自築一料，計其工費若干，然後委官吏、寓公、士人分料主之。役民兵五千人，人役九十日，而計人户産錢起丁夫，通役二萬夫，人十日而罷。役者更番，暑月月休六日，日午休一時，至秋漸殺其半。榦日以五鼓坐于堂，濠砦官入聽命，以一日成算授之：役某鄉民兵若干，某鄉人夫若干。分布於某人料分，或搬運某處土木，應副某料使用。某料民兵人夫，合當更代，合散幾日錢米。俱受命畢，乃治府事，理民訟，接賓客，閲士卒，會僚佐，講究邊防利病。次則巡城視役，晚入書院講論經史。築城之杵，用錢監未鑄之鐵，事畢還之。城成，會上元日張燈，士民扶老携幼，往來不絶。有老嫗百歲，二子輿之，諸孫從，至府致謝。榦禮之，命具酒炙，且勞以金帛。嫗曰：「老婦之來，爲一郡生靈謝耳。太守之賜，非所冀也。」不受而去。是歲大旱，榦祈輒雨。或未至，晨興登郡閣，望灊山再拜，雨即至。後二年，金人破黄州、沙窩諸關，淮東、西皆震，獨安慶按堵如故。繼而霖潦踰月，巨浸暴至，城屹然無虞。舒人德之，相謂曰：「不殘于寇，不蹈于水，生汝者黄父也。」

制置李珏辟爲參議官，再辭不受。既而朝命與徐僑兩易和州，且令先赴制府禀議。榦即日解印趨制府。和州人日望其來曰：「是嘗檄至吾郡鞫死囚，感夢於井中者，庶能直吾屈乎。」先是，榦移書珏曰：「丞相誅韓之後，懲意外之變，專用左右親信之人，往往得罪於天下公議。世之君子，遂從而歸咎於丞相。丞相不堪其咎，斷然逐去之，而左右親信者，其用愈專矣。平居無事，紀綱紊亂，不過州縣之間，百姓受禍。至於軍政不修，邊備廢弛，皆此曹爲之。若今大敵在境，更不改圖，大事去矣。今日之急，莫大於此。」又曰：「今日之計，莫若用兩淮之人，食兩淮之粟，守兩淮之地。然其策當先明保伍。保伍既明，則爲之立堡砦，蓄馬，制軍器，以資其用。不過累月，軍政可成。且淮民遭丙寅之厄，今聞金人遷汴，莫不狼顧脅息，有棄田廬，挈妻子渡江之意。其間勇悍者，且將伺變竊發。向日胡海、張軍之變，❶爲害甚於金。若不早爲之圖，則兩淮日見荒墟，卒有警急，攘臂而起矣。」珏皆不能用。

及至制府，珏往維揚視師，與偕行。榦言：「敵既退，當思所以賞功罰罪者。崔維揚能於清平山豫立義

---

❶「胡」，原作「湖」，據《勉齋集》卷十六及《宋史·儒林四》改。

呰，斷金人右臂，方儀真能措置捍禦，不使軍民倉皇奔軼，此二人者當薦之。泗上之敗，劉倬可斬也。某州官吏三人，攜家奔竄。追而治之，然後具奏可也。」其時幕府書館皆輕儇浮靡之士，僚吏士民有獻謀畫，多爲毁抹疏駁。將帥偏裨，人心不附，所向無功。流移滿道，而諸司長吏張宴無虚日。幹知不足與共事，歸自維揚，再辭和州之命，仍乞祠。閉閤謝客，宴樂不與。乃復告珏曰：「浮光敵退已兩月，安豐已一月，盱眙亦將兩旬。不知吾所措置者何事？所施行者何策？邊備之弛，又甚於前。日復一日，恬不知懼，恐其禍又不止今春矣。向者輕信人言，爲泗上之役，喪師萬人。良將勁卒，精兵利器，不戰而淪於泗水。黄團老幼俘虜殺戮五六千人，盱眙東西數百里，莽爲丘墟。安豐、浮光之事，大率類此。切意千乘言旋，必痛自咎責，出宿于外，大戒于國曰：『此吾之罪也，有能箴吾失者，疾入諫。』日與僚屬及四方賢士討論條畫，以爲後圖。今歸已五日矣，但聞請總領、運使至玉麟堂賞牡丹，用妓樂。又聞總領、運使請宴賞亦然，又聞宴僚屬亦然。邦人諸軍聞之，豈不痛憤？且視牡丹之紅艷，豈不思邊庭之流血。視管絃之啁啾，豈不思老幼之哀號。視棟宇之弘麗，豈不思士卒之暴露。視飲饌之豐美，豈不思流民之凍餒。敵國深侵，宇内騷動，主上食不甘味，聽朝不怡。大臣憂懼，不知所出。尚書豈得不朝夕憂懼，而乃如是之迂緩暇逸耶？今浮光之報又至矣，金欲以十六縣之衆，四月攻浮光，侵五關。且以一縣五千人爲率，則當有八萬人攻浮光，以萬人刈吾麥，以五萬人攻吾關。吾之守關不過五六百人，豈能當萬人之衆哉！則關之不可守決矣。五關失守，則蘄、黄決不可保。蘄、黄不保，則江南危。尚書聞此亦已數日，乃不聞有所施行，何耶？」其他言皆激切，同幕忌之尤甚，共詆排之。厥後光、黄、蘄繼失，果如其言。遂力辭去，請祠不已。俄再命知安慶，不就。入廬山訪其友李燔、陳宓，相與盤旋玉淵、三峽間，俛仰其師舊跡。講《乾》《坤》二卦於白鹿書院，山南北之士皆來集。未幾，召赴行在所奏事，除大理丞，不拜，爲御史李楠所劾。

初，榦入荆湖幕府，奔走諸闕，與江淮豪傑游，而豪傑往往願依榦。及倅安豐、武定，諸將皆歸心焉。後倅建康，守漢陽，聲聞益著。諸豪又深知榦倜儻有謀，及求安慶，且兼制幕，長淮軍民之心，翕然相向。此聲既出，在位者益忌。且慮榦入見，必直言邊事，以悟上意，至是群起擠之。榦遂歸里，弟子日盛，巴蜀、江、湖之士皆來。編禮著書，日不暇給。夜與之講論經理，亹亹不倦。借鄰寺以處之，朝夕往來，質疑請益，如熹時。俄命知潮州，辭不行。差主管亳州明道宫，踰月遂乞致仕。詔許之，特授承議郎。既殁，後數年，以門人請謚，又特贈朝奉郎，與一子下州文學，謚「文肅」。有經解、文集行于世。

備　遺

晦翁與直卿書曰：「南軒云亡，吾道益孤，朋友難得十分可指擬者。所望於賢者不輕，千萬勉旃。」

潘謙之曰：「世道如此，吾人幸得竊聞聖賢遺教，安可不推所聞，以拯斯人之溺。正使不得行於當年，亦須有補於後也。文公退居山谷者三十年，專討論經典，訓釋諸書，以惠後學。從遊者獨公日侍左右，纂集考訂之功居多。」

陳安卿與陳宓書曰：「勉齋終始親密師門。傳本末之備者，惟兹一人。」

先生涵養日久，自得益深。每誦程子之言曰：「泰山爲高矣，然山頂上已不屬之泰山。堯舜事業，亦只是一點浮雲過目。程子此言,非知道者,孰能識之?」又曰:「進道之要固多端。且刊落世間許多物欲外慕,見得榮辱、得失、利害皆不足道,只有直截此心,無愧無懼,方見得動静語默,皆是道理。」故先生平日居正位,行大道,得失、利害、禍福不足以動其心。由先生見道之明,故能守道之篤也。

慈溪黄震曰:乾淳之盛,晦庵、南軒、東萊稱三先生。獨晦庵得年最高,講學最久,尤爲集大成。晦庵既没,門人如閩中則潘謙之、楊志仁、林正卿、林子武、李守約、李公晦,江西則甘吉父、黄去私、張元德,江東則李敬子、胡伯量、蔡元思,浙中則葉味道、潘子善、黄子洪,皆號高弟。又獨勉齋先生,强毅自立,足任負荷。如輔漢卿疑「惡亦不可不謂性」,如李公晦疑「喜怒哀樂由聲、色、臭、味者爲人心,由仁、義、禮、智者爲道心」,如林正卿疑「大易本爲垂教,而義、文王特借之以卜筮」,如真公刊《近思》後,語「先《近思》而後四書」,先生皆一一辨明,不少恕。甚至晦庵謂「《春秋》止是直書」,勉齋則謂「其間亦有曉然若出於微意者」。晦庵謂《近思》先太極」,勉齋則謂「名《近思》,反若遠思者」。晦庵解「人不知而不愠,惟成德者能之」,勉齋提云:「是君子然後能不愠,非不愠然後爲君子。」晦庵解「敏於事而慎於言」,以「慎」爲「不敢盡其所有餘」,勉齋提:「慎字本無不敢盡之意,特以言易肆,故當謹爾。」凡其於晦庵没後,講學精審不苟如此,豈惟確守其師之説而已哉!若其見之行事,則如宰臨川、新淦,推行實政,守安慶、漢陽,慷慨事功,又皆卓卓在人耳目。然則晦庵於門人弟子中,獨授之屋,妻之女,奏之官,親倚獨切,夫豈無見而然哉。勉齋之文,宏肆暢達,髣髴晦庵。晦庵不爲《講義》,而勉齋《講義》三十二章,皆足發明斯道。其誨學者,嘗曰:「人不知理義,則無以自别於物。周旋百出,自少至老,不過情欲利害之間。甚至三綱淪,九法斁,亦將何所不至。」其言哀痛至此，其爲天下後世慮也亦遠矣。

李燔

李燔，字敬子，南康建昌人。少孤，依舅氏。中紹熙元年進士第，授岳州教授。未上，往建陽從朱熹學，熹告以曾子弘毅之語，且曰：「致遠固以毅，而任重貴乎弘也。」燔退，以「弘」名其齋而自儆焉。至岳州，教士以古文六藝，不因時好。且曰：「古之人皆通材，用則文武兼焉。」即武學諸生文振而識高者拔之，闢射圃，令其習射。廩老將之長於藝者，以率偷惰。以祖母卒，解官承重而歸，改襄陽府教授。復往見熹，熹嘉之。凡諸生未達者，先令訪燔，俟有所發，乃從熹折衷。諸生畏服。熹謂人曰：「燔交友有益，而進學可畏。且直諒樸實，處事不苟。他日任斯道者，必燔也。」熹没，學禁嚴，燔率同門往會葬，視封窆，不少怵。及詔訪遺逸，九江守以燔薦。召赴都堂審察，辭。再召，再辭。郡守請爲白鹿書院堂長，學者雲集。講學之盛，他郡無與比。

除大理司直，辭。尋添差江西運司幹辦公事，江西帥李珏、漕使王補之交薦之。會洞寇作亂，帥、漕議平之，而各持其説。燔徐曰：「寇非吾民耶？豈必皆惡？然其如是，誠以吾有司貪刻者激之，及將校之邀功者逼成之耳。反是而行之，則皆民矣。」帥、漕曰：「幹辦議是，誰可行者？」燔請自往，乃駐兵萬安，會近洞諸巡尉。察隅保之尤無良者，易置之。分兵守險，馳辯士諭賊逆順禍福，寇皆帖服。洪州地下，異時贛江漲而隄壞，久雨輒澇，燔白于漕、帥修之，自是田皆沃壤。漕司以十四界會子新行，價日損，乃視民税産物力，各藏會子若干，官爲封識，不時點閲。人愛重之，則價可增，慢令者黥籍，而民譸張持空券益不售。燔與國子學録李誠之力争，不能止。燔又入劄争之曰：「錢荒楮涌，子母不足以相權。不能行楮者，由錢不能權之也。楮不行而抑民藏之，是棄物也。誠能節用，先穀粟之實務，而不取必於楮幣，則楮幣爲實用矣。」劄入，漕司即弛禁，詣燔謝。燔又念社倉之置，僅貸有田之家，而力田之農不得沾惠，遂倡議裒穀創社倉，以貸佃人。有旨，改官通判潭州，辭，不許。真德秀爲長沙帥，一府之事，咸諮燔。不數月，辭歸。當是時，史彌遠當國，廢皇子竑。燔以三綱所關，自是不復出矣。

真德秀及右史魏了翁薦之，差權通判隆興府，江西帥魏大有辟充參議官，皆辭。乃以直秘閣主管慶元至道宫。燔自謂居閒無以報國，乃薦崔與之、魏了翁、真德秀、陳宓、鄭寅、楊長孺、丁黼、葉宰、龔維藩、徐僑、劉宰、洪咨夔于朝。紹定五年，帝論及當時高士累召不起者，史臣李心傳以燔對，且曰：「燔乃朱熹高弟，經術行義亞黄榦，當今海内，一人而已。」帝問：「今安在？」心傳對曰：「燔南康人，先帝以大理司直召，不起，比乞致仕。陛下誠能强起之，以寘講筵，其裨聖學，豈淺淺哉。」帝然其言，終不召也。九江蔡念成稱燔「心事有如秋月」。燔卒，年七十，贈直文華閣，謚「文定」，補其子舉下州文學。

燔嘗曰：「凡人不必待仕宦有位爲職事，方爲功業，但隨力到處，有以及物，即功業矣。」又嘗曰：「仕宦至卿相，不可失寒素體。夫子無入不自得者，正以磨挫驕奢，不至居移氣，養移體。」因誦古語曰：「分之所在，一毫躋攀不上。善處者，退一步耳。」故燔處貧賤患難若平素，不爲動。被服布素，雖貴不易。入仕凡四十二年，而歷官不過七考。居家講道，學者宗之。與黄榦並稱曰「黄、李」。孫鑛，登進士第。

備遺

晦翁曰：「敬子堅有志。」又曰：「敬子甚卓立，然未細密。」

答劉季章曰：「敬子諸人却甚進。此亦無他，只是渠肯聽人説話，依本分，循次序，平心看文字，不敢如此走作閒説耳。」

答周舜弼曰：「敬子志甚勇，而功夫未密。更宜相與切瑳，令精細平穩，乃佳耳。觀其病痛，與長孺頗相似。」

又答劉季章曰：「近來福州得直卿，南康得敬子，説誘得後生多有知趣向者。雖未見得久遠何如，然便覺得此箇氣脉未至斷絶，將來有可望者。」

黄勉齋書曰：「向來及門之士，惟敬子端可承衣鉢之傳。」

敬子嘗云：「欲君德之美，當重保、傅之選。欲士風之美，當正教取之法。欲吏道之良，當久其任。欲民俗厚，當興禮樂。欲强甲兵，當倣寓兵之意。欲足財用，當急農桑之務。」

張洽

張洽，字元德，臨江之清江人。父綬，第進士。洽少穎異，從朱熹學，自六經傳註而下，皆究其指歸。至於諸子百家、山經地志、老子浮屠之説，無所不讀。嘗取《管子》所謂「思之思之，思之不通，鬼神將通之」之語，以爲窮理之要。熹嘉其篤志，謂黄榦曰：「所望以永斯道之傳，如二三君者，不數人也。」時行社倉法，洽請於縣貸常平米三百石，建倉里中，六年而歸其本於官，鄉人利之。

嘉定元年中第，授松滋尉。湖石經界不正，弊日甚，洽請行推排法，令以委洽。洽於是令民自實其土地疆界産業之數，投於匱，乃籌覈而次第之，吏姦無所匿。其後十餘年，訟者猶援以爲證云。改袁州司理參軍。有大囚，訊之則服，尋復變異，且力能動摇官吏，累年不决，而逮繫者甚衆。洽以白提點刑獄，殺之。有盜黠甚，辭不能折。會獄有兄弟争財者，洽諭之曰：「訟于官，秖爲胥吏之地，且冒法以求勝，孰與各守分以全手足之愛乎？」辭氣懇切，訟者感悟。盜聞之，自伏。民有殺人，賄其子焚之。居數年，事敗，洽治其獄無狀，憂之，且白郡委官體訪。俄夢有人拜于庭，示以傷痕在脇。翌日，委官上其事，果然。郡守以倉廪虚，籍倉吏二十餘家，命洽鞫之。洽廉之，❶爲都吏所賣。都吏者，州之巨蠹也。嘗干於倉，不獲，故以此中之。洽度守意鋭，未可嬰，姑繫之，而密令計倉庾所入，以白守曰：「君之籍二十餘家者，以胥吏也。今校數歲之中所入，已豐於昔。由是觀之，胥吏妄矣。君必不忍受胥吏之妄，而籍無罪之家也。若以罪胥吏，過乃可免。」守悟，爲罷都吏，而免所籍之家。知永新縣。一日謁告，聞獄中榜笞聲，蓋獄吏受財，乘間訊囚，使誣服也。洽大怒，亟執付獄，明日以上于郡，黥之。湖南酃寇作亂，與縣接壤，民大恐。洽單車以往，邑佐、寓士交諫，弗聽。至則寇未嘗至，乃延見隅官，訪利害而犒之，因行安福境上，結約土豪，得其懽心。未幾，南安

---

❶「之」，《宋史・道學四》作「知」。

舒寇將犯境，聞有備，乃去。以江東提舉常平薦，通判池州。獄有張德脩者，誤蹴人以死，獄吏誣以故殺。洽訊而疑之，請再鞫，守不聽。會提點常平袁甫至，時方大旱，禱不應，洽言于甫曰：「漢、晉以來，濫刑而致旱，伸冤而得雨，載於方册可攷也。今天大旱，焉知非由德脩事乎？」甫爲閱疑狀於獄，德脩遂從徒罪。復白郡，請蠲征税，寬催科，以召和氣。守爲寬税，三日果大雨，民甚悦。

洽數以病請祠，至是主管建昌仙都觀。以慶壽，恩賜緋衣、銀魚。時袁甫提點江東刑獄，甫以白鹿書院廢弛，招洽爲長。洽曰：「嘻，是先師之職也，❶其可辭！」至則選好學之士，日與講説，而汰其不率教者。凡養士之田，乾没於豪右者，復之。學興，即謝病去。端平初，大臣多薦洽。召赴都堂審察，洽以疾不赴，乃除秘書郎，尋遷著作佐郎。度正、葉味道在經幄，帝數問張洽何時可到，將以説書待洽。洽固辭，遂除直秘閣，主管建康崇禧觀。嘉熙元年，以疾乞致仕。十月卒，年七十七。

洽自少用力於敬，故以「主一」名齋。平居不異常人，至義所當爲，則勇不可奪。居閒不言朝廷事。或因災異變故，輙顰蹙不樂。及聞一君子進用，士大夫直言朝廷得失，則喜見顏色。所交皆名士，如吕祖儉、黄榦、趙崇憲、蔡淵、吴必大、輔廣、李道傳、李燔、葉味道、李閎祖、李方子、柴中行、真德秀、魏了翁、李𡌴、趙汝讜、陳貴誼、杜孝嚴、度正、張嗣古，皆敬慕之。卒後一日，有旨除直寶章閣。所著書有《春秋集註》《春秋集傳》《左氏蒙求》《續通鑑長編事略》《歷代郡縣地理沿革表》《文集》。子㮚、樫，賜同進士出身。

---

❶ 「職」，《宋史·道學四》作「跡」。

備遺

晦翁答黄直卿曰：「《中庸》首章，張元德説得頗勝子約，而其兄元瞻看得尤好。若得伯豐且在，與之切磨，可使江西一帶路徑不差。」

洽問：「《太極圖》所謂太極，莫便是性否？」晦翁曰：「然。此即理也。」

洽因晦翁言「近來學者，多務高遠，不自近處着功夫」，因言：「近來學者，誠有好高之弊。昔有問伊川如何是道，伊川曰：『行處是。』又問明道如何是道，明道令於君臣、父子、兄弟上求之。兩先生之言，不曾有高遠之説。」晦翁曰：「明道之説固如此，然君臣、父子、兄弟之間，各有箇當然之理，此便是道。」

陳淳

陳淳，字安卿，漳州龍溪人。少習舉子業，林宗臣見而奇之，且曰：「此非聖賢事業也。」因授以《近思録》。淳退而讀之，遂盡棄其業焉。及朱熹來守其鄉，淳請受教，熹曰：「凡閲義理，必窮其原。如爲人父，何故止於慈。爲人子，何故止於孝。其他可類推也。」淳聞而爲學益力，日求其所未至。熹數語人以「南來，吾道喜得陳淳」。門人有疑問不合者，則稱淳善問。

後十年，淳復往見熹，陳其所得。時熹已寢疾，語之曰：「如今所學，已見本原，所闕者，下學之功爾。」自是所聞皆要切語，凡三月而熹卒。淳追思師訓，痛自裁抑，無書不讀，無物不格，日積月累，義理貫通，洞見條緒。故其言太極曰：「太極只是理。理本圓，故太極之體渾淪。以理言，則自末而本，自本而末，一聚一散，而太極無所不極其至。自萬古之前，與萬古之後，無端無始，此渾淪太極之全體也。自其冲漠無朕，而天地萬物皆由是出，及天地萬物既由是出，又復冲漠無朕，此渾淪無極之妙用也。聖人一心，渾淪太極之全體。而酬酢萬變，無非太極流行之用。學問工夫，須從萬事萬物中貫過，湊成一渾淪大本。又於渾淪大本中，散爲萬事萬物，使無少窒礙。然後實體得渾淪至極者在我，而大用不差矣。」其言仁曰：「仁只是天理生生之全體，無表裏、動静、隱顯、精粗之間。惟此心純是天理之公，而絶無一毫人欲之私，乃可以當其名。若一處有病痛，一事有欠闕，一念有間斷，則私意行而生理息，即頑痺不仁矣。」其語學者曰：「道理初無玄妙，只在日用人事間，但循序用功，便自有見。所謂下學上達者，須下學工夫到，乃可從事上達，然不可以此而安於小成也。夫盈天地間，千條萬緒，是多少人事。聖人大成之地，千節萬目，是多少工夫。惟當開拓心胸，大作基址，須萬理明徹於胸中，將此心放在天地間一例看，然後可以語孔孟之樂。須明三代法度，通之於當今而無不宜，然後爲全儒，而可以語王佐事業。須運用酬酢，如探諸囊中而不匱，然後爲資之深，取之左右逢其原，而真爲己物矣。至於以天理、人欲分數而驗賓主進退之幾，如好好色，惡惡臭，而爲天理、人欲强弱之證。必使之於是是非非，如辨黑白，如遇鏌鋣，不容有騎牆不決之疑，則雖艱難險阻之中，無不從容自適。夫然後爲知之至，而行之盡。」此語又中學者膏肓，而示以摽的也。

淳性孝，母疾亟，號泣于天，乞以身代。弟妹未有室家者，皆昏嫁之。葬宗族之喪無歸者。居鄉不沽名狥俗，恬然退守，若無聞焉，然名播天下。世雖不用，而憂時論事，感慨動人。郡守以下皆禮重之，時造其廬而請焉。

嘉定九年，待試中都，歸遇嚴陵郡守鄭之悌，率僚屬延講郡庠。淳歎張、陸、王學問無源，全用禪家宗旨，認形氣之虚靈知覺爲天理之妙，不由窮理、格物，而欲徑造上達之境，反託聖門以自標榜，遂發明吾道之體統、師友之淵源、用功之節目、讀書之次序，爲四章以示學者。明年，以特奏恩授迪功郎、泉州安溪主簿，未上而没，年六十五。其所著有《語孟大學中庸口義》《字義詳講》《禮詩》《女學》等書。門人録其語，號《筠谷瀨口金山所聞》。

備　遺

先生有所得，不遠千里質之晦翁，晦翁有喟然與點之嘆。則又告之曰：「當大作下學之功，毋遽求上達之見。當如曾子專從事於所貫，毋遽求曾子之所一。當如顔子專從事於博約，毋遽求顔子之卓爾。」晦翁蓋許先生以曾晳之意，而勉先生以子路、冉求、公西華之事也。

先生無書不讀，無物不格，旁搜廣覽，惟恐或遺。嘗語人以：「文公表出四書與《近思録》，乃聖賢傳心明道之要法，學者造道成德之大端，非謂天下道理，聖賢事業，可以取足於此而已也。凡經傳子史之所載，紀綱節度之詳，禮樂刑政之用，古今興衰治亂之源，得失利害之機，與夫異端邪説似是之非，淺深疏密難明之辨，須一一講究勘驗過，方得。」

又曰：「《書》乃帝王大用流行處，《周禮》乃周公大用流行處，《春秋》又孔子大用流行處，皆不可不盡心焉。蓋妙道精義，須從千條萬緒中串過，無一不周匝，然後爲聖門之實學。不然，則不免落空矣。」此皆先生中年再聞晦翁一貫博約之語，積功而有得者也。

又曰：「粤自羲皇作易，首闡渾淪，神農、黄帝相與繼天立極，而宗統之傳有自來矣。堯、舜、禹、湯、文、武更相授受，中天地，爲三綱五常之主。皋陶、伊、傅、周、召又相與輔相，施諸天下，爲文明之治。孔子不得行道之位，乃集群聖之法，作六經，爲萬世師。而回、參、伋、軻實傳之，上下數千年無異説也。軻之後失其傳，天下騖於俗學蓋千四百餘年，昏昏冥冥，醉生夢死不自覺也。及我宋之興，明聖相承，太平日久，天地貞元之氣復會，於是濂溪先生與河南二程先生，卓然以先知先覺之資，相繼而出。濂溪不由師傳，獨得於天，提綱啓鑰，其妙具在《太極》一圖。而《通書》四十章，又以發圖之所未盡。上與羲皇之易相表裏，而下以振孔、孟不傳之墜緒，所謂再闢渾淪。二程親授其旨，又從而光大之。故天理之微，人倫之著，事物之衆，鬼神之幽，與凡造道入德之方，脩己治人之術，莫不秩然有條理，備見於《易傳》《遺書》，使斯世之英才志士，得以探討服行，而不失其所歸。河洛之間，斯文洋洋，與洙泗並。聞而知者，有朱文公，又即其微言遺旨，益精明而瑩白之。上以達群聖之心，而下以統百家而會于一。蓋所謂集諸儒之大成，而嗣周、程之嫡統，粹乎洙泗、濂洛之淵源者也。」

鄭悌剌嚴陵，招致先生于學宫講道，發明正學。求其指歸，則有《道學體統》等四篇。觝排異端，中其膏肓，則《似道》《似學》二辨。當時有學無師傳，竊似亂真者，但教人默坐求心，謂一蹴可以至道，而以致知格物爲支離，認人心爲道心，而理欲是非之所在，皆置而不問。後生晚出，喜其奇而便其簡，群而和之，牢不可破。朱子没，其説益張，其徒益繁，故先生極力排之。

李方子

李方子，字公晦，昭武人。少博學能文，爲人端謹純篤。初見朱熹，謂曰：「觀公爲人，自是寡過。但寬大中要規矩，和緩中要果決。」遂以「果」名齋。長遊太學，學官李道傳折官位輩行具刺就謁。

嘉定七年，廷對擢第三，調泉州觀察推官。適真德秀來爲守，以師友禮之，郡政大小咸咨焉。暇則辨論經訓，至夜分不倦。故事，秩滿必先通書廟堂，乃除。方子曰：「通書，是求也。」時丞相史彌遠聞之，怒。踰年，始除國子録。無何，將選入宫僚，而方子不少貶以求合。或告彌遠曰：「此真德秀黨也。」使臺臣劾罷之。

方子既歸，學者畢集，危坐竟日，未始傾側。對賓客，一語不妄發。雖奴隸，亦不加詬詈。然常嚴憚之。嘗語人曰：「吾於問學，雖未能周盡，然幸於大本有見處。此心常覺泰然，不爲物欲所漬爾。」其亡也，天子閔之，與一子恩澤。

備遺

晦翁曰：「公晦《禹貢集解》編得稍詳。」

方子臨歸，請教，晦翁曰：「邵武人箇箇急迫，此是氣禀如此。學者先須除去此病方可進道。觀公資質，自是寡過。然開闊中又須縝密，寬緩中又須謹敬。」

真德秀曰：「予與公晦爲僚于泉山，二年之間，於學問文章源流，幾無所不講，獨罕言詩意。其未暇屬意也。」又曰：「公晦學邃而氣平，本經術，明世用。事之大者，余必咨而後行。」

考亭淵源録卷之七

黄　灝

黄灝，字商伯，南康都昌人。幼敏悟强記，肄業荆山僧舍三年。入太學，擢進士第。教授隆興府，知德化縣。以興學校，崇政化爲本。歲饉，行賑給有方。王藺、劉穎薦于朝，除登聞鼓院。光宗即位，遷太常寺簿。論今禮教廢闕，請敕有司取政和冠昏喪葬儀，及司馬光、高閌等書，參訂行之。除太府寺丞，出知常州，提舉本路常平。秀州海鹽民伐桑柘，毁廬屋，莩殣盈野。或食其子，持一臂行乞。而州縣方督促逋欠。灝見之慼然。時有旨，倚閣夏税。遂奏乞併閣秋苗，不俟報行之。言者罪其專，移居筠州。已而寢謫命，止削兩秩，而從其蠲閣之請。灝既歸里，幅巾深衣，騎驢匡山間，若素隱者。起知信州，改廣西轉運判官，移廣東提點刑獄，告老不赴。卒。灝性行端飭，以孝友稱。朱熹守南康，灝執弟子禮，質疑問難。熹之没，黨禁方厲，灝單車往赴，徘徊不忍去者久之。

備　遺

晦翁答商伯書曰：「前時所論仁、義、禮、智之説，今日所論讀《易》之説，真無欲之説，皆平正精切，非一概悠悠之論。且年亦過中，而更閲世故又已多矣，乃能切切用力於此，愈於年少新學之爲者，是可尚已矣。」

答馮儀之書曰：「商伯時時得書，講論精密，誠可嘉尚。」

答黄直卿書曰：「商伯事殊不聞首末，子約書亦言其舉措有未善處。不知救荒何所關於近習，而惡之若是耶。」

灝見晦翁，首以不敢輕爲人師爲問。晦翁曰：「以所知語人可也。」

灝云：「戒懼是統體做功夫，謹獨是又於其中緊切處加工夫，猶一經一緯而成帛。」晦翁以爲然。

黄榦序《西坡文集》曰：「予始識黄君，見其神清氣勇，襟懷卓犖，而知其資稟之異。見其從師問學，如恐不及，而知其趨向之正。見其臨民多惠政，立朝多壯節，而知其事業之偉。歲適大侵，人相食，官吏畏首畏尾，束手坐視，君發廩糶租，不待報，竟以得罪。僞禁方嚴，學者更名他師，至有師殁不弔者。君謫居，不遠千里，哭泣犇赴。投閒十年，人不能堪，君泊如也。慶元初，收召四方名士，君亦駸駸向用矣。使得究其藴，豈但文詞之足稱哉！」

蔡元定

蔡元定，字季通，建州建陽人。生而穎悟，八歲能詩，日記數千言。父發，博覽群書，號牧堂老人。以程氏《語録》、邵氏《經世》、張氏《正蒙》授元定，曰：「此孔孟正脉也。」元定深涵其義。既長，辨析益精。登西山絶頂，忍饑啖薺讀書。聞朱熹名，往師之。熹扣其學，大驚曰：「此吾老友也，不當在弟子列。」遂與對榻，講論諸經奧義，每至夜分。四方來學者，熹必俾先從元定質正焉。太常少卿尤袤、祕書少監楊萬里聯疏薦于朝。召之，堅以疾辭。築室西山，將爲終焉之計。

時韓侂胄擅政，設僞學之禁，以空善類。臺諫承風，專肆排擊，然猶未敢誦言攻朱熹。至沈繼祖、劉三傑爲言官，始連疏詆熹，併及元定。元定簡學者劉礪曰：「化性起僞，烏得無罪。」未幾，果謫道州。州縣捕元定甚急，元定聞命，不辭家即就道。熹與從游者數百人餞别蕭寺中，坐客興嘆，有泣下者。熹視元定不異平時，因喟然曰：「友朋相愛之情，季通不挫之志，可謂兩得矣。」元定賦詩曰：「執手笑相别，無爲兒女悲。」衆謂宜緩行，元定曰：「獲罪于天，天可逃乎？」杖屨同其子沉行三千里，脚爲流血，無幾微見言面。至舂陵，遠近來學者日衆，州士子莫不趨席下以聽講説。有名士挾才簡傲，非笑前修者，亦心服謁拜，執弟子禮甚恭。人爲之語曰：「初不敬，今納命。」愛元定者謂宜謝生徒，元定曰：「彼以學來，何忍拒之。若有禍患，亦非閉門塞竇所能避也。」貽書訓諸子曰：「獨行不愧影，獨寢不愧衾，勿以吾得罪故遂懈。」一日謂沉曰：「可謝客，吾欲安静，以還造化舊物。」閲三日，卒。侂胄既誅，贈迪功郎，賜謚「文節」。

元定於書無所不讀，於事無所不究，義理洞見大原。下至圖書、禮樂、制度，無不精妙。古書奇辭奥義，人所不能曉者，一過目輒解。熹嘗曰：「人讀易書難，季通讀難書易。」熹疏釋四書，及爲《易》《詩傳》《通鑑綱目》，皆與元定往復參訂。《啓蒙》一書，則屬元定起藁。嘗曰：「造化微妙，惟深於理者能識之，吾與季通言而不厭也。」及葬，以文誄之曰：「精詣之識，卓絶之才，不可屈之志，不可窮之辨，不復可得而見矣。」學者尊之曰西山先生。其平生問學，多寓於書集中。❶所著書有《大衍詳説》《律吕新書》《燕樂原辯》，《皇極經世》《太玄》《潛虚指要》，《洪範解》《八陣圖説》，熹爲之序。子淵、沉，皆躬耕不仕。

備　遺

晦翁嘗論《中庸》已發未發之旨，以爲人自嬰兒至老死，雖語默動静之不同，然大體莫非已發。元定不以爲是，獨引程氏説，以爲「敬而無失，便是喜怒哀樂未發謂之中」。後十年，先生再與元定辨論，終始其説而悉反之，由是益奇元定。

季通論《經世》書云：「元會運世之數大而不可見，分釐絲毫之數小而不可察。所可得而數者，即歲月日辰而知之也。一世有三十歲，一月有三十日，故歲與日之數三十。一歲有十二月，一日有十二辰，故日與辰之數十二。自歲月日辰之數推而上之，得元會運世之數；推而下之，得分釐絲毫之數。三十與十二，反復相乘，爲三百六十。故元會運世、歲月日辰八者之數，皆三百六十。以三百六十乘三百六十，爲十二萬九千六百。故元有十二萬九千六百歲，會有十二萬九千六百月，運有十二萬九千六百日，世有十二萬九千六百辰，皆天地之自然，非假智營力索。而天地之運，日月之行，氣朔之盈虚，五星之伏見，朓朒屈伸交食淺深之數，莫不由此。由漢以來，以歷數名家者，惟《太初》《大衍》爾。《太初》以四千六百一十七歲爲元，以八十

❶「書」上，《宋史·儒林四》有「熹」字。

一爲分；《大衍》之曆，乃以一百六十三億七千四百五十九萬五千二百爲元，三千四十爲分，皆附會牽合。以此求天地之數，安得無差。」晦翁曰：「康節之曆固自是好，而季通推得來，又甚縝密。若見於用，不知果何如，恐當絶勝諸家也。」

先生處家，以孝、弟、忠、信儀刑子孫。而其教人也，以性與天道爲先。自本而支，自源而流，聞者莫不興起。嘗言：「文公教人，以訓詁文義爲先。下學上達，固是常序，然世衰道微，邪説交作，學者未知本原，未必不惑于異端之説也。故文公晚年接引後學亦無隱焉。」

晦翁曰：「蔡神與博學强記，高簡廓落，易象之文，地理之説，無所不通。季通承父志，學行之餘，尤邃律、曆。討論定着，遂成一家之言，使千古之誤，曠然一新。而遡其源流，皆有成法。」

晦翁答季通書曰：「昨辱書，所謂一劍兩段者，改過之勇，固當如此。改過貴勇，而防患貴怯。二者相須，然後真可以脩慝辨惑，而成徙義崇德之功。不然，則向來竊聆悔過之言，非不切至，而前日之書，頓至於此，亦可驗矣。自今以往，設使真能一劍兩段，亦不可以此自恃。而平居無事，常存祗畏警懼之心，以防其源，則庶乎其可耳。

「所喻以禮爲先之説，又似識造化之云，不免倚於一物，未是親切工夫耳。大抵濂溪先生説得的當，《通書》中數數拈出『幾』字，要當如此瞥脱，即自然有箇省力處。無規矩中却有規矩，未造化時已有造化，然後本隱之顯，推見至隱，無處不吻合也。

「小兒輩又煩收教，尤劇愧荷。但放逸之久，告痛加繩約爲幸。所示《孟子》數説，未及細觀，略看大意皆好，但恐微細有所未盡耳。所與子直書，論大本處甚佳，雖云凡聖本同，亦有明與不明之異。昨見子直説及，正疑其太儱侗，今得此書，乃釋然耳。

「兩兒久欲遣去，因循至今，今熹亦欲過寒泉矣。謹令詣左右，便令入學，勿令遊嬉廢業。然觀近年一種淺切文字，殊不佳。須尋得數十年前文字寬舒有議論者，與看爲佳。雖不入時，無可奈何。要之將來若能入場屋，得失又須有命，決不專在趨時也。向借得子勉舊本《書義》，皆今人所不讀者，其間儘有佳作。又記向年曾略看《論粹》前後集，其間亦多好論。然當時猶以爲俚俗而不觀，安知今日乃作此曲拍乎，可歎。此兒讀《左傳》向畢。經書要處，更令温繹爲佳。韓、歐、曾、蘇之文，滂沛明白者，揀數十篇令寫出，反復成誦，尤善。《莊》《荀》之屬皆未讀，可更與兼善斟酌，度其緩急而授之也。

「兼善遠訪，無以堪其意，愧惕不自勝。然捐其舊學之非，非季通深排痛抵之力，亦不能辨。朋友正當如此。衰懶不振，負愧多矣。渠不肯少留，未及仔細，亦恨賢者不在此共評訂。熹向所論中和等説，近細思之，病敗不少。理固未易窮，然昏憒如此，殊可懼，安得即面言之。佇俟來音，旦夕別遣人奉候。

「《通書注》脩改甚精。元來誠、幾、德便是太極、二、五。此老些子活計，盡在裹許也。前後知他讀了幾過，都不曾見此意思。於此益知讀書之難也。近得林黄中書，大罵康節『數學』、横渠《西銘》，袁機仲亦來攻邵氏甚急，可笑。嘗記共甫説，往時有亡大夫坐乞毁《通鑑》板被責。發來復官，詞臣草其制，有一聯云：『出幽谷而遷喬木，朕姑示於寬恩。以鴟鴞而笑鳳凰，爾無沉於迷識。』此輩今亦可并按也。一笑。

「熹自開正即病，至今未平，今日方能把筆作書，足猶未能平步也。氣血日衰，前去光景，想亦不多。病中塊坐，又未能息心休養。才方繙動册子，便覺前人闊略。病敗，欲以告人，而無可告者。又不免輒起著述之念，亦是閒中一大魔障，欲力去之而未能。以此極思向來承晤之樂，未知此生能復相從如往時否耳。知看《語》《孟》有味，深慰所願。已許誨示，幸早寄及也。

「人之有生，性與氣合而已。然即其已合而析言之，則性主於理而無形，氣主於形而有質。以其主理而無形，故公而無不善；以其主形而有質，故私而或不善。以其公而善也，故其發皆天理之所行；以其私而或不善也，故其發皆人欲之所作。此舜之戒禹所以有人心、道心之别。蓋自其根本而已然，非爲氣之所爲有過不及，而後流於人欲也。然但謂之『人心』，則固未以爲悉皆邪惡。但謂之『危』，則固未以爲便致凶咎。但既不主於理而主於形，則其流爲邪惡，以致凶咎，亦不難矣。此其所以爲『危』，非若道心之必善而無惡，有安而無傾，有準的而可憑據也。故必其致精一於此兩者之間，使公而無不善者常爲一身萬事之主，而私而或不善者不得與焉，則凡所云爲，不待擇於過與不及之間，而自然無不中矣。此舜戒禹之本意，而序文述之。固未嘗直以形氣之發盡爲不善，而不容其有清明純粹之時，如來諭之所疑也。但此所謂清明純粹者，既屬於形氣之偶然，則亦但能不隔乎理而助其發揮耳，不可便認以爲道心，而欲據之以爲精一之地也。如孟子雖言夜氣，而其所欲存者，乃在乎仁義之心，非直以此夜氣爲主也；雖言養氣，而其所用力，乃在乎集義，非直就此氣中，擇其無過不及者而養之也。來諭主張氣字太過，故於此有不察。其他如分别中氣過不及處，亦覺有差，但既無與乎道心之微，故有所不暇辨耳。」

蔡　沉

蔡沉，字仲默，少從朱熹游。熹晚欲著《書傳》，未及爲，遂以屬沉。《洪範》之數，學者久失其傳，元定獨心得之，然未及論著，曰：「成吾書者沉也。」沉受父師之託，沉潛反復者數十年，然後成書，發明先儒之所未及。其於《洪範》數，謂：「體天地之撰者，《易》之象。紀天地之撰者，《範》之數。數始於一奇，象成於二耦。奇者數之所以立，耦者數之所以行。故二四而八，八卦之象也。三三而九，九疇之數也。由是八八而又八八之，爲四千九十六，而象備矣。九九而又九九之，爲六千五百六十一，而數周矣。《易》更四聖而象已著，《範》錫神禹而數不傳。後之作者，昧象數之原，窒變通之妙。或即象而爲數，或反類而擬象，牽合附會，自然之數益晦焉。」

始從元定謫道州，跋涉數千里，道楚、粤窮僻處，父子相對，常以理義自怡悦。元定没，徒步護喪以還。有遺之金而義不可受者，輒謝卻之，曰：「吾不忍累先人也。」

年僅三十，屏去舉子業，一以聖賢爲師，隱居九峰。當世名卿，物色將薦用之，沉不屑就。後以子抗執政，推恩贈太師、榮國公。

備　遺

真德秀誌先生墓曰：「君於《尚書》《洪範》二書，闡發幽微，真不媿父師之託哉！」

又曰：「平居仰觀俯察，默坐終晷，瞭瞭然有以見天地之心，萬物之情。反求諸躬，衆理俱備，信前聖之言不予欺也。」

又曰：「聘君嘗著《律吕書》，演《八陣圖》，皆爲文公所歎重，然學者鮮闚其微。間以叩君，毫分縷析，使人灑然無疑。至象緯運行，陰陽向背，歷歷如指諸掌。」

葉味道

葉味道，初諱賀孫，以字行，更字知道，温州人。少刻志好古學，師事朱熹。試禮部第一。時僞學禁行，味道對學制策，率本程頤，無所避。知舉胡紘見而黜之曰：「此必僞徒也。」既下第，復從熹于武夷山中。學禁開，登嘉定十三年進士第，調鄂州教授。

理宗訪問熹之徒及所著書，部使者遂以味道行誼聞。差主管三省架閣文字，選宗學學諭。❶輪對，言：「人主之務學，天下之福也。必堅志氣以守所學，謹幾微以驗所學，正綱常以勵所學，用忠言以克所學。」至若口奏，則又述帝王傳心之要，與四代作歌作銘之旨。其終有曰：「言宣則力減，文勝則意虚。」從臣有薦味道可爲講官，乃授太學博士，兼崇政殿説書。故事，説書之職，止於《通鑑》而不及經。味道請先説《論語》，詔從之。帝忽問鬼神之理，疑伯有之事涉於誕。味道對曰：「陰陽二氣之散聚，雖天地不能易。有死而猶

❶「選」，《宋史·儒林八》作「遷」。

不散者，其常也。有不得其死而鬱結不散者，其變也。故聖人設爲宗祧，以别親疎遠近，正所以教民親愛，參贊化育。今伯有得罪而死，其氣不散，爲妖爲厲，使國人上下爲之不寧，於是爲之立子洩以奉其後，則庶乎鬼有所之，而神莫不寧矣。」蓋諷皇子竑事也。三京用師，廷臣邊閫交進機會之説，味道進議狀，以爲：「開邊浸闊，應援倍難，科配日繁，餽餉日迫，民益不堪命，❶龐勛、黄巢之禍立見是。先揺其本，無益於外也。」經筵奏事，無日不申言之，而洛師尋以敗聞。於是人謂味道見微慮遠。味道所奏陳，無一言不開導引翼，求切於君身；旁引折旋，推致於治道。

遷秘書省著作佐郎而卒。訃聞，帝震悼，出内帑銀帛賻其喪，升一官以任其後，故事所未見也。所著《四書説》《大學講義》《祭法宗廟廟享郊社外傳》《經筵口奏》《故事講義》。景定中，門人范東叟請謚，謚曰「文脩」。

備　遺

味道問：「前日承先生教，令於日用間體認仁、義、禮、智意思。且如朋友皆是鄉人，一旦會聚恩義，便自相親，這可見得愛之理形見處。同門中或有做不好底事，或有不好底人，便自使人惡之，這可見羞惡之理形見處。每時升堂，尊卑叙齒，秩然有序而不亂，這可見恭敬之理形見處。聽先生教誨，而能辨别得真是真

❶「益」，《宋史·儒林八》作「一」。

非，這可見得是非之理形見處。凡此四端，時時體認，不使少有間斷，便是所謂擴充之意否？」曰：「如此看得好，這便是尋得路踏著了。」

味道問：「體四端擴充之意，如朋友相親，充之而無間斷，則貧病必相恤，患難必相死，至於仁民愛物，莫不皆然，則仁之理得矣。如朋友責善，充之而無間斷，則見惡如惡惡臭，以至於除殘去穢，戢暴禁亂，莫不皆然，則義之理得矣。如尊卑秩序，充之而無間斷，不肯一時安於不正，以至於正天下之大倫，定天下之大分，莫不皆然，則禮之理得矣。如是是非非，充之而無間斷，則善惡、義利、公私之别，截然而不可亂，以至於分别忠佞，親君子、遠小人，莫不皆然，則智之理得矣。」曰：「只要常常恁地體認。若常常恁地體認，則日用之間，匝匝都滿，密拶拶地。」

前日得公書，備悉雅意。聖賢見成事迹，一一可考而行。今日之來，若捨六經之外，求所謂玄妙之説，則無之。近世儒者，不將聖賢言語爲切己可行之事，必於上面求新奇可喜之論，屈曲纏繞，詭秘變怪，不知聖賢之心，本不如此。既以自欺，又轉相授受，復以欺人。熹嘗謂，雖使聖人復生，亦只將六經、《語》《孟》之所載者循而行之，必不更有所作爲。伏羲再出，依前只畫八卦。文王再出，依前只衍六十四卦。禹再出，依前只是洪範九疇。此外更有甚咤異事？如今要緊，只是將口讀底便做身行底，説出底便是心存底。居父相聚幾一年，覺得渠只怕此事有難者，熹終曉渠意不得。

問：「在鄉如何讀書？」賀孫云：「少失怙恃，凡百失教。既壯，所從師友，不過習爲科舉之文，然終不肯安心於彼。常欲讀聖賢之書，自初得先生所編《論孟精義》讀之，至今不敢忘。然中間未能有所決擇，故未有定見。」先生曰：「大凡人説要去從師，然未及從師之時，也須先自着力做工夫。及六七分到得，聞緊切説話，易得長進。若是平時不曾用力，終是也難一頓下手。」

今須先正路頭，明辨爲己爲人之别，直見得透，却旋旋下工夫，則思慮自通，知識自明，踐履自正。積日累月，漸漸熟，漸漸自然。若見不透，路頭錯了，則讀書雖多，爲文日工，終做事不得。比見浙中朋友，或自謂能通《左傳》，或自謂能通《史記》。將孔子置在一壁，却將左氏、司馬遷駁雜之文鑽研推尊，謂這箇是盛衰之由，這箇是成敗之端，反而思之，干你身己甚事？你身己有多多少少底事合當理會，有多多少少底病未曾去，却來説甚盛衰、興亡、治亂？這箇直是自欺。

賀孫請問，語聲末後低，先生不聞，因云：「公仙鄉人，何故聲氣都恁地。説得箇起頭，後面低將去。孔子曰：『聽其言也厲。』公只管恁地，下稍不好，見道理不分明，將漸入於幽暗，含含胡胡，不能到得正大光明之地。説話須是一字是一字，一句是一句，便要見得是非。」

嘗見陸子静説：「且恁地依傍看。」思之，此語説得好。公看文字，亦且就分明注解，依傍看教熟，待自家意思與他意思相似，自通透也。自有一般人敏捷，都要看過，都會通曉。若不恁地，只是且就曉得處依傍看。如公讀《論語》，還常文義曉得了，❶未若文義未曉得，又且去看某家如此説，某家如彼説，少間都攪得一場没理會。尹和靖只是依傍伊川許多説話，只是他也没變化，然是守得定。

---

❶「常」，《朱子語類》卷一百一十四作「當」。

先生問：「赴試用甚文字？」賀孫以《春秋》對。曰：「《春秋》爲仙鄉陳、蔡諸公穿鑿得盡。諸經時文，愈巧愈鑿，獨《春秋》爲尤甚。天下大抵皆爲公鄉里一變矣。」

廖德明

廖德明，字子晦，南劍州人。少學釋氏，及得龜山楊時書，讀之大悟，遂受業朱熹。登乾道中進士第，知莆田縣。民有奉淫祠者，罪之，沉像于江。會有顯者欲取邑地，廣其居，德明不可。守會僚屬諭之，德明曰：❶「太守，天子守土之臣，未聞以土地與人者。」守乃慚服。累官知潯州，有聲。諸司且交薦之，德明曰：「今老矣，況以道狗人乎？」固辭不受。遷廣東提點刑獄，彈劾不避權要。歲當薦士，朝貴多以書託之，德明曰：「此國家公器也。」悉不啓，封還之。有鄉人爲主簿，德明聞其能，薦之。會德明行縣，簿感其知己，置酒延之，悉假富人觴豆，甚盛。德明怒曰：「一主簿乃若是侈耶！必貪也。」於是追還薦章。其公嚴類此。

時盜陷桂陽，迫韶，韶人懼。德明燕笑自如，遣將馳擊，而親持小麾督戰，大敗之。乃分戍守，遠斥堠，明審賞罰，宣布威信，韶晏然如平時。徙知廣州，遷吏部左選郎官，奉祠，卒。

德明初爲潯州教授，爲學者講明聖賢心學之要，手植三柏于學，潯士愛敬之如甘棠。在南粵時，立師悟堂，刻朱熹《家禮》及程氏諸書。公餘，延僚屬及諸生，親爲講説。遠近化之。嘗語人以仕學之要，曰：「德

❶「曰」，原作「白」，據《宋史・儒林七》改。

明自始仕以至爲郡，惟用『三代直道而行』一句而已。」有《槎溪集》行于世。

備　遺

德明問：「氣質弱者如何涵養到剛勇？」晦翁曰：「只是一箇勉强。然變化氣質最難。」

今學者皆是就册子上鑽，却不就本原處理會，只成講論文字，與自家身心都無干涉。須是將身心做根柢。德明問：「向承見教，須一面講究，一面涵養，如車兩輪，廢一不可。」曰：「今只就文字理會，不知涵養，便是一輪轉，一輪不轉。」問：「今只論涵養，却不講究，雖能閑邪存誠，懲忿窒慾，至處事差失則奈何？」曰：「未説到差處。且如所謂居處恭，執事敬。若不恭敬，便成放肆。如此類不難知，人却放肆不恭敬。如一箇大公至正之路甚分明，不肯行，却尋得一綫路與自家私意合，便稱是道理。今人每每如此。」

問：「涵養於未發之初，令不善之端旋消，則易爲力，若發後則難制。」曰：「聖賢之論，止要就發處制。惟子思説『喜怒哀樂未發謂之中』，孔孟教人，多從發處説。未發時固當涵養，不成發後便都不管。」德明云：「這處最難。」因舉横渠戰退之説曰：「此亦不難，只要明得一箇善惡。每日遇事，須是體驗，見得是善，從而保養，自然不肯走在惡上去。」

次日又云：「雖是涵養於未發，源清則流清，然源清却未見得，被他流出來，已是濁了。須是因流之濁以驗源之未清，就本原處理會。未有源之濁而流之能清者，亦未有流之濁而源清者。今人多是偏重了，只是涵養於未發，而已發之失，乃不能制，是有得於静，而無得於動。只知制其已發，而未發時不能涵養，則是有得於動，而無得於静也。」

德明問：「編喪祭禮，❶當依先生指授，以《儀禮》爲經，《戴記》爲傳，《周禮》作旁證。」曰：「和《通典》也須看，就中却又議論更革處。」語畢却云：「子晦正合且做切己工夫。只管就外邊文字上走，支離雜擾，不濟事。孔子曰：『操則存，舍則亡。』孟子曰：『學問之道無他，求其放心而已矣。』須如此做家計。程子曰：『心要在腔子裏。』不可騖外。此箇心，須是管着他始得。且如曾子於禮上纖細無不理會過，及其語孟敬子，則曰：『動容貌，斯遠暴慢矣。正顔色，斯近信矣。出辭氣，斯遠鄙倍矣。籩豆之事，則有司存。』須有緩急先後之序，須有本末，須將操存工夫做本，然後逐段逐義去看，方有益也。須有倫序，只管支離雜看，都不成事。須行有餘力，則以學文。志於道，據於德，依於仁，然後游於藝。今只就册子上理會，所以每每不相似。」又云：「正要克己上做工夫。」

問：「山居頗適。讀書罷，臨水登山，覺得甚樂。」曰：「只任閒散不可，須是讀書。」又言：「上古無閒民。閒散是虚樂，不是實樂。」

德明與張顯父在坐，竦然聽教，先生言：「前輩諸賢，多只是略綽見得箇道理便休，少有苦心理會者。須是專心致意，一切從原頭理會過。如讀《堯典》《舜典》，曆象、日月星辰、律度量衡、五禮五玉之類，《禹貢》山川，《洪範》九疇，須一一理會令透。又如禮書冠昏喪祭、王朝邦國，許多制度，逐一講究。」因言：「趙丞相

❶「祭」，原闕，據《朱子語類》卷一百一十三補。

論廟制，不取荆公之説，編奏議時，已編作細注。不知荆公所論深得三代之制。又不曾講究毁廟之禮，當時論析，已甚不應《儀禮》，可笑。子直一生工夫，只是編奏議。今則諸人之學，又只做奏議以下工夫。一種稍勝者又只做得西漢以下工夫，無人就堯舜三代原頭處理會來。」又與敬之説：「且如做舉業，亦須苦心理會文字，方可以決科。讀書若不苦心去求，不成業次，終不濟事。」

直卿言：「廖子晦作宰，不庭參，當時忤了上位。但此一節最可服。」先生曰：「庭參底固不是，然待上位來争，到底也不是。」

廖德明赴潮倅，來告别，臨行求一安樂法。曰：「聖門無此法。」

德明書問曰：「德明舊嘗極力尋究，於日用事物上，若有所感，而知吾身之具有者，廣大虚静，範圍天地，根本萬物。《易》所謂『寂然不動』，《中庸》所謂『喜怒哀樂之未發』者是也。德明將以此爲大本，漸加脩治之功。未知所見是否。」

晦翁答書曰：「聖門之學，下學而上達。至於窮神知化，亦不過德盛仁熟而自至耳。若如釋氏理須頓悟，不假漸脩之云，則是上達而下學也，其與聖學亦不同矣。而近世學者每欲因其近似而説合之，是以爲説雖詳，用心雖苦，而卒不近也。《中庸》所謂『喜怒哀樂之未發謂之中，發而皆中節謂之和』，只是説情之未發，無所偏倚，當此之時，萬理畢具，而天下萬物無不由是而出焉。故學者於此涵養栽培，而情之所發，自然無不中節耳。故又曰『中者天下之大本，和者天下之達道』。此皆日用分明底事，不必待極力尋究，忽然有感，如來喻之云，然後爲得也。必若此云，則是溺於佛氏之學而已。然爲彼學者自謂有見，而於四端、五典、良知、良能、天理、人心之實然而不可易者，皆未嘗略見彷佛。甚者披根拔本，顛倒錯繆，無所不至。則夫所謂見者，殆亦用心太過，意慮泯絶，恍惚之間，瞥見心性之影象耳。與聖門真實知見，端的踐履，徹上徹下，一以貫之之學，豈可同年而語哉！」

書問曰：「程子以敬教人，自言主一之謂敬，不之東又不之西，不之此又不之彼，如此則何時而不存。然欲到得此功夫，須如釋氏攝心坐禪始得。德明又慮至此成正與助長，故近日又稍體究『禮樂不可斯須去身』之説。蓋禮則嚴謹，樂則和樂，兩者相須而後能。故明道先生既以敬教人，又自謂『於外事思慮儘悠悠』，又曰『既得後便須放開，不然却只是守』。故謝子因之爲展拓之論。德明又恐初學勢須把持，未敢便習展拓，於斯二者，孰從孰違。雖然，是固操存舍亡之意。而孔氏教人，求仁爲先。竊謂：『仁，人心也。克己之私，而循天之理，則本心之仁得矣，夫復何事？』嘗試求之，覺得難甚。先難後獲，寧不信然？」

答書曰：「二先生所論敬字，須該貫動静看，方得。夫方其無事，而存主不懈者，固敬也。及其應物，而酬酢不亂者，亦敬也。故曰：『毋不敬，儼若思。』又曰：『事思敬，執事敬。』豈必以攝心坐禪而謂之敬哉？禮樂固必相須，然所謂樂者，亦不過謂胸中無事而自和樂耳，非是着意放開一路而欲其和樂也。然欲胸中無事，非敬不能，故程子曰：『敬則自然和樂。』而周子亦以爲禮先而樂後，此可見也。『既得後須放開，不然却只是守著。』此言既自得之後，則自然心與理會，不爲禮法所拘而自中節也。若未能如此，則是未有所自得，纔方是守禮法之人爾。亦非謂既自得之，又却須放教開也。克己復禮固非易事，然顔子用力乃在於視、聽、言、動禮與非禮之間，未敢便道是得其本心，而了無一事也，此其所以先難而後獲歟？今言之甚易，而苦其行之之難，亦不考諸此而已矣。」

書問曰：「明道先生云：『鳶飛戾天，魚躍于淵，言其上下察也，與必有事焉而勿正心同。』德明竊謂萬物在吾性分中，如鑑中之影。仰天而見鳶飛，俯淵而見魚躍，上下之見，無非道體之所在也。方其有事而勿正之時，必有參乎其前而不可致詰者。鳶飛魚躍，皆其分内耳，活潑潑地，智者當自知之。」

答書曰：「『鳶飛魚躍，道體無乎不在。當勿忘勿助之間，天理流行，正如是爾。若謂『萬物在吾性分中，如鑑之影』，則性是一物，物是一物，以此照彼，以彼入此也。横渠先生所謂『若謂萬象爲太虚中所見，則物與虚不相資，形自形，性自性』者，正譏此爾。」

書問曰：「夫子告子路曰：『未能事人，焉能事鬼。未知生，焉知死。』意若曰：知人之理則知鬼之理，知生之理則知死之理，存乎我者無二物也。故《正蒙》謂：『聚亦吾體，散亦吾體，知死而不亡者，可與言性矣。』竊謂死生鬼神之理，斯言盡之。君子之學，汲汲脩治，澄其濁而求其清者，蓋欲不失其本心，凝然而常存，不爲造化陰陽所累。如此，則死生鬼神之理將一於我，而天下之能事畢矣。彼釋氏輪回之説，安足以語此。」

答書曰：「盡愛親、敬長、貴貴、尊賢之道，則事鬼之心不外乎此矣。知乾坤變化、萬物受命之理，則生之有死可推矣。夫子之言，固所以深曉子路，然學不躐等，於此亦可見矣。近世説者，多借先聖之旨以文釋氏之旨，失其本意遠矣。」

書問曰：「德明伏讀先生《太極圖解義》第二章，曰：『動而生陽，誠之通也。繼之者善，萬物之所資始也。静而生陰，誠之復也。成之者性，萬物各正其性命也。』德明謂無極之真，誠也。動而生陽，静而生陰，動静不息，而萬物繼此以出與因此而成者，皆誠之著，固無有不善者，亦無非性也，似不可分陰陽而爲辭。如以資始爲繫於陽，以正性命爲繫於陰，則若有獨陽而生，獨陰而成者矣。詳究先生之意，必謂陽根於陰，陰根於陽，陰陽元不相離，如此則非得於言表者不能喻此也。」答書曰：「繼善成性，分屬陰陽，乃《通書》首章之意。但熟讀之，自可見矣。蓋天地變化，不爲無陰，然物之未形，則屬乎陽。物正其性，不爲無陽，然形器已定，則屬乎陰。嘗讀張忠定公語云：『公事未著字以前屬陽，著字以後屬陰。』似亦窺見此意。」

書問曰：「德明平日鄙見，未免以我爲主。蓋天地人物，統體只是一性。生有此性，死豈遽亡之？夫水有所激與所礙則成漚，正如二機闔闢不已，妙合而成人物。夫水固水也，漚亦不得不謂之水，特其形則漚，滅則還復是本水也。人物之生，雖一形具一性，及氣散而滅，還復統體是一而已，豈復分別是人是物之性？所未瑩者，正惟祭享一事，推之未行。若以爲果饗耶？神不歆非類，大有界限，與統體還一之説不相似。若曰饗與不饗蓋不必問，但報本之道不得不然，而《詩》《書》却明言神嗜飲食，祖考來格之類，則又極似有饗之者。竊謂人雖死而知覺之原仍在，此以誠感，彼以類應。若謂盡無知覺之原，只是一片太虚寂，則似斷滅，無復實然之理，亦恐未安。君子曰終，小人曰死，則智愚於此，亦各不同。故人不同於鳥獸草木，愚不同於聖。雖以爲公共道理，然人須全而歸之，然後足以安吾之死。不然，則人何用求至賢聖，何用與天地相似？倒行逆施，均於一死，而不害其爲人，是直與鳥獸禽魚俱壞，懵不知其所存也。」

答書曰：「死生之論，向來奉答所諭知生事人之問，已發其端，而近答嵩卿書，論之尤詳。意明者一讀，當已洞然無疑矣，而來書之諭尚復如此。雖其連類引義，若無津涯，然尋其大指，則皆不出前此兩書所論之中也。豈未嘗深以鄙説思之，而直以舊聞爲主乎？既承不鄙，又不得不有以奉報，幸試思之。蓋賢者之見，所以不能無失者，正坐以我爲主，以覺爲性爾。夫性者，理而已矣。乾坤變化，萬物受命，雖所稟之在我，然其理則非有我之所得私也。所謂反身而誠，蓋謂盡其所得乎己之理，則知天下萬物之理，初不外此。非謂盡得我此知覺，則衆人之知覺皆是此物也。性只是理，不可以聚散言。其聚而生，散而死者，氣而已矣。所謂精神魂魄，有知有覺者，皆氣之所爲也。故聚則有，散則無。若理則初不爲聚散而有無也。但有是理，則有是氣。苟氣聚乎此，則其理亦命乎此耳，不得以水漚比也。鬼神便是精神魂魄，程子所謂天地之功用、造化之迹，張子所謂二氣之良能，皆非性之謂也。故祭祀之禮，以類而感，以類而應，若性則又豈有類之可言耶？然氣之已散者既化而無有矣，其根於理而日生者，則固浩然而無窮也。故上蔡謂『我之精神即祖考之精神』，蓋謂此也。然聖人之制祭祀也，設主立尸，焫蕭灌鬯，或求之陰，或求之陽，無所不用其極，而猶止曰庶或享之而已，其至誠惻怛，精微恍惚之意，蓋有聖人所不欲言者，非可以世俗麤淺知見，執一而求也。豈曰一受其成形，則此性遂爲吾有，雖死而猶不滅，截然自爲一物，藏乎寂然一體之中，以俟夫子孫之求而時出以饗之耶？必如此説，則其界限之廣狹、安頓之處所，必有可指言者。且自開闢以來，積至於今，其重併積疊，計已無地之可容矣，是又安有此理耶？且乾坤造化如大洪爐，人物生生無少休息，是乃所謂實然之理，不憂其斷滅也。今乃以一片大虚寂目之，而反認人物已死之知覺，謂之實然之理，豈不誤哉。又聖賢所謂歸全安死者，亦曰無失其所受乎天之理，則可以無愧而死耳，非以爲實有一物可奉持而歸之，然後吾之不斷不滅者，得以晏然安處乎冥漠之中也。『夭壽不貳，脩身以俟之』，是乃無所爲而然者，與異端爲生死事大，無常迅速，然後學者，正不可同日而語。今乃混而言之，以彼之見，爲此之説，所以爲説愈多而愈不合也。凡此皆亦粗舉其端，其曲折則有非筆舌所能盡者，幸併前兩説，參考而熟思之，其必有得矣。若未能遽通，即且置之，姑即夫理之切近而平易者，實下窮格工夫，使其積累而貫通焉，則於此自當曉解，不必別作一道理求也。但恐固守舊説，不肯如此下工，則拙者雖復多言，終亦無所補耳。」

書問曰：「德明自得賜誨，日夕不去手，紬繹玩味，未能盡究，亦嘗隨所知而爲之説。蓋天人無二理，本末無二致，盡人道，即天道亦盡得，於末則本亦未離，雖謂之聖人，亦曰人倫之至而已。佛氏離人而言天，岐本末而有所擇，四端五常之有於性者以爲理障，父子、君臣、夫婦、長幼所不能無者以爲緣合。甚則以天地、陰陽、人物爲幻化，未嘗或過而問焉，而直語太虚之性。夫天下無二理，豈有天人、本末輒生取舍，而可以爲道乎？夫其所見如此，則亦偏小而不全矣，豈所謂徹上徹下，一以貫之之學哉。聖門下學而上達，由灑掃應對進退而往，雖飲食男女，無所不用其敬。蓋『君子之道費而隱』，費即日用也，隱即天理也。即日用而有天理，則於君臣、父子、夫婦、長幼之間，應對、酬酢、食息、視聽之頃，無一而非理者，亦無一之可紊。一有所紊，天理喪矣。故君子無所不用其敬，由是而操之固，習之熟，則隱顯混融，内外合一，而道在我矣，佛者烏足以語是哉！佛氏之所謂悟，亦瞥見端倪而已，天理人心，實然而不可易者，則未嘗見也。其所謂脩，亦攝心寂坐而已，棄人倫，滅天理，未見其有得也。此先生所以謂其卒不近也。喜怒哀樂之未發，即寂然不動者是也。即此爲天地之心，即此爲天地之本。天下無二本，故乾坤變化，萬類紛揉，無不由是而出。而形形生生，各有天性，此本末之所以不可分也。得其靈而爲人，而於四者之際，淵然而虚静，若不可以名言者。而子思以其無所偏倚而謂之中，孟子以其純粹而謂之善，夫子即謂生生之體而言之以仁。名不同而體一，亦未嘗離於日用之間。此先生所以謂其分明不待尋究者也。德明昔者讀紛然不一之書，而不得其要領；泛觀乎天地、陰陽、人物、鬼神，而不能一。在邇求遠，未免有極力尋究之過。亦嘗聞於龜山先生之説曰：『未言盡心，先須理會心是何物。若體得了然分明，然後可以言盡。』德明前日之説正坐是也。然道無須臾可離，日用昭昭，奚俟於尋究？此先生所爲丁寧開諭，德明敢不敬承！至於鑑影之惑，非先生之教，幾殆也。德明昔者閒居默坐，見夫所謂充周而洞達者，萬物在其中，各各呈露，遂以鑑影之譬爲近，故推之而爲鳶魚之説，竊以爲似之。先生以太虚萬象而闢其失，德明讀之久，始大悟其非：若爾，則鳶魚吾性，分爲二物矣。詳究先生之意，蓋鳶魚之生，必有所以爲鳶魚者，此道體之所在也。其飛其躍，豈鳶魚之私？蓋天理發越而不可已也。勿忘勿助長之間，天理流行，無纖毫之私，正類是，此明道先生所以謂之同。德明鄙見如此，未知合於先生之意否乎？其他死生鬼神之説，須俟面求教誨。」

答書曰：「來喻一一皆契鄙懷，足見精敏，固知前此心期之不謬也。其間尚一二未合，亦非大故。屬此客中冗冗，未及一二條對，更願益加辨學之功，所見當漸真實也。」

德明宰莆，即縣南爲舍一區，牓曰「仁壽之廬」，使凡道路往來疾病之民，咸得以託宿而就哺。又請於郡，得廢寺之産，歲入粟若干斛者，以供藥餌，給奉守。猶恨其力之不足，而恐其惠之不廣也，乃叙其本末而爲條約。此實舉先朝已墜之典，以活中路無告之人，固學道愛人之君子所樂聞而願爲者。

考亭淵源録卷之八

彭龜年

彭龜年，字子壽，臨江軍清江人。七歲而孤，事母盡孝。性穎異，讀書能解大義。及長，得《程氏易》讀之，至忘寢食。從朱熹、張栻質疑，而學益明。

登乾道五年進士第，授袁州宜春尉吉州安福丞。鄭僑、張均同薦，除太學博士。殿中侍御史劉光祖以論帶御器械吴端，徙太府少卿。龜年上疏乞復其位，貽書宰相云：「祖宗嘗改易差除，以伸臺諫之氣，不聞改易臺諫，以伸倖臣之私。」兼魏王府教授，遷國子監丞。以侍御史林大中薦，爲御史臺主簿，改司農寺丞。進秘書郎，兼嘉府直講。光宗嘗親郊，值暴風雨，感疾，大臣希得進見。久之，疾平，猶疑畏不朝重華宮。龜年以書譙趙汝愚，且上疏言：「壽皇之事高宗，備極子道，此陛下所親覩也。況壽王今日止有陛下一人，聖心拳拳，不言可知。特遇過宮日分，陛下或遲其行，則壽皇不容不降免到宫之旨，蓋爲陛下辭責於人，使人不得以竊議陛下，其心非不願陛下之來。自古人君處骨肉之間，多不與外臣謀，而與小人謀之，所以交鬭日深，疑隙日大。今日兩宫，萬萬無此。然所憂者，外無韓琦、富弼、吕誨、司馬光之臣，而小人中已有任守忠者在焉。惟陛下裁察之。」又言：「使陛下虧過宫定省之禮，皆左右小人間諜之罪。宰執侍從，但能推父子之愛，調停重華。臺諫但能仗父子之義，責望人主。至於疑間之根，盤固不去，曾無一語及之。今内侍間諜兩宫者，固非一人，獨陳源在壽皇朝得罪至重，近復進用。外人皆謂離間之機，必自源始。宜亟發威斷，首逐陳源，然後肅命鑾輿，負罪引慝，以謝壽皇，使父子懽然，宗社有永，顧不幸歟？」居亡何，光宗朝重華，都人歡悦。尋除起居舍人。入謝，光宗曰：「此官以待有學識人，念非卿無可者。」龜年述祖宗之法，爲《内治聖鑑》以進，光宗曰：「祖宗家法甚善。」龜年曰：「臣是書大抵爲宦官、女謁之防，此曹若見，恐不得數經御覽。」光宗曰：「不至是。」他日，龜年奏：「臣所居之官，以記注人君言動爲職。車駕不過宫問安，如此書者又數十矣，恐非所以示後。」有旨，幸玉津園。龜年奏：「不奉三宫，而獨出宴遊，非禮也。」又言：「陛下誤以臣充嘉王府講讀官，正欲臣等教以父子君臣之道。臣聞有身教，有言教。陛下以身教，臣以言教者也，言豈若身之切哉？」紹熙五年五月，壽皇不豫，病浸革，龜年連上三疏請對，不獲命。屬上朝，龜年不離班位，伏地叩額，久不已，血漬甃甓。光宗曰：「素知卿忠直，欲何言。」龜年奏：「今日無大於不過宫。」光宗曰：「須用去。」龜年言：「陛下屢許臣，一入宫，則又不然。内外不通，臣實痛心。」同知樞密院余端禮曰：「扣額龍墀，曲致忠懇，臣子至此，爲得已耶？」上云：「知之。」

孝宗崩，寧宗受禪。是夕召對，寧宗蹙額云：「前但聞建儲之義，豈知遽踐大位。泣辭不獲，至今振悸。」龜年奏：「此乃宗社所係，陛下安得辭。今日但當盡人子事親之誠而已。」因擬起居劄子，乞日進一通。又與翊善黄裳同奏往朝南内，因定過宫之禮，乞先一日入奏，率百官恭謝。寧宗朝泰安宫，至則寢門已閉，拜表而退。時議欲別建泰安宫，而光宗無徙宫之意，龜年言：「古人披荆棘，立朝廷，尚可以布政出令，況重華一宮，豈爲不足哉？陛下居狹處，太上居寬處，天下之人，必有諒陛下之心者。」於是宮不果建。遷中書舍人。劉慶祖已帶遥郡承宣使，而以太上隨龍人落階官，龜年繳奏，寧宗批：「可與書行。」龜年奏：「臣非爲慶祖惜此一官，爲朝廷惜此一門耳。夫『可與書行』，近世弊令也。使其可行，臣即書矣。使不可行，豈敢因再令而遂書哉？」寧宗嘗謂：「退朝無事，恐自怠惰，非多讀書不可。」龜年奏：「人君之學與書生異，惟能虚心受諫，遷善改過，乃聖學中第一事，豈在多哉？」一日，御筆書朱熹、黄裳、陳傅良、彭龜年、黄由、沈有開、李巘、京鏜、黄文、鄧馹十人姓名，示龜年云：「十人可充講官否？」龜年對曰：「陛下若招徠一世之傑如朱熹輩，方厭人望。不可專以潛邸學官爲之。」尋除侍講，遷吏部侍郎，升兼侍讀。龜年知事勢將變，會暴雨震雷，因極陳小人竊權，號令不時之弊。遣充金國弔祭接送館伴使。初，朱熹與龜年約，共論韓侂胄之姦。會龜年護客，熹以上疏見黜。龜年聞之，附奏云：「始臣約熹同論此事，今熹既罷，臣宜併斥。」不報。迨歸，見侂胄用事，權勢重於宰相，於是條數其間，謂：「進退大臣，更易言官，皆初政最關大體。若大臣或不能知，而侂胄知之，假託聲勢，竊弄威福，不去必爲後患。」上覽奏甚駭，曰：「侂胄朕之肺腑，信而不疑，不謂如此。」批下中書，與侂胄祠，已乃復入。

龜年上疏求去，詔：侂胄與内祠。龜年與郡，以焕章閣待制知江陵府、湖北安撫使。龜年丐祠。慶元二年，以吕棐言，落職。已而追三官，勒停。嘉泰元年，復原官，起知贛州，以疾辭。除集英殿脩撰，提舉冲佑觀。開禧二年，以待制寶謨閣致仕，卒。

龜年學識正大，議論簡直，善惡是非，辨析甚嚴。其愛君憂國之忱，先見之識，敢言之氣，皆人所難。晚既投閒，悠然自得，幾微不見於顔面。自僞學有禁，士大夫鮮不變者，龜年於關洛書益加涵泳，扁所居曰「止堂」，著《止堂訓蒙》，蓋始終特立者也。聞蘇師旦建節，曰：「此韓氏之陽虎，其禍韓氏必矣。」及聞用兵，曰：「禍其在此乎？」所著書有《經解》《祭議》《五致録》、奏議、外制。侂胄誅，林大中、婁鑰皆白其忠。寧宗詔贈寶謨閣直學士。章穎等請易名。賜謚「忠肅」。上謂穎等曰：「彭龜年忠鯁可嘉，宜得謚。使人人如此，必能納君於無過之地。」未幾，加贈龍圖閣學士，而擢用其子欽。

備　遺

晦翁答子壽書曰：「齋銘之屬，豈所敢承。況此病餘昏憊，將何以發明聖賢之旨，爲日用功夫之助乎？然竊聞之：《大學》於此，雖若使人戒夫自欺，而推其本，則必其有以用力於格物致知之地，然後理明心一，而所發自然莫非真實。如其不然，則雖欲防微謹獨，無敢自欺，而正念方萌，私欲隨起，亦非力之所能制矣。竊意高明於此，非有所未察。特因來喻，僭復言之，以爲誠能於此益致其功，則亦無待於謷御之箴，而學日益進，德日益脩矣。」

又答書曰：「垂喻《中庸》疑義，别紙甚詳，乃知賢者於此，方且以講求經旨、究極精微以日不足爲事，世間利害固未易以入其胸次也。脩道之教，脩之者固專出於人事，而所脩之道則天地萬物之理莫不具焉，是乃天人之合，亦何害其爲同耶？又論事豫之説，張、游不同。蓋此章首尾以誠爲本，而推其所以誠者，乃出於明善，故釋其文義，且得以誠爲言。如《大學》之序始於格物，而其後乃云『壹是以脩身爲本』，亦此類也。隱微聞見之分，當時偶見如此而漫序之，若疑未安，置之無害。此非大義所繫，不足深論也。智、仁、勇，經文本不曾分，若以爲疑，亦不足論，但諸家所分，却未穩當。必欲分之，則須從今説，乃爲盡善。若如來喻，則仁字不合列於三德之中，而又位於其次。蓋聖人之言，其名理隨處輕重，所指不同，讀者須隨其輕重而讀之，乃見其意，不可一概死殺排定也。鄙見如此，不審明者以爲如何？如復未安，更望報及也。」

又言：「孔子答群弟子所問，隨其材答之，不使聞其不能行之説，故成就多。如『克己復禮爲仁』，唯以分付與顔子，其餘弟子不得與聞也。今教學者，説着便令克己復禮，幾乎以顔子望之矣。」

林文説子壽彈韓侂胄，只任氣性，不顧國體，致侂胄大憾於趙相，激成後日之事。朱子曰：「他純不曉事，率爾而妄舉。」

詹體仁

詹體仁，字元善，建寧浦城人。父慥，與吴宏、劉子翬游，爲贛州信豐尉。金人渝盟，慥見張浚，論滅金秘計，浚辟爲屬。體仁登隆興元年進士第，調饒州浮梁尉。郡上體仁獲盜功狀，當賞，體仁曰：「以是受賞，非其願也。」謝不就。爲泉州晉江丞，宰相梁克家，泉人也，薦於朝。入爲太學録，陞太學博士、太常博士，遷太常丞，攝金部郎官。

光宗即位，提舉浙西常平，除户部員外郎、湖廣總領，就陞司農少卿，奏蠲諸郡賦輸積欠百餘萬。有逃卒千人入大冶，因鐵鑄錢，剽掠爲變。體仁語戎帥：「北去京師千餘里，❶若北上請得報，❷賊勢張矣。宜速加誅討。」帥用其言，群黨悉散。除太常少卿，陛對，首陳父子至恩之説，謂：「《易》於《家人》，次之以《睽》。《睽》之上九曰：『見豕負塗，載鬼一車。先張之弧，後説之弧，匪寇婚媾。往遇雨則吉。』夫疑極而惑，凡所見者皆以爲寇，而不知實其親也。孔子釋之曰：『遇雨則吉，群疑亡也。』蓋人倫天理，有隔閡而無斷絶。方其未通也，湮鬱煩憒，若不可以終日。及其醒然而悟，泮然而釋，如遇雨焉，何其和悦而條暢也。伏惟陛下神心昭融，聖度恢豁，凡厥疑猜，一朝涣然，若揭日月而開雲霧，丕叙彝倫，以承兩宫之歡，以塞兆民之望。」時上以積疑成疾，久不過重華宫，故體仁引《易》「睽弧」之説以開廣聖意。

孝宗崩，體仁率同列抗疏，請駕詣重華宫，親臨祥祭，辭意懇切。時趙汝愚將定大策，外庭無預謀者，密令體仁及左司郎官徐誼，達意少保吴琚，請憲聖太后垂簾爲援立計。寧宗登極，天下晏然，體仁密贊汝愚之力也。時議大行皇帝謚，體仁言：「壽皇聖帝，事德壽二十餘年，極天下之養。諒陰三年，不御常服，漢唐以來未之有。宜謚曰『孝』。」卒用其言。孝宗將復土，體仁言：「永阜陵地勢卑下，非所以妥安神靈。」與宰相異議。除太府卿，尋直龍圖閣，知福州，言者竟以前論山陵事罷之。

退居霅川，日以經史自娱，人莫窺其際。始，體仁使浙右時，蘇師旦以胥吏執役。後倚侂胄，躐躋大官，

---

❶「北」，《宋史·列傳第一百五十二》作「此」，當從。

❷「北」，《宋史·列傳第一百五十二》作「比」。

至是遣介通殷勤。體仁曰：「小人乘君子之器，禍至無日矣。烏得以污我。」未幾果敗。復直龍圖閣，知靜江府，閣十縣税錢一萬四千，蠲雜賦八千。移守鄂州，除司農卿，復總湖廣餉事。時歲凶艱食，即以便宜發廩賑救，而復以聞。侂胄建議開兵，一時争談兵，以規進用。體仁移書廟堂，言兵不可輕動，宜遵養俟時。皇甫斌自以將家子，好言兵。體仁語僚屬，謂斌必敗。已而果然。開禧二年卒，年六十四。

體仁穎邁特立，博極群書。少從朱熹學，以存誠、慎獨爲主。爲文明暢，悉根諸理。周必大當國，體仁嘗疏薦三十餘人，皆當世知名士。郡人真德秀早從之游，嘗問居官涖民之法，體仁曰：「盡心平心而已。盡心則無愧，平心則無偏。」世服其確論云。

備遺

晦翁答元善書曰：「近年風俗浮淺，士大夫之賢者不過守文墨，按故事，説得幾句好話而已。如狄梁公、寇萊公、杜、范、富、韓諸公規模事業，固未嘗有講之者，下至王介甫做處，亦模索不著。其有讀得楚漢孫、劉、楊、李間數十卷書者，則又便有不作士大夫之意。善人君子，莫能抗也。端居深念，爲之永慨，未知天意竟如何耳。」

又答書曰：「湘中學者之病，誠如來教。然今時學者，大抵亦多如此。其言而不行者固失之，又有一種，只説踐履而不務窮理，亦非小病。欽夫往時蓋謂救此一種人，故其説有太快處，以啓流傳之弊，今日正賴高明有以救之也。爲學是分内事，纔見高自標致，便是不務實了，更説甚底。今日正當反躬下學，讀書則以謹訓説爲先，脩身則以循規矩爲要，除却許多懸空閒説，庶幾平穩耳。」

任希夷

任希夷，字伯起，其先眉州人。四世祖伯雨爲諫議大夫，其後仕閩，因家邵武。希夷少刻意問學，爲文精苦。登淳熙三年進士第，調建寧府浦城簿。從朱熹學，篤信力行，熹器之，曰：「伯起開濟士也。」開禧初，主太常寺簿，奏：「紹熙以來，禮書未經編次，歲月滋久，恐或散亡，乞下本寺脩纂。」從之。遷禮部尚書，兼給事中，謂：「周惇頤、程顥、程頤爲百代絶學之倡，乞定議賜謚。」其後惇頤謚「元」，顥謚「純」，頤謚「正」，皆希夷發之。進端明殿學士，僉書樞密院事，兼權參知政事。史彌遠柄國久，執政皆具員，議者頗譏其拱默。尋提舉臨安府洞霄宫，卒，贈少師，謚「宣獻」。

備遺

晦翁答伯起書曰：「示喻静中私意横生，此學者之通患，能自省察至此，甚不易得。此當以敬爲主，而深察私意之萌，多爲何事，就其重處痛加懲窒，久之純熟，自當見效。不可計功於旦暮，而多爲説以亂之也。《論語》别本，未曾改定，俟後便寄去，然且專意就日用處做涵養省察功夫，未必不勝讀書也。」

又答書曰：「誠敬寡慾，皆是緊切用力處，不可分先後，亦不容有所遺也。然非逐項用力。但誠着實持守體察，當自見耳。」

又答書曰：「所喻己業荒廢，比亦甚以爲疑，意謂世味漸深，遂已無復此志，今乃猶有愧恨之心，足以見善端之未泯也，一旦幡然，如轉户樞，亦何難之有哉。熹衰病之軀，飲食起居尚未能如舊。流竄放殛，久已置之度外，諸生遠來，無可遣去之理。朝廷若欲行遣，亦須符到奉行，難以遽自匆匆也。詳觀來諭，似有仰人鼻息以爲慘舒之意。若方寸之間，日日如此，則與長戚戚者亦無以異矣。若欲學道，要須先去此心，然後可以語上。上蔡先生言：『透得名利關，方是小歇脚處。』今之大夫何足道，能言真如鸚鵡也。不知曾見此書否。」

王介

王介，字元石，婺州金華人。從朱熹、吕祖謙遊，登紹熙元年進士第，廷對陳時弊，大略言：近者罷拾遺、補闕，有遠諫之意，小人倡爲朋黨，有厭薄道學之名。上嘉其直，擢居第三人。簽書昭慶軍節度判官廳公事，爲國子録。上疏言：「壽皇親挈神器授之陛下，孝敬豈可久闕乎。」又言：「婦事舅姑，如事父母，不可虧宫中之禮。」不報。孝宗崩，介又力請上過宫執喪，累疏言辭激切，人歎其忠。

寧宗即位，介上疏言：「陛下即位未三月，策免宰相，遷易臺諫，悉出内批，非治世事也。崇寧、大觀間事出御批，遂成北狩之禍。杜衍爲相，常積内降十數封還。今宰相不敢封納，臺諫不敢彈奏，此豈可久之道。」遷太學博士。韓侂胄居中，潛弄威福之柄，猶未肆也，而文墨議論之士陰附之以希進，於是無所憚矣。

侂胄始疑介前封事詆己，且其弟仰胄嘗以舊識求自通，❶介拒絶之，侂胄怨益深。添差通判紹興府，尋知邵武軍。會學禁起，諫議大夫姚愈劾介與袁燮皆僞學之黨，且附會前相汝愚，主管台州崇道觀。久之，差知廣德軍。侂胄之隸人蘇師旦忿介不通謁，目爲僞黨，併及甲寅廷對之語以告侂胄。有勸其自明者，介曰：「吾髮已種種，豈爲鼠輩所使耶？」侂胄亦畏公議，不敢發。以外艱去，免喪，知饒州，未赴，召爲秘書郎，遷度支郎官。師旦已建節，介與同列謁政府，遇之於庭。客皆踰階而揖，介不顧，於是殿中侍御史徐柟劾介資淺立異。奉祠，除都大坑治。

侂胄誅，朝廷更化，介召還，除侍左郎官，兼右司、太子舍人，改兵部郎官、國子司業、太子侍講，兼國史院編脩官、實録院檢討官，除國子祭酒。會以不雨，詔百官指陳闕失。時宰相史彌遠以母喪起復，介手疏歷論時政，推本《洪範》「僭恒暘若」之證，謂：「羅日愿爲變，是下人謀上也。脩好增幣，而金人猶觖望，是夷人亂華也。內批數出，是左右干政也。諫官無故出省，是小人間君子也。皆謂之僭。一僭已足以致天變，而況兼有之哉。」又言：「漢法，天地降灾，策免丞相。乞令彌遠終喪，擇公正無私者置左右。王、呂、蔡、秦之覆轍，可以爲戒。」接送伴金國賀生辰使，還奏：「故事，兩國通廟諱、御名，而本朝止通御名。高宗至光宗皆傳名而不傳諱，紹熙初，黃裳嘗以爲言，而未及釐正。願正典禮，以尊宗廟。」除秘書監，陞太子右諭德。其在春宮，篤意輔導。每遇講讀，因事規諫。太子嘗欲索館中圖畫，郤而弗與。及張燈設樂，則諫止之。且乞

❶「嘗」，原作「常」，據《宋史·列傳第一百五十九》改。

選配故家以正始，絶令旨以杜請謁。宮僚分日上直，以資見聞。遷宗正少卿，兼權中書舍人，繳駁不避權貴。張允濟以閤職爲州鈐，介謂：「此小事，而用權臣例，破祖宗制，不可不封還詞頭。」丞相語介曰：「此中宮意。」介曰：「宰相而逢宮禁意向，給舍而奉宰相風旨，朝廷綱紀掃地矣。」居數日，除起居舍人。介奏：「宰相以私請不行，而托威福於宮禁。權且下移，誰敢以忠告陛下者？」乞歸老，不許。言：「本朝循唐入閣之制，左右史不立前殿。若御後殿，則立朵殿下，何所聞見而脩起居注乎？乞依歐陽脩、王存、胡銓所請，分立殿上。」吏部侍郎許奕以言事去國，介奏曰：「陛下更化三年，而言事官去者五人。倪思、傅伯成既去，其後蔡幼學、鄒應龍相繼而出，今許奕復蹈前轍。此五臣者，四爲給事，一爲諫議大夫，兩年之間，盡聽其去。或謂此皆宰相意。自古未有大臣因給舍論事而去之者，是大臣誤陛下也，將恐成孤立之勢。」疏奏，乞補外。以右文殿脩撰知嘉興府，歲餘，陞集英殿脩撰，知襄陽府、京西安撫使，徙知慶元府，兼沿海制置使。以疾，奉祠。

嘉定六年八月卒，年五十六。端平三年，郡守趙汝談請于朝，特贈中大夫、寶章閣待制，謚「忠簡」。

備遺

晦翁與元石書曰：「昨日所喻抄禮書，欲俟向後整頓有序，即發去莆中，但不知彼中分付何人點檢指授。幸留數字於此，詳道所以然者，容并寄去爲幸。或有餘力，得爲别抄一本見寄，尤幸也。」

王阮

王阮，字南卿，江州人。曾祖韶，神宗時，開熙河，擒木征。祖厚，繼闢湟、鄯。父彦博，靖康勤王。皆有功。阮少好學，尚志節，常自稱將種，辭辯奮發，四坐莫能屈。嘗謁袁州太守張栻，栻謂曰：「當今道在武夷，子盍往求之。」阮見朱熹于考亭，熹與語，大説之。

登隆興元年進士第。時孝宗初即位，欲成高宗之志，首詔經理建業，以圖進取，而大臣巽懦幸安，計未決。阮試禮部，對策曰：「臨安蟠幽宅阻，面湖背海，膏腴沃野，足以休養生聚，其地利於休息。建康東南重鎮，控制長江，呼吸之間，上下千里，足以虎視吴、楚，應接梁、宋，其地利於進取。建炎、紹興間，敵人乘勝長驅直擣，而我師亦甚憊也。上皇遵養時晦，不得與平，迺駐臨安，所以爲休息計也。已三十年來，闕者全，壞者脩，弊者整，廢者復，較以曩昔，倍萬不侔。主上獨見遠覽，舉而措諸事業，非固以臨安爲不足居也。戰守之形既分，動静進退之理異也。古者立國必有所恃。謀國之要，必負其所恃之地。秦有函谷，蜀有劍閣，魏有成皐，趙有井陘，燕有飛狐，而吴有長江，皆其所恃以爲國也。今東南王氣，鍾在建業。長江千里，控扼所會。輒棄而弗顧，退守幽深之地，若將終身焉。如是而曰謀國，果得爲善謀乎？且夫戰者以地爲本，湖山回環，孰與乎龍盤虎踞之雄；胥潮奔猛，孰與乎長江之險？今議者徒習吴、越之僻固，而不知秣陵之通達，是猶富人之財不布於通都大邑，而匣金以守之，愚恐半夜之或失也。儻六飛順動，中原在跬步間。況一建康耶？古人有言：『千里之行，起於足下。』人患不爲爾。」知貢舉范成大得而讀之，嘆曰：「是人傑也。」調南康都昌主簿，以廉聲聞，移永州教授。獻書闕下，請罷吴、楚牧馬之政，而積馬於蜀茶馬司，以省往來綱驛之費、歲時分牧之資，凡數千言。紹熙中，知濠州，請復曹瑋方田，脩种世衡射法。日講守備，與邊民親訪北境事宜。終阮在濠，金不敢南侵。改知撫州。

韓侂胄宿聞阮名，特命入奏，將誘以美官。夜遣密客詣阮，阮不答，私謂所親曰：「吾聞公卿擇士，士亦擇公卿。劉歆、柳宗元失身匪人，爲萬世笑。今政自韓氏出，吾肯出其門哉。」對畢，拂衣出關。侂胄聞之，大怒，批旨予祠。阮於是歸隱廬山，盡棄人間事，從容觴咏而已。朱熹嘗惜其才氣術略過人，而留滯不偶云。嘉定元年，卒。

備　遺

晦翁答南卿書曰：「熹方幸閒中得與一二學徒整理舊書，而忽蒙恩收用，雖實衰老，不敢以遠爲辭，但恐迂踈，議論多與時背。一辭不獲，比已再上。傳聞諸公亦無相强之意，計必得之矣。萬一未遂，則又未知所以爲計也。示及《隊圖》，雖不知兵，然頃讀曹公、杜牧、孫子，見其所論車乘、人數，諸儒皆所未言，唯友人蔡季通每論此事。以考《周禮》軍制，皆合。今得此書，乃知前輩已嘗用之而有効矣，是其可傳無疑也。跋尾所論皆精當，卒章辨荆公事，則恐未然。家有荆公與襄敏公手帖數紙，見當時事，若非荆公力主於内，則群議動摇，決難成功。但是後來襄敏見其他政事多出於聚斂掊克之意，故不免有異論耳。若論熙河之事，則二公實同心膂，無異説也，幸試思之。」

又答書曰：「信州有潏水集印本，乃長安人李復之文，記董氊非唃厮囉之子，乃盜厮囉之妻而竊其國，不知曾見之否？事冗，不暇細看，更考之也。」

度正

度正，字周卿，合州人。❶紹熙元年進士，歷官國子監丞。時士大夫無賢愚，皆策李全必反，而不敢言。正獨上疏極言之，且獻斃全之策有三，其言鯁亮激切。遷軍器少監。輪對，言：「陛下推行聖學，當自正家始。」進太常少卿。

紹定四年秋，京師大火，延及太廟，正言：「伏見近世大儒朱熹，詳考古禮，尚論宗廟之制，畫而爲圖，其説甚備。然其爲制務倣於古，而頗更本朝之制，故學士大夫，皆有異論，遂不能行。今天降災異，火發民家，延及宗廟。舉而行之，莫此時爲宜。臣於向來，備聞其説，今備員禮寺，適當此變，若遂隱默，則爲有負。謹爲二説以獻：其一，純用熹之説，謂本朝廟制未合於古，因畫爲圖，謂僖祖如周后稷，當爲本朝始祖。夫尊僖祖以爲始祖，是乃順太祖之孝心也。始祖之廟居于中，左昭右穆，各爲一廟，門皆南向，位在東向。祧廟之主，藏於始祖之廟夾室，昭常爲昭，穆常爲穆，自不相亂。三年合食，則併出祧廟之主，合享於始祖之廟。始祖東向，群昭之主，皆位北而南向；群穆之主，皆位南而北向。昭穆既分，尊卑已定。其説合乎古而宜乎

---

❶「合」，原作「台」，據《宋史・列傳第一百八十一》改。

今，盡美盡善。舉而行之，祖宗在天之靈，必歆享于此，而垂祐於無窮也。其一説，則因本朝之制，而參以熹之議。蓋本朝廟制，神宗嘗命禮官陸佃討論，欲復古制，未及施行。渡江以來，稽古禮文之事，多所未暇。今欲驟行更革，恐未足以成其事，而徒爲紛紛。或且仍遵本朝之制，自西徂東，並爲一列。惟於每室之後，量展一間，以藏祧廟之主，如禧祖廟，以次祧主則藏之，昭居左，穆居右。後世穆之祧主藏太祖廟，昭之祧主藏太宗廟。仁宗爲百世不遷之宗，後世昭之祧主則藏之。每室之前，量展二間。遇三年祫享，則以帷帳幙之，通爲一室，盡出諸廟主及祧廟主，並爲一列，合食其上。往者此廟爲一室，凡遇祫享，合祭於室。名爲合享，而實未嘗合享。合量展此三間，後有藏祧主之所，前有祖宗合食之地，於本朝之制，初無大段更革，而頗已得三年大祫之義。今來朝廷若能舉行熹前議，固無以加。如其不然，姑從後説，亦爲允當，不失禮意。然宗廟之禮，倘無其故，何敢妄議。今因大火之後，若加損益，亦惟其時。乞賜詳議。」有旨：令侍從、禮部、太常集議。後竟不行。

除權禮部侍郎，兼侍右郎官，兼同脩國史實録院同脩撰，遷禮部侍郎。轉一官，守禮部侍郎致仕，卒。贈四官，賻銀絹三百。所著有《性善堂文集》。

備遺

文公答周卿書曰：「比來讀書探道，亦頗有新功否耶？歲月易邁，義理難明。但於日用之間，隨時隨處提撕此心，勿令放逸，而於其中隨事觀理，講求思索，沉潛反復，庶於聖賢之教，漸有默相契處，則自然見得天道性命真不外乎此身，而吾之所謂學者舍是無有别用力處矣。」

《宋史·趙景暐傳》曰，葉味道嘗謂景暐曰：「正，吾黨中第一人。」景暐遂往見正。首誨以求放心爲本。

考亭淵源録卷之九

曹彦約

曹彦約，字簡夫，都昌人。淳熙八年進士。嘗從朱熹講學，歷建平尉、桂陽司録、辰溪令。知樂平縣，主管江西安撫司機宜文字。知澧州，未上，薛叔似宣撫京湖，辟主管機宜文字。漢陽闕守，檄攝軍事。時金人大入，郡兵素寡弱，彦約搜訪土豪，得許嵩俾總民兵，趙觀俾防水道，党仲昇將宣撫司軍，屯郡城。金重兵圍安陸，遊騎闖漢州，彦約授觀方略，結漁户拒守南河，觀逆擊，斬其先鋒，且遣死士焚其戰艦，晝夜殊死戰，北度追擊，金人大敗去。又遣仲昇劫金人砦，殺千餘人，仲昇中流矢死。奏上，❶補成忠郎、漢川簿尉；贈仲昇脩武郎，官其後二人。彦約以守禦功，進秩二等，就知漢陽。

嘉定元年，詔求言。彦約上封事謂：「敵豈不以歲幣爲利，惟其所向輒應，所求輒得，以我爲易與而縱其欲。莫若遲留小使，督責邊備，假以歲月，當知真僞。設復大舉，則民固以怒矣。欲進而我已戒嚴，欲退而彼有叛兵，決勝可期矣。」尋提舉湖北常平，權知鄂州，兼湖廣總領。改提點刑獄，遷湖南轉運判官。時盜

❶ 「上」，《宋史·列傳第一百六十九》作「觀」。

羅世傳、李元礪、李新等相繼竊發，桂陽、茶陵、安仁三縣皆破，壤地千里，❶莽爲盜區。彦約至彼督運，人心始定。遷直秘閣，知潭州、湖南安撫。時江西言欲招安李元礪，朝命下湖廣議招討之宜，彦約言：「今不行討捕，曲狥招安，失朝廷威重。若元礪設疑詞以款重兵，則兵不可撤，戍民不得安業。」元礪果不可降，彦約乃督諸將逼賊巢而屯，擊破李新於酃洣。新中創死，衆推李如松爲首。如松降，遂復桂陽。世傳素與元礪有隙，至是密請圖元礪以自效。彦約録賞格報之，且告于朝，又與萬緡錢犒其師。世傳遂禽元礪。彦約還長沙，未幾，復出督戰，餘黨悉平。世傳既自以爲功，遲留以激重賂，彦約諭以不宜格外邀求。時池州副都統許俊駐兵吉之龍泉，厚賂以結世傳，超格許轉官資，世傳遂以元礪解江西。胡渠爲右司，欲以世傳盡統諸峒而爲之帥，悉徹江西、湖南戍兵。彦約固争之，渠不悦。然世傳終桀驁不肯出峒。彦約密遣羅九遷爲間，誘胡友睦，許以重賞，友睦遂殺世傳。江西來争功，不與校。

擢侍右郎官，以右正言鄭昭先言寢其命。久之，以爲利路轉運判官，兼知利州。關外乏食，彦約悉發本司所儲，減價遺糶，勸分免役，通商蠲税，民賴以濟。沔州都統制王大才驕横，制置使董居誼既不得其柄，反曲意奉之。彦約以蜀之邊面，諸司並列，兵權不一，微有小警，紛然奉議，理財者歸怨於兵弱，握兵者歸咎於財寡，乃作《病夫議》獻之廟堂，曰：「古之臨邊，求一賢者而盡付之兵權。兵權正則事體重，兵權專則號令一。今廟堂之上，患士大夫不奉行詔令，惡士大夫不恪守忠實，故雖信而用之，又以人參之；雖以事權付

❶「壤」，《宋史·列傳第一百六十九》作「瓌」。

之，又從中御以繫維之。致使知事者不敢任事，畏事者常至失事。卒有緩急，各持己見。兵權財計，互相歸咎。昔秦隴之俗，以知兵善戰聞天下。自吴氏世襲以來，握兵者志在於怙勢，不在於尊上；用兵者志在於誅貨，不在於息民。本原一壞，百病間出。至有世將已叛而宣威不覺，四郡已割而諸將不知。更化之後，逆黨既誅，而土俗人心，其實未改。任軍官而領州事者，易成藩鎮之權。起行伍而立微效者，漸無階級之分。由阜郊以至宕昌，則隴西天水之地，其忠義民兵，利在戰鬬。緩急之際，固易鼓率。若其恃勇貪利，犯上作亂，則又不止於大軍而已。苟不正其本原，磨之以歲月，漸之以禮義，未見其可也。今日之領帥權者，必當近邊境，必當擁親兵。有兵權者，必當領經費，必當寬用度。至於忠義之兵，又須有德者以爲統率，擇知書者以爲教導，如古人所謂教民而後用之也。今議不出此，乃欲幸勝以爲功，苟安以求免，誤天下者必此人也。」時朝論未以爲然。差知寧國府，又改知隆興府、江西安撫。居亡何，蜀邊被兵，内有張福、莫簡之變。彦約之言，無一不驗。

遷大理少卿，又權户部侍郎，以寶謨閣待制知成都。彦約乞赴闕奏事，不允。又申省乞入對，不報。改知福州，又改知潭州，彦約力辭。提舉明道觀，尋以焕章閣待制提舉崇福宫。

理宗即位，擢兵部侍郎，兼國史院同脩撰。寶慶元年，入對，勸帝講學，防近習。次言：「當以慶曆、元祐聽言爲法，以紹聖、崇、觀諱言爲戒。比年以來，有以賣直好名之説見於奏對者。願陛下倚忠直如蓍龜，去邪佞若蟊賊。其沮撓讜言者，必加斥逐。」會下詔求言，彦約上封事曰：「陛下謹定省以事長樂，開王社以篤天倫。孝友之行，宜足以取信於天下。然兄弟至親，猶誤於狂妄小人之手；道路異説，猶襲於尺布不縫之謡。臣以爲，守法者人臣之職也，施恩者人主之柄也。漢淮南王欲危社稷，張蒼、馮敬等請論如法，文帝既赦其罪，廢徙王，不幸而死，封其二子於故地。此往事之明驗，本朝太宗皇帝之所已行也。今若狥文帝緣情之義，法太宗繼絶之意，明示好惡，無隙可指，雖不止謗而謗息矣。」又言：「陛下求言之詔，惟恐不逮。然外議致疑，以爲明言文武，似或止於縉紳；泛言小大，恐不及於韋布。引而伸之，特在一命令之間耳。」又薦隆州布衣李心傳素精史學，乞官以初品，寘之史館。從之。尋兼侍讀，俄遷禮部侍郎，加寶謨閣直學士，提舉佑神觀，兼侍讀。授兵部尚書，力辭不拜。改寶章閣學士，知常德府。陛辭，言下情未通，横斂未革。帝曰：「其病安在？」對曰：「臺諫專言人主，不及時政，下情安得通？苞苴公行於都城，則州郡横斂無可疑者。」提舉崇福宫，卒。以華文閣學士轉通議大夫致仕，贈宣奉大夫。嘉熙初，賜謚「文簡」。

備遺

黄直卿與吴柔勝書曰：「曹簡夫得書，旦夕即到此。豪傑之士，紛然而起，國勢益强，外患自彌。」

直卿與李敬子書曰：「簡夫不來，甚壯。但吾鄉失此賢帥，不無嘆恨也。」

黄㽦

黄㽦，字子耕，隆興分寧人。嘗從郭雍、朱熹學，熹深期之，而㽦亦以道自任，反覆論辯，必無所疑然後止。舉太學進士，爲瑞昌主簿，監文思院，知廬陽縣。五溪獠獷悍，㽦爲詩諭之，獠感悦，有公事莫敢違。通判處州。經、總制有額無錢，俗號殿最綱。嶅會十年中成賦，酌而取之，閣免逋負，錢額均等，獨以最聞。主管官告院、大理寺簿、軍器監丞，歲餘三遷，嶅乃不樂。間行西湖，慨然曰：「我昔在南、北山，一水一石，無不自題品。今無復情味，何耶？」丐外知台州。謝良佐子孫居台者既播越流落，嶅求之民間，收而教之。勤苦夙夜，先勸後禁，訟牒銷縮，郡稱平治。爲濟糶倉，爲抵當庫，葬民之棲寄暴露者，爲棺千五百，置養濟院，又創安濟方以居病囚，皆自有子本錢，使不廢。故葉適謂嶅「條目建置，❶憂民如家」。遷袁州，哭從弟，哀甚，得疾，卒。所著有《後齋集》。

備　遺

晦翁答子耕書曰：「熹數年來，疾病日侵，患難交至，氣血凋瘁，大非往時之比，來日無幾。甚思與四方士友并力切磋，以求無負師傅之託而不可得，每一念之，徒增永歎而已。

「示喻爲學之意，甚善，但恐更須看，令簡潔明白親切，令下功夫處約而易守乃佳耳。別紙兩條，亦覺繁雜。本末始終之説，只是要人先其本，後其末，先其始，後其終耳，不必如此多説也。格物只是就一物上窮盡一物之理，致知便只是窮得物理盡後，我之知識亦無不盡處，若推此知識而致之也。此其文義只是如此，纔認得定，便請依此用功。但能格物，則知自至，不是別一事也。

❶ 「葉」，原作「業」，據《宋史·列傳第一百八十二》改。

「格物致知，只是窮理。聖賢欲爲學者説盡曲折，故又立此名字。今人反爲名字所惑，生出重重障礙，添枝接葉，無有了期。要須認取本意，而就中看得許多曲折分明，便依此實下工夫，方見許多名字，並皆脱離，而其工夫實處，却無欠闕耳。」

「示及疑義，比舊益明潔矣，但尚有繁雜處。且就正經平白玩味，久當自見親切處，自然直截簡易也。」

「來喻云云，足見講學自脩之力，甚慰所望。所謂動上求静，亦只是各止其所，皆中其節，則其動者乃理之當然，而不害其本心之正耳。近脩《大學》此章《或問》頗詳，今謾録去，可以示斯遠也。」

「人心、道心之説甚善，蓋以道心爲主，則人心亦化而爲道心矣。如《鄉黨》所記飲食衣服，本是人心之發，然在聖人分上，則渾是道心也。」

「病中不宜思慮，凡百可且一切放下，專以存心養氣爲務，但加趺静坐，目視鼻端，注心臍腹之下，久自温暖，即漸見功効矣。」

徐僑

徐僑，字崇甫，婺州義烏人。蚤從學於吕祖謙門人葉邽。淳熙十四年舉進士，調上饒主簿，始登朱熹之門。熹稱其明白剛直，命以「毅」名齋。入爲祕書省正字、校書郎，兼吴、益王府教授。直寶謨閣，江東提點刑獄。以迕丞相史彌遠，劾罷。寶慶初，葛洪、喬行簡代爲請祠，迄不受禄。紹定中，告老，得請。端平初，與諸賢俱被召，遷秘書少監、太常少卿。趣入覲，手疏數千言，皆感憤剴切，上劘主闕，下逮群臣，分別黑白，無所回隱。帝數慰諭之，顧見其衣履垢敝，愀然謂曰：「卿可謂清貧。」僑對曰：「臣不貧，陛下迺貧耳。」帝曰：「朕何爲貧？」僑曰：「陛下國本未建，疆宇日蹙；權幸用事，將帥非材；旱蝗相仍，盜賊並起；經用無藝，帑藏空虛；民困於横斂，軍怨於掊克；群臣養交而天子孤立，國勢阽危而陛下不悟。臣不貧，陛下迺貧耳。」又言：「今女謁、閹宦相爲囊橐，誕爲二竪，以處國膏肓，而執政大臣又無和緩之術。陛下此之不慮，而耽樂是從。世有扁鵲，將望見而卻走矣。」時貴妃閻氏方有寵，而内侍董宋臣表裏用事，故僑論及之。帝爲之感動改容，咨嗟太息。明日，手詔罷邊帥之尤無狀者，申儆群臣以朋黨爲之戒，命有司裁節中外浮費，而賜僑金帛甚厚。僑固辭不受。侍講，開陳友愛大義，用是復皇子竑爵。請從祀周敦頤、程顥、程頤、張載、朱熹，以趙汝愚侑食寧宗。帝皆如其請。金使至，僑以無國書，宜館之於外，如叔向辭鄭故事，迕丞相意，方丏休致。帝諭留甚勤。遷工部侍郎，辭益堅，遂命以内祠侍讀。不得已就職，遇事盡言。以病申前請，乃以寶謨閣待制奉祠，卒。謚「文清」。

僑嘗言：「比年熹之書滿天下，學者不過割裂掇拾，以爲進取之資。求其專精篤實，能得其所言者，蓋鮮。」故其學一以真踐實履爲尚。奏對之言，剖析理欲，因致勸懲，弘益爲多。若其守官居家，清苦刻厲之操，人所難能也。

備　遺

晦翁答崇父書曰：「日用工夫，且得如此照管，莫令間斷。久之浹洽，自有見處，亦不須别立標的，便計工程也。敖惰之説，如所引孟子隱几而卧，以爲當然，則已得之矣，何必疑其非本有耶？不但孟子，如孔子取瑟而歌亦是此類。但《大學》之意，却是恐人於此一向偏却，更不照管。今當看此重處，識取正意，受用省察。不必向閑慢處枉費思索也。」

陳守

陳守，字師中，莆田人，丞相俊卿次子。用蔭補官，歷工部員外郎，除奉直大夫，提舉荆湖南路常平公事。嘉定中，召爲將作監，卒。

備遺

文公題師中讀書之齋曰「敬恕」，且爲之銘曰：

出門如賓，承事如祭，以是存之，敢有失墜。己所不欲，勿施于人，以是行之，與物皆春。胡世之人，恣己窮物，惟我所便，謂彼奚卹。孰能反是，斂焉厥躬，于牆于羹，仲尼子弓。内順于家，外同于邦，無小無大，罔時怨恫。爲仁之功，曰此其極，敬哉恕哉，永永無斁。

弟宓祭文曰：「惟兄以寬弘之度，濟剛直之資。忠孝之訓，夙禀於父。敬恕之道，又得所師。年少蜚譽，孝考所知。宗正外府，俾屬俾禆。悉以公選，不專父私。兄克奮勵，報稱是期。清漳臨汝，廉介不欺。歷事三朝，靖退自持。二紀郎省，嬛巧所嗤。末乃一陟，人皆謂遲。兄曰何能，過分之宜。蓋六受郡而兩去，三乘詔而一馳。信直道以力行，豈畏途之足危。惟坎凛以濡滯，斯行誼之不虧。方湖湘之始寇，誠牙孽之易治。及威、惠之兩失，遂歷歲而蔓滋。初抗疏以請討，曰紀綱不可以隳。值時論之不然，謂居職之非宜。奉殊庭之香火，伏園間之恬嬉。荷國恩之秩隆，❶畀符竹而不遺。暨辭榮而忽疾，猶剴切以陳詞。何好善之不足，❷遽一疾以顛隮。嗚呼哀哉。」

陳定

陳定，字師德，俊卿第三子。用蔭補右承事郎，年二十五，卒。

文公銘其墓曰：自周衰官失，而民無常産，士不知學。或者務爲剽掠纂組之工，以希名射利。蓋本出於俯仰寒餓之迫，有不獲已者。而其後或更以爲能焉，俗弊風訛，迭相夸尚。於是公卿子弟之才者，往往亦慕而爲之，無所於迫，而徒取衒鬻之羞。顧反薄君恩，輕世禄，捐本學，以從事於場屋無用之文。舉世競馳，恬不覺悟。而聖賢脩己治人之方，國家禮義廉耻之教，益泯泯矣。嗚呼！斯其爲弊也久矣，不有卓然高志遠識之士，其孰能有以反之哉。如吾師德者，蓋庶幾焉。而又不及就其志，而疾病以死，其亦可哀也已。師德莆田人，姓陳氏，名定，丞相信安公之第三子也。母曰福國夫人聶氏。師德生秀異，自孩幼已有成人之

❶「之」，原闕，據《龍圖陳公文集》卷十八補。

❷「足」下，《龍圖陳公文集》卷十八有「恃」字。

度。年十二三，則已知古人爲己之學，而不屑爲舉子之文矣。一日以公命，因予友括蒼吴君耕老，以書來道其志，而請業焉。予三復其辭而嘉之，然亦意其必已淫思力索於空幻恍惚之場也，則報之曰：「聖賢之學，雖不可以淺意量，然學之者必自其近而易者始。」師德於是始欲因予言而反求之，既疲於宿昔思慮之苦，而感疾殆矣。其後屢欲求見，且將徧求世之有道君子而師友之，竟以病，不果行。且死，猶語其友方來耕道，使言於予，以不及相見爲深恨。明年，其仲兄守師中見予於建陽，遂以耕道所狀行實一通，屬予銘其竁，予不忍辭也。狀言師德性至孝，事信安公及母夫人，曲盡愛敬。劑和烹飪，必躬必親。左右周旋，不違義理，而未嘗失顔色。於兄弟尤友愛。以公奏，授右承奉郎。娶同郡林氏朝請郎一鳴之女。年二十有五，以淳熙甲午七月己亥卒。於其疾之革也，公、夫人往視之，謂曰：「死生有命，汝所知也。」師德拱手對曰：「戰戰兢兢，如臨深淵，如履薄冰。」又顧其兄，屬以問學脩身之意。越夕而逝，公、夫人哭之哀。以其伯兄之子福孫後之，而葬之石泉祖塋之側。嗚呼，有如師德之志，而其行事可得而書者，止於如此，是不亦可哀也哉！然其所立，視世俗之學，昧利辱身，得已而不已者，則既絶矣，夫豈不足以頗慰公、夫人之念，與其兄弟朋友之思哉！予是以銘曰：

士孰不學，其方則殊。毫忽之差，有蹠其徒。卓哉若人，惟義之學。刻意劬躬，蹈履前覺。天不耆之，以駿其奔。淵冰免矣，志氣則存。石泉之瀕，于祔于宅。孰全其歸，視此幽刻！

備　遺

晦翁答師德書曰：「示喻格物持敬之方，足見向道不忘之意，甚善甚善。持敬正當自此而入，至於格物，則伊川夫子所謂窮經應事、尚論古人之屬，無非用力之地。若舍此平易顯明之功，而必搜索窺伺於無形無迹之境，竊恐陷於思而不學之病，將必神疲力殆，而非所以進於日新矣。況聞左右體羸多病，尤當完養思慮，毋令過苦，成就德器，以慰士友之望。」

林光朝與其父俊卿書曰：「師德人品甚高，生長富貴中，而每每欲見古人歸宿之處。頃嘗到東閣，其所發問，皆非舉子習尚。曾遣人來借書，未嘗及非聖之書。簡尺往來，意諧而詞不費，可見其爲吉人君子，渾然美質，不待雕鐫也。」

陳　宓

陳宓，字師復，丞相俊卿第四子。少嘗及登朱熹之門，熹器異之。長從黄榦遊，以父任歷泉州南安鹽税，主管南外睦宗院，再主管西外，知安溪縣。

嘉定七年，入監進奏院。時無敢慷慨盡言者，宓上封事言：「宫中宴飲或至無節，非時賜予爲數浩穰，一人蔬食而殯御不廢於擊鮮，邊事方殷而椿積又資於妄用：此宫闈儀刑有未正也。大臣所用，非親即故。執政擇易制之人，臺諫用慎默之士，都司樞椽無非親暱，貪吏靡不得志，廉士動招怨尤：此朝廷權柄有所分也。鈔鹽變易,楮弊秤提;安邊所創立,固執己見,動失人心;敗軍之將,躐躋殿岩;庸鄙之夫,久尹京兆;宿將有守成之功,以小過而貶;三牙無汗馬之勞,記公勤而擢:此政令刑賞多所舛逆也。若能交飭内外,一正紀綱,天且不雨,臣請伏面謾之罪!」奏入,丞相史彌遠不樂,而中宫慶壽,三牙獻遺,❶至是爲之罷卻。

尋遷軍器監簿。轉對言:「人主之德貴乎明,大臣之心貴乎公,臺諫之言貴乎直。陛下臨政雖勤,而治功未舉。奉身雖儉,而財用未豐。愛民雖仁,而實惠未徧。良由上下相蒙,務於欺蔽。匭奏囊封,有懷畢吐,陛下付近臣差擇,是有意於行其言。而有司惟取專攻上躬與移咎牧守之章,騰播中外,以答觀聽。今赤地千里,蝗飛蔽天,如此其可畏,猶或諱晦以旱不爲災、蝗不害稼,其他誣罔,抑又可知。臣故曰:人主之德貴乎明。大臣施設,浸異厥初。凡建議求言之人,則以他事逐。諫官言事稍直,則以他職徙。忠憤者指爲不靖,切直者目曰沽名。衆怨所萃,則相繼超升。物論所歸,則以次疏外。某人之遷,是嘗重人罪以快同列之私忿者。某人之擢,是嘗援古事以文邇日之天變者。直節重望,以私嫌而久棄。老奸宿穢,❷以丐請而牽復。使大臣果能杜倖門,塞邪徑,則舉措當而人心服。臣故曰:大臣之心貴乎公。臺諫平居未嘗立異,遇事不敢盡言。有如金人再通,最關國體,近而侍從,下至生徒,莫不力争,冀裨廟算。獨於言責,不出一辭。輦轂之下,乾没巨萬,莫之誰何;州縣之間,罪僅毫髮,摭以塞責。大臣所欲爲之事則遂之,所不右之

❶「遺」,原作「道」,據《宋史·列傳第一百六十七》改。

❷「穢」,《龍圖陳公文集》卷六作「贓」,《宋史》本傳作「藏」。

人則排之。仁宗時有宰相奉行臺諫風旨之譏，今乃有臺諫不敢違中書之誚，豈祖宗設官之初意哉？臣故曰：臺諫之言貴乎直。三者機括所繫，願陛下憣然悔悟，昭明德以照臨百官。大臣、臺諫，亦宜公心直節，以副望治之意。」指陳敝事，視前疏尤剴切焉。宓遂請罷歸，在告日，擢太府丞，不拜。出知南康軍。詣史彌遠。曰：「子言甚切當，第愚昧不能行，殊有愧耳。」

至官，歲大侵，奏蠲其賦十之九。會流民群集，宓就役之，築江隄而給其食。時造白鹿洞，與諸生討論。改知南劍州。時大旱疫，蠲逋賦十數萬，且弛新輸三之一，躬率僚吏持錢粟藥餌户給之。創延平書院，悉倣白鹿洞之規。知漳州，未行，聞寧宗崩，嗚咽累日。無何，請致仕。寶慶二年，提點廣東刑獄，章復三上，迄不就。直秘閣，主管崇禧觀，宓拜祠命而辭職名。卒，進職一等致仕。三學諸生以起宓爲請，而没已閲月矣。

初，宓之在朝也，寺丞丁焴往使金。宓歎曰：「世讐未復，何以好爲？」餞詩有「百年中國豈無人」之句。後數年，聞關外不靖，以書抵焴曰：「蜀口去關外雖遠，實如一身。近事可寒心，皆士大夫之罪，豈非賄道不絶之故耶。」焴服其言。宓天性剛毅，信道尤篤。嘗爲《朱墨銘》，謂朱屬陽，墨屬陰，以驗理欲分寸之多寡。自言居官必如顔真卿，居家必如陶潛，而深愛諸葛亮身死家無餘財、庫無餘帛，庶乎能蹈其語者。端平初，殿中侍御史王遂首言：「宓事先帝有論諫之直，而不及俟聖化之更。宜褒其身後，以勸天下之爲臣者。」帝爲感動，詔贈直龍圖閣。所著書有《論語注義問答》《春秋三傳抄》《讀通鑑綱目》《唐史贅疣》之藁數十卷，藏于家。

劉　爚弟炳附

劉爚，字晦伯，建陽人。與弟韜仲受學于朱熹、吕祖謙。乾道八年舉進士，調山陽主簿。爚正版籍，吏不容姦。調饒州録事。通判黄奕將以事污爚，而已自以贓抵罪去。都大坑冶耿某閔遺骸暴露，議用浮居法，葬之水火。爚貽書曰：「使死者有知，禍亦慘矣。請擇高阜爲叢冢以葬。」調連城令，罷添給錢及綱運例錢，免上供銀錢及綱本二税、鈔鹽、軍期米等錢，大脩學校，乞行經界。改知閩縣。治以清簡，庭無滯訟。興利去害，知無不爲。差通判潭州，未上，丁父憂。僞學禁興，爚從熹武夷山講道讀書，怡然自適。築雲莊山房，爲終老隱居之計。

調贛州坑冶司主管文字，差知德慶府。大脩學校，奏便民五事，又奏罷兩縣無名租錢，糾集武勇民兵。入奏言：「前者北伐之役，執事者不度事勢，貽陛下憂。今雖從和議，願益恐懼脩省，必開言路以廣忠益，必振公道以進人才，必飭邊備以防敵患。」提舉廣東常平。令守臣歲以一半易薪，春末支，及冬復償，存其半以備緩急。逋欠亭户錢十萬，轉運司五萬，爚以公使、公用二庫羸錢補之。奏義倉之敝、客丁錢之敝、小官俸給之敝，舉留守令之敝、吏商之敝。召入奏事，首論：「公道明則人心自一，朝廷自尊，雖危可安也。公道廢則人心自二，朝廷自輕，雖安易危也。」帝嘉奬。遷尚左郎官，請節内外冗費，以收楮幣。轉對言：「願於經筵講讀、大臣奏對，反復問難，以求義理之當否，與政事之得失，則聖學進而治道隆矣。」乞收拾人才及脩明軍政。遷浙西提點刑獄。巡按不避寒暑，多所平反。有殺人而匿權家者，吏弗敢捕，爚竟獲之。

遷國子司業，言於丞相史彌遠，請以熹所著《論語》《中庸》《大學》《孟子》之説以備勸講，正君定國，慰天下學士大夫之心。奏言：「宋興，六經微旨，孔、孟遺言，發明於千載之後，❶以事父則孝，以事君則忠，而世之所謂道學也。慶元以來，權佞當國，惡人議己，指道爲僞，屏其人，禁其書。學者無所依歸，義利不明，趨向污下，人欲横流，廉耻日喪。追惟前日禁絶道學之事，不得不任其咎。望其既仕之後，職業脩，名節立，不可得也。乞罷僞學之詔，息邪説，正人心，宗社之福。」又請以熹《白鹿洞規》頒示太學，取熹《四書集註》刊行之。又言：「浙西根本之地，宜詔長吏、監司禁戢强暴，撫柔善良，務儲積以備凶荒，禁科斂以紓民力。」

兼國史院編脩官、實録院檢討官。接伴金使于盱眙軍，還，言：「兩淮之地，藩蔽江南，干戈盜賊之後，宜加經理。必於招集流散之中，就爲足食、足兵之計。臣觀淮東，其地平博膏腴，有陂澤水泉之利，而荒蕪實多；其民勁悍勇敢，習邊鄙戰鬭之事，而安集者少。誠能經畫郊野，招集散亡，約頃畝以授田，使毋廣占抛荒之患。列溝洫以儲水，且備戎馬馳突之虞。爲之具田器，貸種糧，相其險易，聚爲室廬，使相保護。聯以什伍，教以擊刺，使相糾率。或鄉爲一團，里爲一隊，建其長，立其副，平居則耕，有警則守，有餘力則戰。」帝嘉納之。

進國子祭酒，兼侍立修注官。論貢舉五敝。時廷臣爭務容默，有論事稍切者，衆輒指以爲異。爚奏：「願明詔大臣，崇奬忠讜以作士氣，深戒諛佞以肅具僚。」乞擇州縣獄官。冬雷，上恐懼，爚奏：「遴選監司，

---

❶「後」，原作「説」，據《宋史·列傳第一百六十》改。

以考察貪吏爲先。訪求民瘼，有澤未下流、令未便民者，悉以實上，變而通之，則民心悦而天意解矣。」又請擇沿邊諸將。

兼工部侍郎，奏：「乞使沿邊之民，各自什伍，教閲于鄉，有急則相救援，無事則耕稼自若，軍政隱然寓於田里之間，此非止一時之利也。」請城沿邊州郡，罷遣賀正使。試刑部侍郎，兼職依舊，賜對衣、金帶，辭不允。兩請致仕，不允。奏絶金人歲幣，建制置司於歷陽，以援兩淮。夏旱，應詔上封事曰：「言語方壅而導之使言，人心方鬱而疏之使通。上既開不諱之門，下必有盡言之士，指陳政事之闕失，明言朝廷之是非。或者以爲好名要譽，而陛下聽之，則苦言之藥，至言之實，陛下棄之而不恤矣；甘言之疾，華言之腴，陛下受之而不覺矣。」乞罷瑞慶聖節，謝絶金使。

進封子爵，權工部尚書，賜衣帶、鞍馬。兼太子右庶子，仍兼左諭德。每講讀，至經史所陳聲色嗜欲之戒，輒懇切再三敷陳之。進讀《詩》之説，詹事戴溪讀之，爲之吐舌。卒，贈光禄大夫，官其後，賜謚「文簡」。所著有《奏議史稾》《經筵故事》《東宫詩解》《禮記解》《講堂故事》《雲莊外稾》。

韜仲，名炳，淳熙戊戌進士。趙汝愚帥閩，辟轉運司屬官，俾相度鹽鈔利害。歷應城令，官至朝請大夫。丐祠閒居，號悠然翁。

備　遺

初，文公與書曰：「得晦伯近問，知山中讀書之樂，甚慰。但不應舉之説，終所未曉。朋友之賢者，亦莫不以爲疑，可更思之。固知試未必得，然以未必得之心，隨例一試，亦未爲害也。」

文公與吕伯恭書曰：「劉氏兄弟，爚、炳同預薦送，熹新阡與其居密邇，兩年相從，熟知其嗜學可教。」

韜仲以書問格物未盡，處義未精。晦翁曰：「此學者之通患，然受病不在此，這前面别有受病處。」余正叔曰：「豈其自然乎？」曰：「都不干别事，本不立耳。」

又曰：「韜仲不苟如此，不易得。其兄晦伯亦甚好，他日皆未可量也。得子澄書，盛稱韜仲居官不苟。前日晦伯一再相聚，亦甚進益。得後來朋友向前如此，老朽無復恨矣。」

真德秀作《文簡公墓碑》有曰：「公天資厚重而不浮，純一而弗雜，又嘗用功於致知力行之地。故其言必正言，行必正行，確然自守，以終其身。晚躋禁從，雖未及盡行其志，而奮忠陳謀，察微慮遠，汲汲於扶持天下之正論。而詭隨迎合以售其私者，一無有焉。」

雲莊孫經書胡玉齋所著《易啓蒙通釋》曰：「嘗記兒時從家庭授《易》，聞之先君子云，昔晦庵之講學于雲谷也，我先文簡、雲莊兄弟與西山父子游從最久。講論四書之餘，必及於《易》。與諸生時凌絶頂登眺，觀天地八極之大，察陰陽造化之妙。蓋其胸中已有真易一部在宇宙間，故其所論象數義理，自有以見其實而造其微。晦庵及雲莊皆谷中書室名。」

考亭淵源録卷之十

傅伯成

傅伯成，字景初，吏部員外郎察之孫。少從朱熹學。登隆興元年進士第，調連江尉。試中教官科，授明州教授。以年少，嫌以師自居，日與諸生論質往復，後多成才。改知閩清縣，丁父艱。服除，知連江縣。東湖溉田餘二千頃，隄壞即下流南港。爲右隄三百尺，民蒙其利。

慶元初，召爲將作監，進太府寺丞。言吕祖儉不當以上書貶。又言於御史，朱熹大儒，不可以僞學目之。又言朋黨之敝，起於人主好惡之偏。坐是不合，出知漳州，以律己愛民爲本。推熹遺意而遵行之，創惠民局濟民病，以革禨鬼之俗。❶ 由郡南門至漳浦，爲橋三十五，治道千二百丈。兩爲部使者，遷工部侍郎。時權臣方開邊，語尚秘。伯成言：「天下之勢，譬如乘舟。中興且八十年矣，外而望之，舟若堅緻，歲月既久，罅漏寖多。苟安旦夕，猶恐覆敗，乃欲儌倖圖古人之所難，臣則未之知也。」相府災，同列相率唁丞相，或以爲偶然者。伯成正色謂：「天意如此，官師相規時也，以爲偶然乎？」丞相色動。遂陳三事：一曰失民心，

❶「禨」，原作「機」，據《宋史·列傳第一百七十四》改。

二曰隳軍政，三曰啓邊釁。進右司郎官。權幸有私謁者，皆峻拒之。出爲湖廣總領。

朝議欲納金人之叛降者，伯成言：不宜輕棄信誓，乞戒將帥毋生事。御史中丞鄧友龍遂劾伯成，罷之。嘉定元年，召對，面論：「前日失於戰，今日失之和。北使雖返，要求尚多。陛下不獲已，悉從之，使和議成，猶可以紓一時之急。否則虚帑藏以資敵人，驅降附以絶來者，非計也。今之策雖以和爲主，宜惜日爲戰守之備。」權户部侍郎。史彌遠初拜相，麻詞有「昆命元龜」之語。閩帥倪思以爲不當用，御史劾罷思。伯成因對，及其事。帝曰：「過當者再。」對曰：「思固過當，但恐摧抑太過，遂塞言路。乞明詔臺諫侍從，竭盡底藴，無以思爲戒。」李璧謫居撫州，伯成言：「侂胄之誅，璧與有功。不酬近功，乃追前罪。他日負罪之臣，不容以功贖過矣。」伯成未爲諫官也，嘗言：「彌遠謀誅侂胄，事不遂則其家先破，侂胄誅而史代之，勢也。諸公要相協和，共議國事。若立黨相擠，必有勝負，非國之福。」又勸丞相錢象祖：「安危大事，以死争之；差除小者，何必乖異。」

拜左諫議大夫，抗疏十有三，皆軍國大義。或致彌遠意，欲使有所彈劾，謂將引以共政。謝之曰：「吾豈傾人以爲利哉。」疏乞詔大臣以公滅私。左遷權吏部侍郎，以集英殿脩撰知建昌府。蔡元定謫死道州，歸葬建陽，乃雪其冤於朝。

進寶謨閣待制，知鎮江府。全活饑民，瘞藏野殍，不可勝數。制置司欲移焦山防江軍於圌山石碑，伯成謂：「虚此實彼，利害等耳。包港在焦圌之中，不若兩砦之兵迭戍焉。」圌山砦兵素與海盗爲地，伯成廉知姓名，會郡都試，捕而鞫之，無一逸去。獄具，請貸其死，黥隸諸軍。嘉定八年，召赴闕，辭，不獲。行至莆，拜疏曰：「臣病不能進矣。」除寶謨閣直學士、通奉大夫，致仕。

理宗即位，拜直學士，落致仕，予祠，賜金帶。伯成辭免，乃進昭明天常、扶持人極之説。詔進一官。寶慶元年，與楊簡同召，尋加寶文閣學士，提舉佑神觀，奉朝請。雖力以老病辭，而愛君憂國之念不少衰。聞大理評事胡夢昱坐論事貶，慼然語所親曰：「向吕祖儉之謫，吾爲小臣，猶嘗抗論。今蒙國恩叨竊至此而不言，誰當言者？」遂抗疏曰：「臣恐陛下不復聞天下事矣。方今内無良吏，田里怨咨。外無名將，邊陲危急。而廉耻道喪，風俗益媮，賄賂流行，公私俱困。謂宜君臣上下，憂邊恤民，以彌禍亂。奈何今日某人言某事，未幾而斥，明日某人言某事，未幾而斥，則是上疏者以共工、驩兜之刑加之矣。昔韓愈論後世人主奉佛，運祚短促。唐憲宗大怒，將抵以死。自崔群、裴度、戚里諸賢皆爲愈言，止貶潮州，尋復内徙。今上疏者非可愈比，然在列之臣，無一爲言者，萬一死於瘴癘，陛下與大臣有殺諫者之謗，史册書之，有累聖治。臣垂盡之年，與斯人相去風馬牛之不相及，獨以受恩優異，效其瞽言。」不報。明年，加龍圖閣學士，轉一官，提舉鴻慶宫。復辭。

伯成純實無妄，表裏洞達。每稱人善，不啻如己出。語及姦人誤國，邪人害正，詞色俱厲，不少假借。常慕尸諫，疏草畢，亟命繕寫，朝服而逝，年八十有四。贈開府儀同三司。端平三年，賜謚「忠簡」。

鄭性之

鄭性之，字信之，初名自誠，後改今名，福州人。弱冠從朱熹學。嘉定四年進士第一，歷官知贛州，改知隆興府。後以寶章閣待制，提舉玉隆萬壽宫。進華文閣待制，提舉上清太平宫。進敷文閣待制，知建寧府。端平元年，召爲吏部侍郎。入對，言：「陛下大開言路，以通壅蔽。心苟愛君，誰不欲言？言不切直，何能感動？譬如積水，久壅一決，其勢必盛，其聲必激。故言者多則易於取厭，言之激則難於樂受。若少有厭倦，動於詞色，則讒諂乘間，或不自知矣。」又言：「願陛下明詔百辟，滌去舊染，一以清白相師。權之所在，勢所必趨。恐懼戒謹，尤防其微，以保終譽，毋招謗議，則朝綱肅而國體尊矣。」又曰：「爲君者不以堯、舜自期，則無善治。告君者不陳堯、舜之道，則無遠猷。」擢左諫議大夫，言：「臺臣交章互詆，願陛下監古今天下安危之變，君子小人消長之機，公以處之，迺得其當。況夫聽言之道，宜以事觀。若言果有關國體，有補治道，有益主德，則言之過激，夫亦何傷。彼雖求名，我實有益。惟虚心納善，若決江河，則激者自平。」拜端明殿學士、僉書樞密院事，進同知樞密院事，兼權參知政事。尋拜參知政事，兼同知樞密院事。尋知樞密院事，兼參知政事。加觀文殿學士，致仕。寶祐二年卒。

蔡　抗

蔡抗，字仲節，處士元定之孫。從朱熹學，舉紹定二年進士，其後差主管尚書刑、工部架閣文字。召試館職，遷秘書省正字，陞校書郎，兼樞密院編修官。遷諸王宫大小學教授。疏奏：「權姦不可復用，國本不可不早定。」帝善其言，遷樞密院編脩官，兼權屯田郎官。歷遷權吏部尚書，加端明殿學士，同僉書樞密院事，兼同知樞密院事。拜參知政事，落職予祠。起居郎林存請加竄削，從之。未踰年，復端明殿學士，提舉洞霄宫。乞致仕。轉一官,守本官職致仕。卒,謚「文簡」。以犯祖諱,更謚「文肅」。

吴獵

吴獵,字德夫,潭州醴陵人。舉進士。初,主潯州平南簿。時張栻經略廣西,以獵薦。尋知常州無錫縣。用陳傅良薦,召試,守正字。光宗以疾,久不覲重華宫,獵上疏曰:「今慈福有八十之大母,重華有垂白之二親,陛下宜於此時問安上壽,恪恭子職。」辭甚切。又白宰相留正,乞召朱熹、楊萬里。時陳傅良以言過宫事不行,求去,獵責之曰:「今安危之際,判然可見,未聞有牽裾折檻之士。公不於此時有所奮發,爲士大夫倡,第潔身而去,於國奚益。」傅良爲改容謝之。

寧宗即位,遷校書郎,除監察御史。上趣修大内,將移御。獵言:「壽皇破漢、魏以來之薄俗,服高宗三年之喪。陛下萬一輕去喪次,將無以慰在天之靈。」又言:「陛下即位,未見上皇。宜篤厲精誠,以俟上皇和豫而祇見焉。」會僞學禁興,獵言:「陛下臨御未數月,今日出一紙去宰相,明日出一紙去諫臣,昨又聞侍講朱熹遽以御批畀祠。中外惶駭,謂事不出於中書,是謂亂政。」獵既駁史浩謚,又請以張浚配享阜陵,曰:「艱難以來,首倡大義,不以成敗利鈍異其心。精忠茂烈,貫日月,動天地,未有過於浚也。孝宗規恢之志,一飯不忘。歷考相臣,終始此念,足以配孝宗在天之靈,亦惟浚一人爾。」議皆不合,出爲江西轉運判官,尋劾罷。久之,黨禁弛,起漕廣西,除户部員外郎,總領湖廣、江西、京西財賦。

韓侂胄議開邊,獵貽書當路,請號召義士以保邊埸,刺子弟以補軍實,增東陽、信陽之戍以備衝突,分屯陽羅五關以扞武昌，杜越境誘竊以謹邊隙，選試良家子以衛府庫。且謂：「金人懲紹興末年之敗，今其來，必出荆、襄，踰湖。」乃輸湖南米於襄陽，凡五十萬石，又以湖北漕司和糴米三十萬石，分輸荆、郢、安、信四郡。蓄銀帛百萬計，以備進討。拔董逵、孟宗政、柴發等，分列要郡。厥後皆爲名將。召除秘書少監，首陳邊事，乞增光、鄂、江、黄四郡戍。屬江陵告饑，除秘閣修撰，主管荆湖北路安撫司公事，知江陵府。陛辭，請出大農十萬緡以賑饑者。道武昌，遣人招商分糴。至郡，減價發糶，米價爲平。獵計金攻襄陽，則荆爲重鎮。乃修成「高氏三海」。築金鸞、内湖、通濟、保安四匱，達于上海而注之中海；拱辰、長林、藥山、棗林四匱，達于下海。分高沙、東獎之流，由寸金堤外歷南紀、楚望諸門，東匯沙市，爲南海。又於赤湖城西南遏走馬湖、熨斗陂之水，西北寘李公匱，水勢四合，可限戎馬。

金人圍襄陽、德安，游騎迫竟陵。朝廷命獵節制本路兵馬，獵遣張榮將兵援竟陵，招神馬陂潰卒，得萬人，分授襄陽、德安。加寶謨閣待制、京湖宣撫使。時金人再犯竟陵，張榮死之，襄陽、德安俱急。吴曦俄反于蜀。警報至，獵請魏了翁攝參議官，訪以西事，募死士入竟陵，命其將王宗廉死守。調大軍及忠義保捷，分道夾擊，金人遂去。又督董逵等援德安，董世雄、孟宗政等解襄陽之圍。西事方殷，獵爲討叛計，請于朝，以王大才、彭輅任西事，仍分兵抗均、房諸險。尋以敷文閣學士兼四川安撫處置使。

嘉定六年召還，卒。有奏議六十卷及《畏齋集》。獵初從張栻學，乾道初，朱熹會栻于潭，獵又親炙。湖湘之學，一出于正，獵實表率之。

項　安　世

項安世，字平父，江陵人。淳熙二年進士，歷正字、户部員外郎。光宗以疾，不過重華宫，安世上書言：「陛下仁足以覆天下，而不能施愛於庭闈之間；量足以容群臣而不能忍於父子之際。以一身之寄於六軍、萬姓之上，有父子然後有君臣，願陛下自入思慮。父子之情，終無可斷之理；愛敬之念，必有油然之時。聖心一回，何用擇日。早往則謂之省，暮往則謂之定。即日就駕，旋乾轉坤，在反掌間爾。」疏入不報。

朱熹召至闕，未幾，予祠。安世率館職上書留之，言：「御筆除熹宫祠，不經宰執，不由給舍，徑使快行，直送熹家。竊揣聖意，必明知熹賢，不當使去，宰相見之必執奏，給舍見之必繳駁，是以爲此駭異變常之舉也。夫人主患不知賢爾，明知其賢而明去之，是示天下以不復用賢也。人主患不聞公議爾，明知公議之不可犯而明犯之，是示天下以不復顧公議也。且熹本一庶官，在二千里外。陛下即位未數日，即加號召，畀以從官，俾侍經幄，天下皆以爲初政之美。供職甫四十日，即以内批逐之，舉朝驚愕，不知所措。臣願陛下謹守紀綱，毋忽公議，復留朱熹，使輔聖學，則人主無失，公議尚存。」不報。俄爲言者劾去，通判重慶府。未拜，以僞黨罷。

安世素善吴獵，二人坐學禁，久廢。開禧用兵，獵起帥荆渚，安世方丁内艱。起復，知鄂州。俄淮漢師潰，薛叔似以怯懦爲侂胄所惡，安世因貽侂胄書，其末曰：「偶送客至江頭，飲竹光酒，半醉，書不成字。」侂胄大喜曰：「平父乃爾閒暇。」遂除户部員外郎、湖廣總領。會叔似罷，金圍德安益急，諸將無所屬。安世不俟朝命，徑遣兵解圍。高悦等與金人力戰，馬雄獲萬户，周勝獲千户，安世第其功以聞。獵代叔似爲宣撫使，尋以宣諭使入蜀。朝命安世權宣撫使，又陞太府卿。有宣撫幕官王度者，獵客也。獵與安世素相友，及安世招軍，名項家軍，多不逞，好虜掠。獵斬其爲首者，安世憾之，至是斬度於大别寺。獵聞于朝，安世坐免。後以直龍圖閣爲湖南轉運判官，未上，用臺章奪職而罷。

嘉定元年卒。所著《易玩辭》《詩中庸説》《周禮丘乘説》《海藁》十五卷，行于世。

董銖

董銖，字叔重，饒州德興人。晚年登科，仕至從事郎、婺州金華縣尉。嘉定甲戌，年六十三，卒。黄榦誌其墓，其略曰：「叔重天資警敏，勵志於學，自其少年，已爲鄉閭所稱道。叔重亦自負，以功名可唾手致也。既冠，從鄉之儒先程公洵遊，語以晦庵先生所以教人者。叔重盡棄所學，取《大學》《中庸》《語》《孟》諸書，日夜玩習。裹糧入閩，摳趨函丈，不憚勞苦。先生亦愛其勤且敏，不倦以教之。嘗語之曰：『更宜深察義利之訓，反求諸身，推類窮經，漸次銷伏。使日用之間，全在義理上立脚，方是講學之地。』又曰：『日用工夫，更於收拾持守中，就思慮萌處察其孰是天理，孰是人欲，取此舍彼，以致敬義夾持之功。讀書須是就自己分上體察出來，庶幾得力。』又曰：『此心操則自存。動静始終，不越乎敬之一字。伊洛拈出此字，乃是聖賢學之真的要妙工夫。學者於此着實用功，不患不至聖賢之域。』又曰：『更宜加意涵養於日用動静之間，不然，徒爲空言，無益而有害也。』先生嚴重剛毅，雖樂於教人，然非其資禀志尚可與適道，未嘗陵節施也。觀其告叔重之語，精切懇到如此，非愛之深、望之至也耶？則叔重爲人亦可知矣。叔重學益勤，志益苦，往來師門，率不一二歲輒一至，至必越累月而後歸。故於先生之書無不通，而操存持守，不負其所教。慶元初，先生歸自講筵，日與諸生論學於竹林精舍，命叔重長其事。諸生日所誦習，叔重先與之反覆辯難，然後即先生而折衷焉。僞學之禁方嚴，有平日從學而不通書問者；有諱言其學而更名他師者；有變節改行，狂歌痛飲，抗達市肆以自污者；有昔嘗親厚恨不薦己而反擠之者；至其深相愛者，亦勉以散遣生徒爲遠害計。諸生雖從學，亦有爲之搖動，亦託辭以告歸者。叔重正色責之，喻以理義，然後諸生翕然以定。非其見之明，守之剛，能若是乎！」

備　遺

銖問：「或曰：天地之數五十有五，而大衍之數五十，何也？銖切謂天地之所以爲數，不過五而已。五者數之祖也，蓋參天兩地，三陽而二陰，三二各陰陽，錯而數之，所以爲數五也。是故三其三，三其二，而爲老陽、老陰之數；兩其三，一其二，而爲少陰之數；兩其二，一其三，而爲少陽之數：皆五數也。河圖自天一至地十，積數凡五十有五，而其五十者，皆因五而後得。故五虛中若無所爲，而實乃五十之所以爲五十也。一得五而成六，二得五而成七，三得五而成八，四得五而成九，五得五而成十。無此定數，則五十者何自求耶。洛書自一五行至九五福，積數凡四十有五，而其四十者，亦皆因五而後得。故五亦虛中若無所爲，而實乃四十之所以爲四十也。一六共宗，而爲太陽之位數。二七共朋，而爲少陽之位數。三八成友，而爲少陰之位數。四九同道，而爲太陰之位數。不得此五數，何以成此四十也。即是觀之河圖、洛書，皆五居中，而爲數宗祖。大衍之數五十者，即此五數衍而成之，各極其十，則合爲五十也。是故五數散布於外爲五十，而爲河圖之數；散布於外爲四十，而爲洛書之數；衍而極之爲五十，而爲大衍之數，皆自此五數始耳。是以於五行爲土，於五常爲信。水、火、木、金不得土不能各成一氣；仁、義、禮、智不實有之，亦不能各爲一德。此所以爲數之宗，而揲蓍之法，必衍而極於五十，以見於用也。不知是否？」文公答曰：「此說是。」

銖又問：「河圖之數，不過一奇一耦，相錯而已。故太陽之位，即太陰之數。少陰之位，即少陽之數。少陽之位，即少陰之數。太陰之位，即太陽之數。見其迭陰迭陽，陰陽相錯，所以爲生成也。天五地十居中者，地十亦天五之成數。蓋一、二、三、四已含六、七、八、九者，以五乘之故也，蓋數不過五也。洛書之數，因一、二、三、四以對九、八、七、六，其數亦不過十。蓋太陽占第一位，已含太陽之數；少陰占第二位，已含少陰之數；少陽占第三位，已含少陽之數；太陰占第四位，已含太陰之數。雖其陰陽各自爲數，然五數居中，太陽得五而成六，少陰得五而成七，少陽得五而成八，太陰得五而成九，則與河圖一陰一陽相錯而爲生成之數者，亦無以異也。不知可如此看否？《啓蒙》言：『其數與位，皆三同而二異。』三同謂一、二、五，二異謂河圖之二在洛書則爲九，河圖之四在洛書則爲七也。蓋一、三、五，陽也。二、四，陰也。陽不可易而陰可易，陽全陰半，陰常從陽也。然七、九特成數之陽，所以成二、四生數之陰。則雖陽而實陰，雖易而實未嘗易也。不知是否？」文公答曰：「所論甚當。河圖相錯之說尤佳。」

陳文蔚

陳文蔚，字才卿，信州上饒人。自少資稟穎異，十三能文。既壯，從游于朱子之門，深造自得，以斯道自任。隱居教授，屢聘不起。講學鉛山，著《尚書編類》十三卷。端平中，守臣上其書，詔補迪功郎。嘉熙己亥卒，年八十六。又有《克齋藁》三十五卷。

備遺

文蔚云：「徐子融嘗有一詩，末句云『精一危微共一心』，文蔚答之曰：『固知妙旨存精一，須别人心與道心。』」先生曰：「他底未是，只是答他底亦慢，下一句救得少緊。當云：須知妙旨存精一，正爲人心與道心。」

子融謂：「枯槁之中，有性有氣，故附子熱，大黄寒。此性是氣質之性。」才卿謂：「即是本然之性。」曰：「子融認知覺爲性，故以此爲氣質之性。性即是理，有性即有氣。是他稟得許多氣，故亦只有許多理。才卿謂有性無仁，此説亦是。是他元不曾稟得此道理，惟人則得其全。如動物，則又近人之性矣。」

文蔚與先生書曰：「今歲已辭趙館。上饒徐簿招教子弟，周彦安、趙司户皆遣子弟來學。所幸事簡，可以讀書。兼文蔚自覺有褊急之病，徐簿却甚寬緩，日夕相聚，不無所助。但渠目今有部運之役，相别動是數月，使人悵怏爾。先生還山間，尊體想甚怡適。學者往來絡繹，當有進道精勇者。文蔚近誦《詩》，乃平日所未講。今且理會訓詁，將正文優游諷咏。不能得其意，却驗之諸家之説，而折衷以先生《集傳》，方此下工，他日當請益也。近略見玉山縣學所録答問語，覺見皆是平日所聞者，似無可疑。此間士友多疑非先生言，謂其出於學者附會。有雖知非附會，而亦疑其離析太過。文蔚再欲詳觀，竟未得其本。此間却有子顔徐丈，持守頗嚴，時復相聚，亦能使人向前。但於先生此説，亦未能釋然爾。文蔚去歲所答李守約書，令嗣敬之收去，不審曾再呈否？慮有未穩，切望開示。」先生答書云：「子顔一室蕭然，有以自樂，令人敬嘆。看《詩》且如此，亦佳。大凡讀書，須且虚心參驗，久當自見，切忌便作見解主張也。玉山所説當已見之，若嫌離析，却教他捏作一團也。所答守約書，大概得之，更當虚心玩味，當更純熟也。」

問：「私意竊發，隨即鉏治，雖去枝葉，本根更在，感物又發，如何？」曰：「只得如此。所以曾子『戰戰兢兢，如臨深淵，如履薄冰』。」

才卿以右手拽凉衫，左袖口偏於一邊。先生曰：「公昨夜説手容恭，今却如此。」才卿赧然，急叉手鞠躬曰：「忘了。」先生曰：「爲己之學有忘耶？向徐節孝見胡安定，退，頭容少偏，安定忽厲聲云：『頭容直。』節孝自思不獨頭容要直，心亦要直。自此更無邪心。學者須是如此始得。」才卿問：「色容莊最難。」曰：「心肅則容莊，非是外面做那莊出來。」

「詳來示，知日用工夫精進如此，尤以爲喜。若知此心此理端的在我，則參前倚衡，自有不容捨者，亦不待求而得，不待操而存矣。格物致知，亦是因其所已知者推之，以及其所未知。只是一本，元無兩樣工夫也。新詩甚佳。康節胸懷未易窺測，須更於實地加功。若只就之乎者也上學他，恐無交涉也。」

文蔚《進尚書編類表》，終篇云：「竊謂《書》者精一之旨，首傳於三聖彝倫之叙，備闡於九疇。天文稽七政之齊，地理載九州之貢。揖遜征誅，心同而迹異。侯甸男衛，理一而分殊。拔伊尹於耕野之微，相傅説於築巖之賤。官制刑以儆有位，德好生以洽民心。《無逸》俾知於艱難，《酒誥》深懲於沉湎。鼎耳雉鳴，則祖己之訓入。西旅獒獻，則召公之戒陳。以至用人建官，大則公孤師傅惟其人，微則侍御僕從罔匪正。非其人，何以經邦而論道；不以正，未免親佞而狎邪。所繫非輕，誠宜罔忽。凡此皆理國安民之要，亦豈無統宗會元之方。要知典學之一言，是乃尊經之明法。」

徐僑在講次，理宗問考亭門人，僑奏：「上饒陳文蔚，臣嘗令諸子師事之，知之尤審。先師朱熹與臣書，亦云其人有立作，看道理極仔細。」上曰：「聞其曾著《書》傳。」僑奏：「文蔚亦嘗以數篇示臣，相與參訂。其解釋坦明易見。陛下倘命守臣給筆札，具録來上，而於是經玩繹焉，則帝王傳心建極之要道盡在是矣。」至是特補文蔚初品官，俾上所著《書》傳。

輔　廣

輔廣，字漢卿，慶源人。居嘉興。初事吕祖謙，後卒業于考亭。淳謹勤恪，學禁嚴，廣不爲動。嘉定間奉祠，歸隱語溪，著《五經註釋》《語孟答問》一云《纂疏》。《詩童子問》《通鑑集義》《日新録》《師訓編》。稱傳貽先生，别號潛庵。

備　遺

文公答漢卿書曰：「示喻所疑，足見探討不倦之意。前時所報，實有錯誤，已令直卿仔細報去矣。熹向於《中庸章句》中嘗著其説，今并録去，可見前説之誤也。漢卿身在都城俗學聲利場中，而能閉門自守，味衆人之所不味。雖向來金華同門之士，亦鮮有見其比者。區區之心，實相愛重，但恨前日相見不款，今又相去之遠，無由面講以盡鄙意。更幾勉力，卒究大業。」

又答曰：「讀書既有味，想見自住不得。近看舊作諸書，其間有説未透處，見此略加刊削，深覺義理之無窮也。」

文公答吕子約書曰：「風色愈勁，精舍諸生方幸各散去。今日漢卿忽來，甚不易。渠能自拔。向在臨安相聚，見伯恭舊徒，無及之者。説話儘有頭緒，好商量，非路德章諸人之比也。」

或謂漢卿多禪語，賀因云前承漢卿教訓，似主静坐澄清之語。先生曰：「静坐自是好。」廣請于先生，求居敬窮理四字。先生曰：「自向裏做工夫，何必此。」因言昔羅隱從錢王巡錢塘城，見樓櫓之屬，佯爲不曉而問曰：「此何等物？」錢曰：「此爲樓櫓。」又問何用，錢曰：「所以禦寇。」曰：「果能爾，則當移向内施之。」蓋風之以寇在内故也。漢卿請於先生曰：「先生昨日言，廣言動問多輕率，無那其言也訒底意思，此深中廣之病。蓋舊年讀書到適然有感發處，不過贊嘆聖賢之善耳，都不能玩以養心。自到師席之下，一日見先生泛説義理不是面前物，皆吾心固有者，如道家説存想法，所謂鉛汞龍虎之屬，皆人身内所有之物。又數日，廣誦義理，又向外去。先生云：『前日説與公，道皆吾心固有，非在外之物。』廣不覺怵然有警于心。廣問戒謹不睹、恐懼不聞與謹獨兩段。廣思之，便是惟精惟一底工夫。戒謹恐懼，持守而不失，便是惟一。謹獨，則於善惡之幾，察之愈精愈密，便是惟精底工夫。但《中庸》論道不可離，則先其戒謹而後其謹獨。舜論人心、道心，則先其惟精而後其惟一。」曰：「兩事皆少不得惟精惟一底工夫。不睹不聞時，固當持守，然不可不察；謹獨時，固當致察，然不可不持守。」

先生問：「誠、敬二字，如何看。」廣云：「先敬然後誠。」曰：「且莫理會先後，敬是如何，誠是如何？」廣曰：「敬是把捉工夫，誠則到自然處。」曰：「敬也有把捉時，也有自然時。誠也有勉爲誠時，亦有自然誠時。且説此二字義。敬只是箇收斂畏懼，不縱放。誠只是箇朴直慤實，不欺誑。初時須著如此，不縱放，不欺誑，到得工夫到時，則自然不縱放，不欺誑矣。」

先生諭廣曰：「今講學也只如此，更須於主一上做工夫。若無主一工夫，則所講底義理無安着處，都不是自家物事。若有主一工夫，則外面許多義理方始爲我有，都是自家物事。工夫到時，纔主一，便覺意思好，卓然精明。不然，便緩散消索了，没意思。孟子説：『學問之道無他，求其放心而已。』所謂求放心者，非是别去求箇心來存着，只纔覺放，心便在此。孟子又曰：雞犬則知求之，心放則不知求。某嘗謂雞犬猶是外物，纔放了，須去外面捉將來。若是自家心，更不用别求，纔覺，便在這裏。雞犬放，猶有求不得時，自家心則無求不得之理。」

先生舉伊川説曰：「人心有主則實，無主則虚。又一説却曰，有主則虚，無主則實。公且説看是如何。」

廣云：「有主則實，謂人具此實然之理故實。無主則實，謂人心無以私欲爲主故實。」先生曰：「心虛則理實，心實則理虛。有主則實，此實字是好，蓋指理而言也。無主則實，此實字是不好，蓋指私欲而言也。以理爲主，則此心虛明，一毫私意着不得。譬如一泓清水，有少許砂土便見。」

廣問：「人之思慮有邪有正，若大段邪僻之思，却容易制，惟是許多無頭面，不緊要底思慮，不知何以制之。」曰：「此亦無他，只是覺得不當思量底，便莫要思，便從脚下做將去，久久純熟，自然無此等思慮矣。譬如人坐不定者，兩脚常要行，但纔要行時，便自省覺莫要行。久久純熟，亦自然不要行而坐得定矣。又如人有喜做不要緊事如寫字作詩之屬，初時念念要做，更遏捺不得。若能將聖賢言語來玩味，見得義理分曉，則漸漸覺得此重彼輕。久久不知不覺，自然剥落消殞去，何必横生一念，要得别尋一捷徑盡去了意見，然後能如此。」

真德秀跋《文公與漢卿帖》曰：「嘉定初年，識公都城。容止氣象，不類東南人物。話言所及，皆諸老先生典刑。私竊起敬。當時達官貴人有知公者，舉措少不合物情，公輒盡言規戒。會中執法新受命，遂劾公。然在朝時未知所坐果何事。後二十餘年，乃見公上政府書一通，其論是非成敗，至今無一語弗驗。嗚呼賢哉！」

考亭淵源録卷之十一

潘時舉

潘時舉，字子善，台州天台人。嘉定中，爲國子正録。

備遺

先生問時舉觀書如何，時舉自言，常苦於粗率，無精密之功，不知病根何在。曰：「不要討甚病根，但知道粗率，便是病在這上，便更加仔細便了。今學者亦多來求病根，某向他説，頭痛炙頭，脚痛炙脚，病在這上，只治這上便了，更别討甚病根也。」

先生問時舉看《易》如何，曰：「只看《程易》，見其只就人事上説，無非日用常行底道理。」曰：「《易》最難看，須要識聖人當初作《易》之意。且如《泰》之初九『拔茅茹，以其彙，征吉』，謂其引賢類進也。都不正説，而云拔茅，何耶？如此之類，要須思看。熹之《啓蒙》自説得分曉，且試去看。」因云：「熹少時看文字時，凡見有説得合道理底，須旁搜遠取，必要看得他透。今之學者多不如是，如何？」時舉退看《啓蒙》，晚往侍坐，時舉曰：「向者看《程易》只就注解上生議論，却不曾靠得《易》看，所以不見聖人作《易》之本意。今日看《啓蒙》，方見得聖人一部《易》，皆是假借虛設之辭。蓋緣天下之理，若正説出，便只作一件用。惟以象言，則當卜筮之時，看是甚事，都來應得。如《泰》初九，若正作引賢類進説，則後便只作得引賢類進用。唯以拔茅茹之象言之，則其他事類此者皆可應也。《啓蒙·警學》篇云：『理定既實，事來尚虛。用應始有，體該本無。』便見得《易》只是虛設之辭，看事如何應耳。」先生頷之。

先生答子善書曰：「所論爲學之意善矣，然欲專務静坐，又恐墮落那一邊去。只是虛着此心，隨動隨静，無時無處不致其戒謹恐懼之力，則自然主宰分明，義理昭著矣。然著箇『戒謹恐懼』四字，已是壓得重了。要之只是略綽提撕，令自省覺，便是工夫也。」

先生歷言諸生之病甚切，謂：「時舉看文字，也却細膩親切，也却去身上做工夫，但只是不去正處看，却去偏傍處看。如與人説話相似，不向面前看他，却去背後尋索，以爲面前説話皆不足道。此亦不是些小病痛。想見日用工夫，也只去小處理會。此亦是立心不定故爾，切宜戒之。」

時舉問：「『日夜之所息』，舊兼止息之義，今只作生息之義，如何？」曰：「近看得只是此義。」時舉云：「凡物日夜固有生長。若良心既放而無操存之功，則安得自能生長？」曰：「放去未遠，故亦能生長。但夜間長得三四分，日間所爲，又做了七八分，却摺轉來都消磨了這些子意思，此所以終至於梏亡也。」

先生謂時舉曰：「大凡爲學有兩様，一者是自下面做上去，一者是自上面做下來。自下面做上者，便是就事上硬尋箇道理湊合將去，得到上面極處，亦只一理。自上面做下者，先見得箇大體，却自此而觀事物，見其莫不有箇當然之理，此所謂自大本而推之達道也。若會做工夫者，須從大本上理會將去便好。昔明道在扶溝，謂門人曰：『爾輩在此只是學某言語，盍若行之。』謝顯道請問焉，却云：『且静坐。』」時舉因云：『雷在地中，復。先王以至日閉關，商旅不行，后不省方。』在學者分上説，便是要安静涵養這些子善端耳。」曰：「若着實做工夫，要知這説話也不用説。若會做工夫，便一字也來這裏使不着。此説熹不欲説與人，却恐學者聽去，便做空虚認了。且如程門中如游定夫，後來説底話大段落空，無理會處，未必不是在扶溝時只恁地聽了。」時舉因言平日學問次第。先生曰：「此心自不用大段拘束他，他既在這裏，又向那裏討他。要知只是争箇醒與睡着耳。人若醒時，耳目聰明，應事接物便自然無差錯處。若被私慾引去，便一似睡着相似。只更與他唤醒，纔醒又便無事矣。」時舉因云：「釋氏有豁然頓悟之説，不知使得否，不知倚靠得否？」曰：「熹也曾見叢林中有言頓悟者，後來看這人也只尋常。如陸子静門人，初見他時，常云有所悟，後來所爲，却更顛倒錯亂。看來所謂豁然頓悟者，乃是當時略有所見，覺得果是淨潔快活，然稍久則却漸漸淡去了，何嘗倚靠得。」時舉云：「舊時也有這般狂底時節，以爲聖人便即日可到。到後來果如先生所云，漸漸淡了。到今却只得逐旋挨去。然早上聞先生賜教云：『諸生工夫不甚超詣。』時舉退而思之，不知如何便得超詣。」曰：「只從大本上理會，亦是逐旋挨去，自會超詣。」

曼亞夫問「子行三軍則誰與」。先生曰：「三軍要勇，行三軍者要謀，既好謀，然須要成事。蓋人固有好謀而事不成者，却亦不濟事。」時舉因云：「謀在先，成在後，成非勇亦不能決。」先生曰然。

子善問：「『其次致曲』與《易》中『納約自牖』之意亦略相類。『納約自牖』是因人之明而道之，『致曲』是因己之明而推之，是如此否？」先生曰：「正是如此。」

胡泳

胡泳，字伯量，南康建昌人，別號桐原。著《四書衍説》。弟伯履，號西園。兄弟孝友，人無間言。又推其施之家者達之鄉，有《南康胡氏鄉約》。

備遺

泳問：「每日暇時略静坐以養心，但覺意自然紛起，要静越不静。」曰：「程子謂心是活底物事，如何窒定，教他不思？只是不可胡亂思。纔着箇要静底意思，便是添了多少思慮。且不要恁地拘迫他，須自有寧息時。」又曰：「要静便是先獲，便是助長，便是正。」

伯量問：「南軒所謂敬者，通貫動静内外而言。泳嘗驗之，反見得静時工夫少，動時工夫多，少間，隨事逐物去了。」曰：「隨事逐物也莫管他，有事來時須着應他，也只得隨他去。只是事過了，自家依舊來這裏坐。所謂動亦敬，静亦敬也。」又問：「但恐静時工夫少，動時易得撓亂耳。」曰：「如何去討静得？有事時須着應。且如早間起來，有許多事，不成説事多撓亂人，我且去静坐。不是如此。無事時固是敬，有事時敬便在事上。」

泳問：「林子武以謹獨爲後，以戒懼爲先。謹獨以發處言，覺得也是在後。」曰：「分得也好。」又問：「余國秀謂戒懼是保守天理，謹獨是檢防人欲。」曰：「也得。」又問：「覺得戒謹恐懼與謹獨，也難分動静。静時固戒謹恐懼，動時又豈可不戒謹恐懼。」曰：「上章言『道不可須臾離』，此言『戒懼乎其所不睹不聞』，與謹獨皆是不可離。」又問：「泳欲謂戒懼是其常，謹獨是謹其所未發。」曰：「如此説也好。」又曰：「言『道不可須臾離』，故言『戒謹恐懼其所不睹不聞』。言『莫見乎隱，莫顯乎微』，故言『謹獨』。」又曰：「戒謹恐懼是由外言之，以盡於内。謹獨是由内言之，以及於外。」問：「自所睹所聞以至於不睹不聞，自發於心以至見於事，如此方説得『不可須臾離』出。」曰：「然。」

泳曰：「切謂因物欲之淺深，可以見氣質之昏明。猶因惻隱羞惡，可以見仁義之端也。」曰：「也是如此。」

潘柄

潘柄，字謙之。年十六，從文公游。晚著《四書講説》《易解》《尚書解》。别號瓜山。

備遺

晦翁答謙之書曰：「所喻心性分别，不知後來見得如何？性只是理，情是流出運用處。心之知覺即所以具此理而行此情者也。以智言之：所以知是非之理，則智也，性也；所以知是非而是非之者，情也；具此理而覺其爲是非者，心也。此處分别，只在毫釐之間。精以察之，乃可見耳。愛恭宜别、喜怒哀樂，皆情也。以前説推之，可以三隅反矣。」

又書曰：「所示問目，如伊川亦有時教人静坐，然孔孟以上却無此説。要須從上推尋，見得静坐與觀理，兩不相妨，乃爲的當爾。《易説》大概得之。但一陰生之卦，本取一陰而遇五陽之義，今如此説亦佳，但更須仔細看。不知能兼此兩意否？《萃》卦三句是占詞，非發明萃聚之意也。此是諸儒説《易》之大病，非聖人係辭焉而明吉凶之意。卜田之吉占，特於《巽》之六四言之，此等處有可解者，有不可解者，只得虚心玩味，闕其所疑，不可强穿鑿也。『成性』『成之者性』，成字義同而用異。『成性』是已成之性，如言成説、成法、成德、成事之類。『成之者性』是成就之意，如言成己、成物之類。『神之所爲』與『祐神』同，與『神德行』之神小異。法象變通，如此説亦得，但不免微有牽合之病耳。近日别看甚文字？有疑幸語及也。」

問：「尋常於存養時，若擡起心，則急迫而難久，纔放下則又散緩而不收，不知如何用工方可。」曰：「只是君元不曾放得下也。」問：「凡人之心，不存則亡，而無不存不亡之時。故一息之刻，不加提省之力，則淪於亡而不自覺。天下之事，不是則非，而無不是不非之處。故一事之微，不加精察之功，則陷於惡而不自知。柄近見如此，不知如何。」曰：「道理固是如此，然初學後亦未能便如此也。」

楊復

楊復，字志仁，福州長溪人。從文公游，後卒業黄榦之門。别號信齋。真德秀知福州，創貴德堂于郡學以居之。著《祭禮圖》十四卷、《儀禮圖解》十七卷，又有《家禮雜説附註》二卷。

備遺

晦翁嘗曰：「楊志仁有過於密之病，陳德本有過於疎之病。」

又曰：「昨寓三山，與楊志仁反復。所修禮書，具有本末。若未即死，尚幾有以遂此志也。」

何鎬

何鎬，字叔京，邵武人。父兑，始仕爲左朝奉郎，通判辰州，生鎬。孝謹有器識，既出就傅，暮歸，期不復去親側。❶誦書日數千言，爲文敏而有思，趣尚高遠，識者奇之。

辰州嘗受程氏《中庸》之學於東平馬伸，服行不怠。又以其忠節事狀移書太史，忤秦檜，下吏竄南方，扼死不恨。間復悉以其所聞者語鎬。鎬既受其説，則益務貫穿經史，取友四方，博考旁資，以相參伍。久而自信，於是一意操存，杜門終日，澹然無營。至其論説古今，指陳得失，則又明白慷慨，可舉而行。平居崇德義，厲廉節，絶口未嘗及功利。至於收族恤孤，興事濟衆，則懇惻憂勞，如己嗜欲，言行相循，没身不懈。由此南州之爲程學者，始又知有馬氏之傳焉。

始用辰州致仕恩補官，授泉州安溪主簿。再調汀州上杭丞，數行縣事，專用寬簡爲治。白罷税外無名

---

❶「期」，《閩中理學淵源考》卷二十三作「則」。

之賦，人便安之。部使者鄧伯熊行部，顧郡事不理，囚繫或累歲月不得釋，檄鎬佐其守。悉取文書閲視，具得其情，決遣之，旬日皆盡。又以田税不均，貧弱受病，所以均之甚備。守顧不悦，鎬即謝去。一時學士寮友推其學行，多師尊之，而當路鮮識之者。

調潭州善化令，將行而卒，年四十八。鎬爲人清夷恬曠，廉直惠和。談經論事，簡易條暢。所著書有《易》《論語》、史論諸文數十卷。

備　遺

晦庵答叔京書曰：「博觀之敝，誠不自揆，乃蒙見是，何幸如此。然觀來喻，似有未能遽舍之意，何耶？此理甚明，何疑之有。若使道可以多聞博觀而得，則世之知道者爲不少矣。熹近日因事，方有少省發處。如鳶飛魚躍，明道以爲與必有事焉勿正之意同者，今乃曉然無疑。日用之間，觀此流行之體，初無間斷處，有下工夫處，乃知日前自誑誑人之罪，蓋不可勝贖也。此與守書册、泥言語全無交涉，幸於日用間察之，知此則知仁矣。」

又書曰：「李先生教人，大抵令於静中體認大本未發時氣象分明，即處事應物自然中節。此乃龜山門下相傳指訣，當時親炙之時，貪聽講論，又方竊好章句訓詁之習，不得盡心於此。至今若存若亡，無一的實見處，孤負教育之意。每一念此，未嘗不愧汗沾衣也。」又書曰：「向來妄論持敬之説，亦不自記其云何。但因良心發見之微，猛省提撕，使心不昧，則是做工夫底本領。本領既立，自然下學而上達矣。若不察良心發見處，即渺渺茫茫，恐無下手處也。中間一書論必有事焉之説，却儘有病，殊不蒙辨詰，何邪？所喻多識前言往行，固君子之所急，熹向來所見，亦是如此。近因反求未得箇安穩處，却始知此未免支離。如所謂『因諸公以求程氏，因程氏以求聖人』，是隔幾重公案？曷若默會諸心，以立其本，而其言之得失，自不能逃吾之鑒也。欽夫之學，所以超脱自在，見得分明，不爲言句所桎梏，只爲合下入處親切。今日説話，雖未能絶無滲漏，終是本領是當，非吾輩所及。但詳觀所論自可見矣。」

吴必大

吴必大，字伯豐，興國軍人。

備遺

必大初見先生曰：「必大日來讀《大學》之書，見得與己分上益親切，字字句句皆己合做底事。但雖見得道理合如此，然反而隱括。其念慮踐履之間，却有未知此者。蓋緣向來自待未免有失之姑息處。始謂氣習物欲之弊，不能頓革，當以漸銷鑠之而已，不知病根未盡除，則爲善去惡之際，固已爲之繫累，不能勇決。操存少懈，則其隱伏於中者，往往紛起而不自覺，其動於惡者固多有之。今須是將此等意思，便與一刀兩斷，勿復凝滯。於道理合如此處，便擔當着做，不得遲疑，庶可補既往之過，致日新之功。如何？」先生曰：「要得如此。」

又云：「向因子夏大德小德之説，遂只知於事之大者致察，而於小者苟且放過。德之不修，實此爲病。張子曰：『纖惡必除，善斯成性。察惡未盡，雖善必粗矣。』學者須是毫髮不得放過，德乃可進。」先生曰：「若能如此，善莫大焉。以小惡爲無傷，是誠不可。」

又問：「顔子之樂，不是外面别有甚事可樂，只顔子平日所學之事是矣。見得既分明，又無私意於其間，自然而樂。是否？」先生曰：「顔子見得既盡，行之又順，便有樂底滋味。」

先生曰：「學者精神短底，看義理只到得半途，便以爲前面没了。」必大曰：「若工夫不已，亦須有向進。」曰：「須知得前面有，方肯做工夫。今之學者大概有二病：一以爲古聖賢亦只此是了，故不肯做工夫；一則自謂做聖賢事不得，不肯做工夫。」

先生曰：「學者同在此，一般講學，及其後説出來，便各有差誤。要其所成，有上截底無下截，有下截底無上截，有皮殼底無肚腸，有肚腸底無皮殼。不知是如何。」必大曰：「工夫有間斷，亦是氣質之偏使然。」曰：「固是氣質，然大患是不仔細。嘗謂今人讀書，得如漢儒亦好。漢儒各專一家，看得極仔細。今人纔看這一件，又要看那一件，下稍都不曾理會得。」

先生答伯豐書曰：「學問臨事不得力，固是静中欠却工夫，然欲舍動求静，又無此理。蓋人之身心，動静二字，循環反復，無時不然。但常存此心，勿令忘失，則隨動隨静，無處不是用力處矣。且更着實用功，不可只於文字上作活計也。」

又答書曰：「今世爲學，不過兩種：一則徑趨簡約，脱略過高；一則專務外馳，支離繁碎。其過高者固爲有害，然猶爲近本；其外馳者詭譎狼狽，更不可言。吾儕幸稍平正，然亦覺欠却涵養本原工夫，此不可不自反也。所寄疑義，蓋多得之，已略注其間矣。小差處不難見，但却欲賢者更於本原處加功也。」

又答書曰：「人心無不思慮之理。若當思而思，自不當苦苦排抑，却反成不静也。異端之學，以性自私，固爲大病。然又不察氣質情欲之偏，而率意妄行，便謂無非至理，此尤害事。近世儒者之論，亦有近似之者，不可不察也。

「又聞攝事都幕，想亦隨事有以及人。但趨舍之決，是乃舜蹠之分。不幸至此，只有一刀兩段。然須是自家着力，非他人所能預也。録示子約往還書，如所謂『五氣之盛衰猶足爲理義之消長』，亦是前輩自有此説。今所援引，乃是舉輕以明重，無不可者，不知子約何所疑也。恐是不曾仔細看上下文，便只就此兩句上論得失。講論最怕如此，不盡彼此之情，而虚爲是譊譊也。又如説浩氣之體段即道義之流行，此等語殊不可曉。自此以下，一向勞攘。此無他病，只是心地不虚，戀着舊時窠窟，故爲此所障，而正理不得見前耳。近日看得讀書别無他法，只是除却自家私意，而逐字逐句，只依聖賢所説白直曉會，不敢妄亂添一句閒雜言語，則久久自然有得，凡所悟解，一一皆是聖賢真實意思。如其不然，縱使説得寶花亂墜，亦只是自家杜撰見識也。」

李閎祖弟相祖、壯祖

李閎祖，字守約，光澤人。父吕，學于從父郁，得楊中立淵源。閎祖蚤受庭訓，已而登晦菴之門，篤志問學，强力精思，論議切實。晦菴留之家塾，訓諸孫，爲編《中庸章句》《或問》《輯略》。舉嘉定辛未進士。廷對，發明所學，不遂時好，識者嘆其古雅。調靖江之臨桂簿，提刑方信孺待以國士，漕使陳孔碩引以自助，兩臺之事，咸倚以決。暇日詣學，講明義理，訓迪諸生，士習丕變。辟福州古田令，終廣西經略安撫司幹官。有《問答》十卷。

相祖，字時可。用心精切，編《書説》三十卷。壯祖，字處謙。舉進士，爲閩清尉。真德秀薦之，稱爲人物典刑。

備　遺

晦菴答守約書曰："讀書之法無他，唯是篤志虚心，反復詳玩爲有功耳。近見學者多是率然穿鑿，便爲定論，或即信所傳聞，不復稽考。所以日誦聖賢之書而不識聖賢之意，其所誦説，只是據自家見識撰成耳，如此豈復能有長進？前輩蓋有親見有道，而其所論終不免背馳處者，想亦正坐此耳。所説持敬工夫，恐不必如此，徒自紛擾，反成坐馳。但只大綱收斂，勿令放逸，到窮理精後，自然思慮不至妄動，凡所營爲，無非正理。則亦何必兀然静坐然後爲持敬哉？

"禽獸於義理上有見得處，亦自氣禀中來，如饑食渴飲、趨利避害之類而已。只爲昏愚，故上之不能覺知，而下亦不能作僞。來喻上文蓋已言之，不知如何又却更疑着也。大中之説，不記向來所論首尾。此亦只是無事之時，涵養本原，便是全體。隨事應接，各得其所，便是時中。養到極中而不失處，便是致中。推到時中而不差處，便是致和。不可説學者方能盡得一事一物之中，直到聖人地位，方能盡得大中之全體也。仁包五常之説，已與令裕言之。大抵如今朋友就文義上説，如守約儘説得去，只恐未曾反身真箇識得，故無田地可以立脚，只成閒話，不濟事耳。」

答時可書曰：「示喻執中之説，程先生云：『惟精惟一，所以至之。允執厥中，所以行之。』明此中字，無過不及之中，初非未發之中也。向於《中庸章句序》中曾發此義。」

答處謙書曰：「爲學當以存主爲先，而致知、力行，亦不可以偏廢。縱使已有一長，未可遽恃以輕彼，而長其驕吝克伐之私。況其有無之實，又初未可定乎？凡日用間知此一病而欲去之，則即此欲去之心便是能去之藥。但當堅守，常自警覺。不必妄意推求，必欲舍此拙法而必求妙解也。」

范念德

范念德，字伯崇，建安人，如圭之子。娶劉聘君女，與文公之配，兄弟也。伯崇始仕爲廬陵之龍泉主簿，不小其官，遇事無所苟，遂以幹敏聞。州籍其才，奏爲録事參軍。龍泉民素嚚訟，治獄者嘗患不得其情。伯崇既盡心焉，而又廉勤以楗于下，悃愊以伸於上。於是小寃必白，而姦民無所幸免，一郡稱之。暇日葺其問事之堂，牓曰「盡心」，文公爲之記。又大書《噬嗑》之卦於屏上，且闢其後爲方丈之室，以金矢、黄金、艱貞、貞厲之戒，揭於座右。

備　遺

文公曰：「龍泉簿范伯崇寄書來云：『今日氣象，官無大小，皆難於有爲。蓋通身是病，無下藥處爾。安得大賢君子正其根本，使萬目具舉，吾民得樂其生耶？』嚴陵之政，遠近能言之。蓋惻隱之心，發於誠然，加之明敏，何事不立。」

文公曰：「伯崇到官之初，儘爲人理會事，至於興作水利，種種躬親，若此不倦，真副朋友之望也。「向來猶恐伯崇應變之才，有所不周，今乃如此。信乎氣質之用小，道學之力大，而程子所謂『一命之士，苟存心於愛物，於人必有所濟』者，非虚語也。

「伯崇嘗爲余言：『《語》《孟》聖賢之言，本自平易，又有諸先生相爲發明，義理昭著，如日星然。學者體味於心，念念不已，自然血脉通貫，無所底滯，然後可言有益於吾身。不然，涉獵强記，無沉浸醲郁之功，則其所資亦淺淺焉耳。』余愛其言，書於林汝器所編《論語説》後。」

伯崇嘗言：「乾元亨利貞，猶言性仁義禮智。」朱子曰：「此語甚穩當。」

甘　節

甘節，字吉父，撫州臨川縣人。

備　遺

節問學問之端緒，先生曰：「且讀書，依本分做去。」

問：「何以驗得性中有仁義禮智信？」先生怒曰：「觀公狀貌不離乎嬰孩，高談每及於性命。」與衆人曰：「他只管來這裏摸這性，性若是去捕捉他，則愈遠。理本實有條理，五常之體不可得而測度，其用則爲五教。眼前無非性，且於分明處作工夫。體不可得而見，且於用上着工夫，則體在其中。」

問：「事有合理，而有意爲之，如何。」曰：「事雖義而心則私。如路，好人行之亦是路，賊行之亦是路。合如此者是天理，起計較便不是。」

問：「應事，心便去了。」曰：「心在此應事，不可謂之出在外。」

問：「欲求大本以總括天下萬事。」曰：「須是窮得理多，然後有貫通處。今理會得一分，便得一分受用。理會得二分，便得二分受用。若一以貫之，儘未在。」

問：「節嘗見張無垢解『雍徹』一章，言夫子氣象雍容。節又見明道先生爲人亦和。節自後處事亦習寬緩，然却至於廢事。」曰：「曾子剛毅，立得牆壁在，而後可傳之子思、孟子。伊川、横渠甚嚴，游、楊之門倒塌了。若天資大段高，則學明道。若不及明道，則且學伊川、横渠。」

問：「篤行允蹈，皆是作爲，畢竟道自道，人自人，不能爲一。」曰：「爲一則聖人矣，不勉而中，不思而得，從容中道。」又問：「顏子不遠復，擇乎中庸。顏子亦未到此地。」曰：「固是。只爲後人把做易了，後遂流爲異端。」

蔡念成

蔡念成，字元思，九江人。嘉定初，辟爲延平書院堂長。學博而精，行誼尤明粹。一時學士，倚爲斯文楨幹。

備遺

黄直卿曰：「蔡丈意思斂退就實，殊可敬重。」

陳宓曰：「蔡丈在延平書堂，學者師之。言議操存，端有可法。」

黄義勇

黄義勇，字去私，撫州臨川人。氣概豪爽，學專行確。從文公遊，而卒業黄榦之門。著《屯田議》。執親喪，敦行古禮。陳宓知南康軍，辟爲白鹿書院堂長，行誼志節卓然爲一時之冠。

黄義剛

黄義剛，字毅然，撫州臨川人。

備　遺

義剛問：「平時處事，當未接時，見得道理甚分明，及做着又便錯了，不知如何恁地。」曰：「這是難事，但須是知得病痛處，便去着力。若是易爲，則天下有無數聖賢了。」

問：「氣質昏蒙，作事多悔。有當下便悔時，有過後思量得不是方悔時，或經久所爲因事機觸得悔時。方悔之際，惘然自失，此身若無所容。有時恚恨，至於成疾。不知何由可以免此。」曰：「既知悔時，第二次莫恁地便了，不消得常常地放在心下。那『未見能見其過而内自訟』底便是不悔底。今若信意做去，後蕩然不知悔，固不得。若既知悔，後次改便了，何必常常恁地悔。」

世間只是這箇道理，譬如晝日當空。一念之間合着這道理，則皎然明白，更無纖毫窒礙，故曰「天命之謂性」。不只是這處有，處處皆有，只是尋時先從自家身上尋起，所以説「性者道之形體也」。此一句最好。蓋是天下道理，尋討將去，那裏不可體驗？只是就自家身上體驗，一性之内便是道之全體。千人萬人，一切萬物，無不是這道理。不特自家有，他也有。不特甲有，乙也有。天下事都恁地。

書有合講處，有不必講處。如主一處，定是如此了，不用講，只是便去下工夫，不要放肆，不要戲慢，整齊嚴肅，便是主一，便是敬。聖賢説話，多方百面，須是如此説。但是我恁地説他箇無形無狀，去何處證驗？只去切己理會此等事，久自會得。

義剛啓曰：「向時請問平生多悔之病，蒙賜教，謂第二番莫爲便了也，不必長長存在胸中。義剛固非欲悔，但作一事時，千思萬量，苦思量不透處，又與朋友相度。合下做時，自謂做得圓密了，及事纔過，又便猛省着有欠缺處，纔如此思着，則便被氣動了志，便是三兩日精神不定。不知此病生於何處？」曰：「便是難，便是難，不能得到恰好處。顏子仰之彌高，鑽之彌堅，瞻之在前，忽焉在後，便是如此，便是不能得見這箇物事定帖。這也無着力處。聖人教人，但不過博文約禮。須是平時只管去講明，講明得熟時，後却解，漸漸不做差了。」

義剛啓曰：「古人爲學，皆是自小得人教之有方，所以長大來易入於道。義剛日前只作舉業，好書皆不曾講究。而今驟收其放心，覺用力倍難。今欲小學等書理會，從灑掃應對進退、禮樂書數射御從頭再理會起，不知如何。」曰：「也只是事事致謹，常常持養，莫教放慢了便是。若是自家有箇操柄時，便自不解到十分走作了。」

義剛啓曰：「半年得侍灑掃，曲蒙提誨，自此得免小人之歸。但氣質昏蒙，自覺易爲流俗所遷。今此之歸，且欲閉門不出，刻意讀書，皆未知所向。欲乞指示。」先生曰：「只杜門便是所向別也。無所向，只是就書上仔細玩味，考究義理，便是。」義剛之初拜先生也，具述平日之非，與所以遠來之意，力求陶鑄，及所以爲學之序。先生曰：「人不自訟則没奈何他，今公既自知其過，則讀書窮理，便是爲學，也無他陶鑄處。」問：「讀書以何者爲先。」曰：「且將《論語》《大學》去看。」至是又請曰：「《大學》已看了，先生解得分明，也無甚疑。《論語》已看九篇，今欲看畢此書，更看《孟子》，如何？」曰：「好。《孟子》也分明，甚易看。」

考亭淵源録卷之十二

𥳑淵

𥳑淵，字亞夫，涪陵人。

備遺

先生問𥳑淵：「平昔如何做工夫，看甚文字。」曰：「舊治《春秋》并史書。」曰：「《春秋》如何看。」曰：「只用劉氏説。」先生曰：「公數千里來見熹，其志欲如何。」曰：「既拜先生，只從先生之教。」曰：「《春秋》是學者末後事，惟是理明義精方見得。《春秋》是言天下之事，今不去理會身己上事，却去理會天下事，於身己上却不曾處置得。所以學者讀書，先要理會自己本分上事。」

先生語𥳑亞夫云：「亞夫歸去，且須杜門安坐數年，虛心玩味他義理，教專與自家心契合。若恁地時，病痛自去，義理自明。大抵静方可看義理。」

與書曰：「亞夫别後，進學如何？向見意氣頗多激昂，而心志未甚凝定。此須更於日用之間，益加持敬工夫，直待於此見得本來明德之體，動静如一，方是有入頭處也。」

亞夫云：「性如日月，氣濁者如雲霧。」先生以爲然。

襲蓋卿

襲蓋卿，字夢錫，衡州常寧人。舉進士，即往師文公。嘗爲右正言。

備遺

蓋卿見先生於長沙郡齋，是晚請教者七十餘人，一友問：「向蒙見教，讀書須要涵泳，須要浹洽，因看《孟子》七篇之書，只是論心。如此看是涵泳工夫否？」曰：「熹爲見此中人讀書大段鹵莽，所以説讀書須當涵泳，只要子細尋繹，令胸中有所得爾。如吾友所説，又襯貼一件意思硬要差排。看書豈是如此。」又一友曰：「先生涵泳之説，乃杜元凱優而柔之之意。」曰：「固是如此，亦不用如此解説。所謂涵泳者，只是仔細讀書之異名也。大率與人説話便是難。熹只説一箇涵泳，一人硬來差排，一人硬來解説。此是隨語生解，支離延蔓，閒説閒講。少間展轉，只是添得多，説得遠。如此讀書，如此聽人説話，全不是自做工夫，全無巴鼻可知，是使人説：學是空談。此中人所問，大率如此。好理會處不理會，不當理會處却支離去説，説得全無意思。」

黄榦曰：「夢錫所編《朱先生語録》，字字皆格言。」

劉　砥 弟礪

劉砥，字履之，福州長樂人。六歲日誦千言，至覽忠孝大節，輒激發感慨。十歲通九經傳記。嘗讀釋、老書，嘆曰：「此不足習。」乃治舉子業，又嘆曰：「此不宜專習。」因徧取伊洛諸書讀之，率其弟礪同游朱文公之門。公嘉其志篤學敏，授以《先天太極圖傳》。晚修禮書，兄弟皆預編次。卒，年四十五。所編《王朝禮》及《注解語孟》皆未脱藁，爲文醇雅。

礪，字用之。幼穎悟，中童子科。後棄舉子業，一意理學，與黄榦相友善。僞學禁興，志尚愈篤。蔡元定竄道州，兄弟餽贐特厚。卒，年四十七。

備　遺

砥初見，先生問：「曾做甚工夫。」對以「近看《大學章句》，但未知下手處」。曰：「且須先操存涵養，然後看文字，方始有浹洽處。若只於文字上尋索，不就自家心裹下工夫，如何貫通。」問：「操存涵養之道如何。」曰：「才操存涵養，則此心便在。」問：「操存未能無紛擾之患。」曰：「才操便存。今人多於操時不見其存，過而操之，愈自執捉，故有紛擾之患。」

問：「有事時須應事接物，無事時此心如何？」曰：「無事時亦只如有事時模樣，只要此心常在也。」又問：「程子言『未有致知而不在敬』，如何？」曰：「心若走作不定，如何見得道理。且如理會這一件事未了，又要去理會那一件事，少間都成没理會。須是理會這事了，方去理會那事。」又問：「只是要主一。」曰：「當如此。」又問：「思慮難一，如何？」曰：「徒然思慮，濟得甚事。熹謂若見得道理分曉，自無閒雜思慮。人之所以思慮紛擾，只緣未實見得此理。若實見得此理，更何暇思慮。天下何思何慮？不知有甚事可思慮也。」又問：「伊川嘗教人静坐，如何。」曰：「亦是他見人要多思慮，且以此教人收拾此心耳。若初學者，亦當如此。」

用之問：「動容周旋，未能中禮。於應事接物之間，未免有礙理處。如何？」曰：「只此便是學。但能於應酬之頃，逐一點檢，便一一合於理。久久自能中禮也。」

問：「伯夷居北海之濱，若將終身焉。及聞文王善養老，遂來歸之。此可見其中立不倚否？」曰：「此下更有一轉，方是不倚。蓋初聞文王而歸之，及武王伐紂而去之，遂不食周粟。此可以見其不倚也。」

陳　埴

陳埴，字器之，温州永嘉人。少穎悟，久從文公游，所見超卓。紹定間，江淮制置趙善湘建明道書院，辟埴幹辦公事，兼主講席。四方學者從游數百人，稱爲潛室先生。後以通直郎致仕。所著有《禹貢辯》《洪範解》《王制章句》《木鍾集》。

備　遺

先生答器之書曰：「伊川先生明言：『仁道難言，惟公近之，非以公便爲仁。』又云：『公而以人體之，故爲仁。』竊詳此意，公之爲仁，猶言去其壅塞則水自通流，然便謂無壅塞者爲水則不可。更以此意推之，可見仁字下落也。又中之爲義，固非專爲剛柔相半之謂，然當剛則剛，當柔則柔，當剛柔相半則相半，亦皆自有中也。」又答書曰：「性是太極渾然之體，本不可以名字言，但其中含具萬理，而綱理之大者有四，故命之曰仁、義、禮、智。孔門未嘗備言，至孟子而始備言之者。蓋孔子時，性善之理素明，雖不詳著其條而説自具。至孟子時，異端蠭起，往往以性爲不善。孟子懼是理之不明，而思有以明之。苟但曰渾然全體，則恐其如無星之秤，無寸之尺，終不足以曉天下。於是别而言之，界爲四破，而四端之説，於是而立。蓋四端之未發也，雖寂然不動，而其中自有條理，自有間架，不是儱侗都無一物，所以外邊纔感，中間便應。如赤子入井之事感，則仁之理便應，而惻隱之心於是乎形。如過廟過朝之事感，則禮之理應，而恭敬之心於是乎形。蓋由其中間衆理渾具，各各分明，故外邊所遇，隨感而應。所以四端之發，各有面貌之不同。是以孟子析而爲四，以示學者，使知渾然全體之中而粲然有條若此，則性之善可知矣。然四端之未發也，所謂渾然全體無聲臭之可言，無形象之可見，何以知其粲然有條如此？蓋是理之可驗，乃依然就他發處驗得。凡物必有本根。性之理雖無形，而端的之發最可驗。故由其惻隱，所以必知其有仁。由其羞惡，所以必知其有義。由其恭敬，所以必知其有禮。由其是非，所以必知其有智。使其本無是理於内，則何以有是端於外？由其有是端於外，所以必知有是理於内而不可誣也。故孟子言：『乃若其情，則可以爲善矣，乃所謂善也。』是則孟子之言性善，蓋亦遡其情而逆知耳。仁、義、禮、智既知得界限分曉，又須知四者之中，仁、義是箇對立底關鍵。蓋仁，仁也，而禮則仁之著。義，義也，而智則義之藏。猶春夏秋冬，雖爲四時，然春夏皆陽之屬也，秋冬皆陰之屬也。故曰：『立天之道，曰陰與陽。立地之道，曰柔與剛。立人之道，曰仁與義。』是知天地之道，不兩則不能以立。故端雖有四，而立之者則兩耳。仁、義雖對立而成兩，然仁實貫通乎四者之中。蓋偏言則一事，專言則包四者。故仁者仁之本體，禮者仁之節文，義者仁之斷制，智者仁之分别。猶春夏秋冬雖不同，而同出乎春。春則春之生也，夏則春之長也，秋則春之成也，冬則春之藏也。自四而兩，自兩而一，則統之有宗，會之有元矣。故曰：『五行一陰陽，陰陽一太極。』是天地之理固然也。仁包四端，而智居四端之末者，蓋冬者藏也，所以始萬物而終萬物者也。智有藏之義焉，有終始之義焉，則惻隱、羞惡、恭敬是三者，皆有可爲之事，而智則無事可爲，但分别其爲是爲非爾，是以謂之藏也。又，惻隱、羞惡、恭敬皆是一面底道理，而是非則有兩面，既别其所是，又别其所非，是終始萬物之象。故仁爲四端之首，而智則能成始能成終。猶元氣雖四德之長，然元不生於元，而生於貞。蓋由天地之化不翕聚則不能發散，理固然也。仁、智交際之間，乃萬化之機軸。此理循環不窮，脗合無間，程子所謂『動静無端，陰陽無始』者，此也。」

或問：「明道云：『在人爲性，主於身爲心，發於思慮謂之情。』如此則性乃心、情之本。而横渠則以爲心統性情，如何？」器之曰：「心居性情之間，向裏即是性，向外即是情，心居二者之間而統之。所以聖賢工夫，只在心裏，一舉而兼得之。横渠此語大有功。」

又云：「人心如鏡，物來則應，物去依舊自在，不曾迎物之來，亦不曾送物之去，只是定而應，應而定。」

蔡　淵

蔡淵，字伯静，别號節齋，元定長子。清脩苦節，隱居不仕。以父命，著《易訓解》及《大學思問》《中庸通旨》。

備　遺

劉晦伯跋元定《訓子帖》曰：「公之諸子，奉公之訓，卓然自立。吾邦之士，莫與爲比，而人亦莫知其所藴也。」

真德秀曰：「節齋之學，能言文公所未嘗言。」

伯静嘗謂：「周子『無極而太極』之説，得於『易有太極』之一言。易者變易，無體即無極之義。」識者謂其發先儒所未發。

虞知方

虞知方，字復之，建陽人。本蔡元定次子，出後虞氏。嘗著《春秋大義》。真德秀爲之跋曰：「《春秋大義》二十二卷，《衍義》三卷，建陽虞君知方復之所著也。初，西山蔡先生以道學名當世，有子三人，長伯静，次復之，次仲默。復之雖出後虞氏，而其學固蔡氏之學也。先生於經無不通，而未及論著。顧嘗語三子曰：『淵汝宜紹吾《易》學。』曰：『沉汝宜演吾《皇極》數。』而《春秋》則以屬知方焉。既而《易》《皇極》二書成，獨《春秋》未得要領。君一日讀《易》，豁然有悟，曰：『夫《易》之一卦一爻，爲義各異，而謂《春秋》以一例該衆事，可乎？學者以義求經，庶幾得聖人之意矣。』久之，讀書又豁然有悟，曰：『道心者，本於義理也。人心者，屬於血氣也。道心易晦而人心易流，大舜所以有危微之戒也。《春秋》二百四十餘年間，諸侯大夫行事，其發於道心者無幾，而凡毁彝倫、基禍亂者，皆人心之爲也。故經於賵仲子、納郜鼎，皆據大義以止私欲之流。一書綱領，大率在此。吾聖人之心，即舜之心也。』夫《易》書之與《春秋》，其爲教亦不同，而君於是得《春秋》之指焉。蓋天下之理無二致，故聖人之經亦無異指，昧者析之，而通者一之也。西山於是乎得所托哉！君又將爲《王綱霸統》一書，明王道所由廢與伯權所自起，使萬世人主知履霜堅冰之戒，尤有功於世教云。」

潘友端弟友恭

潘友端，字端叔，金華人，左司疇之子也。與弟友恭同游文公之門。友恭，字恭叔。

備遺

文公與劉子澄書曰：「潘德鄜之子友端，廷對甚切直，尤延之甚愛之，爲同寮所抑，稍降其等，此不足計。渠兄弟皆好，此輩後生，將來皆可望也。」

答端叔書曰：「示諭講學之意，甚善甚善。但此乃吾人本分事，只以平常意思，密加慤實久遠功夫，而勿計其効，則從容之間，日積月累，而忽不自知其益矣。近時學者，求聞計獲之私勝，其學問思辯之功未加毫末，而其分晝布置準擬度量之意，已譁然於其外矣。是以内實不足而游聲四馳，及其究也，非徒無益於己，而其爲此學之累有不可勝言者。惟明者思有以反之，則友朋之望也。」

又答書曰：「承需《論語或問》，此書久無功夫脩得，只《集注》屢改不定，却與《或問》前後不相應矣。山間無人録得，不得奉寄。可只用舊本看，有不穩處，仔細喻及，却得評量也。今年諸書都脩得一過，《大學》所改尤多，比舊已極詳密，但未知將來看得又如何耳。義理無窮，精神有限，又不知當年聖賢如何説得如此穩當精密，無些滲漏也。」

答恭叔曰：「聖人之門，不使人逃世避人以爲潔，故群弟子多仕於亂邦。然若子路、冉有之徒，亦太不擇矣，此學者所當深戒也。」

又答書曰：「敬之一字，萬善根本。涵養、省察、格物、致知，種種功夫，皆從此出，方有據依。平時講學，非不知此。今乃覺得愈見親切端的耳。願益加功，以慰千里之望。」

友恭云：「戒懼者，所以涵養於喜怒哀樂未發之前。慎獨者，所以省察於喜怒哀樂已發之後。」先生曰：「此説甚善。」

文公除從官，舉友恭自代，狀曰：「伏見從事郎新明州司理參軍潘友恭，存心愨惻，造理精深。居家有孝友之稱，持己有廉静之節。其於世務亦所該通，臣實不如，舉以自代。」

潘履孫

潘履孫，字坦翁，友恭之子，寓居紹興。祖蔭爲將仕郎。淳熙丙午年，才十三。文公見其侍立祖父旁，視聽專一而進趨有度，遂授學焉。仕終江陵府通判。

備遺

履孫問：「《集注》解『多聞，擇其善者而從』謂『所從不可不擇』；『多見而識』謂『善惡皆當存之，以備參攷』。履孫恐經文止曰『識之』，未有皆存善惡以備參攷之意。」先生曰：「擇字生於從字，識則未有便從之意，故不言擇善也。」

鄭可學

鄭可學，字子上，莆田人。幼而文，冠而孤，力學好脩。累舉進士不第，裹糧千里從學於朱先生。先生一見，恨相遭之晚，握手評議，如夙友焉。道同氣合，率終歲一歸，歸則以書質所疑。有問斯答，皆前聖所未發之旨。

朱先生守臨漳，虚子弟之師席，俾之西向而坐。既歸，則又以書招之，且致諸子孫慕向不忘之意。四方學者至，即有問，必使子上正之。而仕之來南者，命必見子上而後行。諸公名人，皆欲招致子上，不可得。呂祖儉、李孟傳、詹徽之、廖德明皆加敬愛。與人交，氣和而清，竟日端坐，不見怠容。誠信温恭，其所誨誘，皆爲名士。

前後三奉大對。嘉定辛未，勑授忠州文學。是歲冬，廖德明爲廣帥，招致郡齋。明年壬申秋，親友勉子上調選。方信孺時守春陵，與之偕行。至豫章，卒於豐城，年六十二。

所著有《春秋博議》十卷、《三朝北盟舉要》一卷、《師説》十卷，詩數百篇。子上不喜爲詩，遇事感發，時出一二，朱先生嘗止之，以故不多作。學禁興，登朱門者畏避退縮，子上獨相從於寂寞之濱。

備　遺

先生謂可學曰：「看今世學者病痛皆在志不立。嘗見學者不遠千里，來此講學，將謂真以此爲事。後來觀之，往往只要做二三分人，識些道理，便是不足，看他不破，不曾以此語之。夫人與天地並立爲三，自家當思量天如此高，地如此厚，自家一箇七尺血氣之軀，如何會並立爲三。只爲自家此性元善，同是一處出來。若一出一入，若存若亡，元來固有之性不曾見得，則雖具人衣冠，其實與庶物不争多。伊川曰：『學者爲氣所奪，習所勝，只可責志。』顔淵曰：『仰之彌高，鑽之彌堅。瞻之在前，忽焉在後。既竭吾才，如有所立卓爾。』在顔子分明見此物。須要做得如人在戰陣，雷鼓一鳴，不殺賊則爲賊所殺，又安得不向前？又如學者應舉覓官，從早起來，念念在此，終被他做得。但移此心向學，何所不至？」

可學問：「作事多始鋭而終輟，莫是只爲血氣使。」先生曰：「雖説要義理之氣，然血氣亦不可無。孟子謂：『氣，體之充也。』但要以義理爲主耳。」

問：「平日讀書時，似亦有所見，既釋書，則别是一般。又每苦思慮紛擾，雖持敬亦未免弛慢，不知病根安在？」曰：「此乃不求之於身，而專求之於書，固應如此。古人曰：『爲仁由己，而由人乎哉？』凡吾身日用之間，無非道，書但所以接湊此心耳。故必先求之於身，而後求之於書，則讀書方有味。」

問：「可學稟性太急，數年來，力於懲忿上做工夫，似減得分數。然遇事不知不覺忿暴，何從而去此病？」曰：「亦在熟耳。如小兒讀書，遍數多，自記得。此熟之驗也。大抵稟賦得深，多少年月，一旦如何便盡打疊得。須是日夜懲戒之，以至於熟，久當自去。」

先生一日問可學年幾何，對云三十七。先生曰：「已自過時，若於此因循，便因循了。昔人讀書，二十四五時須已立得一門庭。」某因説平日亦有志於學，❶只是爲貧奔走，雖勤讀書，全無趨向。曰：「讀書須窮研道理。吾友日看《論》《孟》否？」對以常看。曰：「如何看？」曰：「日間只是看《精義》。」曰：「看《精義》有利有害。若能因諸家之説以考聖人之意，而得於吾心，則《精義》有益。若只鶻突綽過，如風過耳，雖百看何補？善看《論》《孟》者，只一部《論》《孟》自亦可，何必《精義》。」

先生謂可學曰：「大凡看書麤則心麤，看書細則心細。若研窮不熟，得些義理，以爲是亦得，以爲非亦

---

❶「某」，原作「熹」，據《朱子語類》卷一百一十八改。

得。須是見得差之毫釐，繆以千里方可。」

可學問：「天命之謂性，只是主理言。纔説命，則氣亦在其間矣。非氣，則何以爲人物，理何所受。」曰：「極是極是。子思且就總會處言，此處最好看。

「可學近觀《中庸序》所謂『道心常爲一身之主，而人心每聽命焉』，又知前日之失，向來專以人可以有道心，而不可以有人心，今方知其不然。人心出於形氣，如何去得？然人於性命之理不明，而專爲形氣所使，則流於人欲矣。如其達性命之理，則雖人心之用，而無非道心。孟子所以指形色爲天性者以此。若不明踐形之義，則與告子食色之言又何以異。『操之則存，捨之則亡。』心安有存亡？此正人心、道心交界之辯，而孟子特指以示學者。可學以爲，必有道心，而後可以用人心；而於人心之中，又當識道心。若專用人心，而不知道心，則固流入於放僻邪侈之域。若只守道心，而欲屏去人心，則是判性命爲二物，而所謂道心者空虛無有，將流於釋、老之學，而非《虞書》之所指者矣。蓋動於人心之微，則天理固已發見，而人欲亦已萌，天理便是道心。」先生曰：「然。」

鄭子上説《易》《中庸》甚仔細，論人心、道心之説，比舊益精密矣。

可學嘗論：顔子合下完具，只是小，要漸漸恢廓；孟子合下大，只是未粹，要學以充之。

可學嘗以書問先生，云：「孔門唯顔子、仲弓實告以爲仁之事，餘皆因其人而進之。顔子地位高，擔當得克己，故以此告之。仲弓未至此，姑告以操存之方、涵養之要。克己之功難爲，而至仁也易；敬、恕之功易操，而至仁也難，其成功則一。故程子云『敬則無己可克』，是也。但學者爲仁，如謝氏云『須於性偏處勝之』，亦不可緩，特不能如顔子深於天理、人欲之際，便可至仁耳，非只敬、恕而不克己也。」文公以其書示楊道夫曰：「説得也好，言學者克己處亦好。」

黄士毅

黄士毅，字子洪，自興化徙吴中。士毅知向上爲聖賢事業。慶元中，學禁方嚴，徒步入閩，遵朱子命，日觀一書，夜叩所見。告以静坐勿雜，喚醒勿昏。居數月，授以《大學章句》而歸，終其身從事於斯，號稱有得。著述甚多，譔次《朱子書説》七卷、《文集》一百五十卷、《語類》一百三十八卷。又嘗類注《儀禮》，未克成書。知府王遂爲買宅以居，稱爲考亭名士。同郡名儒黄邃又謂之有道君子云。興化有壺公山，以壺山自號。

備遺

士毅初投先生書，以此心不放動爲主敬之説。先生曰：「主敬二字只恁地做不得，須是内外交相養。蓋人心活物，吾學非比釋氏，須是窮理。」

士毅稟歸，請教。曰：「只前數日説底便是，只要去做工夫。如飲食在前，須是去喫他方知滋味。」又曰：「學者最怕不知蹊徑，難與他説。今日有一朋友將書來，説從外面去，不知何益。不免説與他教看《孟子》存心一段。人須是識得自家物事。且如存，若不識得他，如何存得？如今既知蹊徑，且與他做去。只如主敬、窮理，不可偏廢。這兩件事，如踏一物一般，踏着這頭，那頭便動，如行步，左脚起，右足自來。」

士毅作《朱子語類序》曰：「有太極然後有天地，有天地然後有人物，有人物然後有性命之名。而仁、義、禮、智之理，則人物所以爲性命者也。所謂學者，求得夫此理而已。故以太極天地爲始，乃及於人物性命之原與夫古學之定序。次之以群經，所以明此理者也。次之以孔、孟、周、程、朱子，所以傳此理者也。乃繼之以斥異端，所以蔽此理而斥之者，❶任道統之責者也。然後自我朝及歷代君臣、法度、人物、議論亦略具焉，此即理之行於天地設位之後，而著於治亂興衰者也。凡不可以類分者，則雜次之，而以作文終焉。蓋文以載道。理明意達，則辭自成文。後世理學不明，第以文辭爲學。固有竭終身之力，精思巧製，以務名家者。然其學既非，其理不明，則其文雖工，其意多悖。故特次之於後，深明夫文爲末而理爲本也。然始焉妄易分類之意，惟欲考其重複。及今而觀之，則夫理一而名殊，問同而答異者，淺深詳略，一目在前，互相發明，思已過半。至於群經，則又足以起《或問》之所未及，校《本義》之所未定，補《書説》之所未成。而《大學章句》所謂高入虛空，卑流功利者，皆灼然知其所指，而不爲近似所陷溺矣，誠非小補者。故嘗謂孔、孟之道，至周、程而復明，至朱子而大明。自今以後，雖斯道未能盛行於世，而誦遺書，私淑艾者，必不乏人，不至於千五百年之久絶而不續。反復斯編，抑自信云。」

❶「所」上，《朱子語類後序》有「異端」二字。

林夔孫

林夔孫，字子武，福州古田人。黨禁起，學者更事他師，夔孫與傅定從文公講論不輟。文公易簀之際，謂之曰：「道理只是如此，且須做堅苦工夫。」嘉定七年，特奏名，爲縣尉。所著有《書本義》《中庸章句》，又有《蒙谷集》。

備遺

夔孫問：「而今看道理不出，只是心不虛静否？」先生曰：「也是不曾去看。會看底就看處自虛静，這箇互相發。」

先生謂夔孫云：「公既久在此，可將一件文字與衆人共理會，立箇程限，使敏者不得而先，鈍者不得而後。且如這一件事，或是甲思量不得，乙或思量得，這便是朋友切磋之義。」夔孫請所看底文字。曰：「且將《西銘》看。」及看畢，夔孫依先生解説過，先生曰：「而今解得分曉了，便易看。當初直是難説。」夔孫請再看底文字。索《近思録》，披數板，云：「也揀不得，便漏了他底也。」

林用中弟允中

林用中，字擇之，古田人。始從林光朝學，與建安蔡季通齊名。師事朱文公，文公每稱爲畏友。張敬夫帥湖南，文公偕用中往訪之，聚首年餘，有《南嶽倡酬集》。用中早厭科舉業，不求仕進。石𡼖宰尤溪，延掌學政，僅爲一往，士民率化，而頑傲者亦莫不翕服。趙汝愚帥閩，日過其門，訪以政事。

允中，字擴之，亦從文公游，所著有《草堂集》。

備　遺

先生説：「擇之曉事，非其他學者之比。」

先生答擇之書曰：「所論顔、孟不同處，極善極善。正要見此曲折，始無窒礙耳。比來想亦只如此用功。熹近只就此處見得向來所未見底意思，乃知『存久自明，何待窮索』之語是真實不誑語。今未能久，已有此驗，況真能久邪？但當益加勉勵，不敢少弛其勞耳。」

又答書曰：「既不爲老子之無爲，又非有所作爲，此便是天理流行、鳶飛魚躍之全體。感而遂通天下之故未嘗離此，然體用自殊，不可不辯，但當識其所謂一源者耳。」

又答書曰：「陸子壽兄弟近日議論，却肯向講學上理會，其門人有相訪者，氣象皆好，但其間亦有舊病。此間學者却是與渠相反。初謂只如此講學，漸涵自能入德，不謂末流之弊，只成説話，至於人倫日用最切近處，亦都不得毫毛氣力。此不可不深懲而痛警也。」先生曰：「擴之晦外而明於内，樸外而敏於中。」

又曰：「擴之專志苦學，非流輩所及，但於展拓處終未甚滿人意耳。」

林　大　春弟充之

林大春，字熙之，古田人。嘗題十六字云：「仲尼再思，曾子三省。予何人也，敢不修整。」臨終，戒子弟不得用浮屠法。

備　遺

先生答熙之書曰：「《易·文言》『德不孤』，正是發明大字意思，謂德盛者得之矣。然『與物同』亦是此意。試玩『敬義立』，而『與物同』之意當得之。恐不可云只是説與物同也。」

送熙之詩曰：「仁體難明君所疑，欲求直截轉支離。聖言妙藴無窮意，涵泳從容只自知。天理生生本不窮，要從知覺驗流通。若知體用元無間，始笑前來説異同。」

答充之書曰：「所論陰陽動静之説，只以四方五行之位觀之可見矣。『優柔平中』，如充之所論得之。中字於動用上説，亦然。明道云：『惟精惟一，所以至之；允執厥中，所以行之。』即此意也。然只云於動用上説，却覺未盡，不若云於動用上該本體説，如何？『喪事不敢不勉』，恐只是一句。程子亦有云：『喪事人所不勉。』恐解中亦且欲成文，不免如此作句，未必以四字包上三字也。『不成章不達』，此通上下而言，所謂有節次者是也。伊川所引『充實光輝』，特舉一事以明之耳，非必以成章專爲此地位也。」

又答書曰：「充之近讀何書？恐更當於日用之間，爲仁之本者，深加省察，而去其有害於此者爲佳。

不然，誦説雖精，而不踐其實，君子蓋深耻之。此固充之平日所講聞也。」

林 師 魯

林師魯，亦古田人。

備　遺

先生謂師魯問學行義，克世其家。

與擇之書曰：「師魯寄來《論語解》數篇，極佳。未暇細讀，已覺儘有合商量處。旦夕致書，相與評之，又看如何。」

考亭淵源録卷之十三

楊道夫

楊道夫，字仲思，浦城人。

備遺

道夫以疑目質之先生，其别有九。其一曰：「涵養、體認、致知、力行，雖云互相發明，然畢竟當於甚處着力？」曰：「四者，據公看如何先後？」曰：「據道夫看，學者當以致知爲先。」曰：「四者本不可先後，又不可無先後。須當以涵養爲先。若不涵養而專於致知，則是徒然思索。若專於涵養而不致知，却鶻突去了。以熹觀之，四事只是三事，蓋體認便是致知也。」二曰：「居常持敬，於静時最好，及臨事則厭倦。或於臨事時着力，則覺紛擾。不然，則於正存敬時，忽忽爲思慮引去。是三者，將何以勝之？」曰：「今人將敬來别做一事，所以有厭倦，爲思慮引去。敬只是自家一箇心常醒醒便是，不可將來别做一事，又豈可指擎跽曲拳，塊然在此，而後爲敬？」又曰：「今人將持敬、致知來做兩事，持敬時只塊然獨坐，更不去思量，却是今日持敬，明日去思慮道理也。豈可如此？但一面自持敬，一面去思量道理，二者本不相妨。」三曰：「人之心，或爲人激觸，或爲利欲所誘，初時克得下，不覺突起，更不可禁禦。雖痛遏之，卒不能勝。或勝之，而已形於辭色。此等爲害不淺。」曰：「只是養未熟耳。」四曰：「《知言》云：『天理人欲同體而異用，同行而異情。』切謂凡人之生，粹然天地之心，不與物爲對，是豈與人欲同體乎？」曰：「五峰『同體而異用』一句說得不是。天理人欲如何同得？故張欽夫《嶽麓書院記》只使他『同行而異情』一句，❶却是他合下便見得如此。他蓋嘗曰：『凡人之生，粹然天地之心，道義完具，無適無莫，不可以善惡辯，不可以是非分。』所以有『天理人欲同體而異用』之語。只如粹然天地之心，即是至善，又如何不可分辯？天理便是性，人欲便不是性。自是他合下見得如此，當時無人與他理會，故恁錯了。」五曰：「《遺書》云：『今志於義理而心不安樂者，何也？此則正是剩一箇助之長。雖則心操之則存，捨之則亡，然而持之太甚，便是必有事焉而正之也。亦須且恁地去，如此者只是德孤。德不孤，必有鄰。到德盛後自無窒礙，左右逢其原也。』此一段多所未解。」曰：「這箇也自分明，只有『且恁地去』此一句難曉。其意只是不可說道，持之太甚便放下了，亦須且恁持去。德孤只是單單有這些道理，所以不可靠，易爲外物侵奪。緣是處少，不是處多。若是處多，不是處少，便不爲外物侵奪，到德盛後自然左右逢其原也。」六曰：「南軒答吴晦叔書云：『反復其道，正言消長往來乃是道也。程子所謂聖人未嘗復，故未嘗見其心。蓋有往則有復。以天地言之，陽氣之生，所謂復也。固不可指此爲天地心，然於其復也，可見天地心焉。蓋所以復者是也。在人，有失則有復。復，賢者之事也。於其復也，亦

---

❶「只使」，原作「如此」，據《朱子語類》卷一百一十五改。

可見其心焉。』切謂聖人之心,天地之心也。天地之心可見,則聖人之心亦可見。況夫復之爲卦,一陽復於積陰之下,乃天地生物之心也。聖人雖無復,然是心之用,因時而彰。故堯之不虐,舜之好生,禹之拯溺,湯之救民於水火,文王之視民如傷,是皆以天地之心爲心者也。故聖賢之所推尊,學者之所師慕,亦以其心顯白而無暗曖之患耳。而謂不可見,何哉?」曰:「不知程子當時説如何,欽夫却恁説。大抵《易》之言陰陽,有指君子小人而言,有指天理人欲而言,有指動静之機而言,初不可以一偏而論。如天下皆君子而無小人,皆天理而無人欲,其善無以有加。若動不可以無静,静不可以無動,蓋造化不能以獨成。或者見其相資而不可以相無,遂以爲天下不能皆君子而無小人,不能皆天理而無人欲,此得其一偏之論。只如有不善未嘗不知,知之未嘗復行,此賢者之心因復而見者。若聖人則無此,故其心不可見。然亦有因其動而見其心者,正如公所謂。堯之不虐,舜之好生,皆是因其動而見其心者,只當時欽夫之語亦未分明。」七曰:「李延平教學者於静坐時看喜怒哀樂未發之氣象爲如何。伊川謂:『既思即是已發。』道夫謂李先生之言主於體認,程先生之言專在涵養,其大要實相爲表裏。然於此不能無疑。夫所謂體認者,若曰體之於心而識之,猶所謂默會也。信如斯言,則未發自是一心,體認又是一心,以此一心認彼一心,不亦膠擾而支離乎?李先生所言決不至是。」曰:「李先生所言,自是他當時所見如此。」問:「二先生之説何從?」曰:「也且只得依程先生之説。」八問邵康節《男子吟》。❶曰:「康節詩乃是説《先天圖》中數之所從起處。天根、月窟指《復》

❶ 「男子吟」,《擊壤集》卷十六作「觀物吟」。

《姤》二卦而言。」九問：「《濂溪遺事》載邵伯温記康節論天地萬物之理以及六合之外，而伊川稱嘆。《東見録》云：『人多言天地外，不知天地如何説内外，外面畢竟是箇甚。若言着外，則須似有箇規模。』此説如何？」曰：「六合之外，莊周亦云『聖人存而不論』，以其難説故也。舊嘗見《漁樵問答》：『問：天何依？曰：依乎地。地何附？曰：附乎天。天地何所依附？曰：自相依附。天依形，地附氣。其形也有涯，其氣也無涯。』意者當時所言，不過如此，細思無有出是説者。」因問：「向得此書，而或者以爲非康節所著。」先生曰：「其間儘有好處，非康節不能著也。」

問：「向見先生教童蜚卿於心上着工夫，數日來專一静坐，澄治此心。」曰：「若如此塊然，都無所事，却如浮屠氏矣。所謂存心者，或讀書以求義理，或分别是非以求至當之歸，只那所求之心便是已存之心，何俟塊然以處，而後爲存耶？」

問：「尋常操存處，覺才着力，則愈紛擾，這莫是大把做事了？」曰：「自然是恁地。能不操而常存者，是到甚麽地位。孔子曰：『操則存，舍則亡。』操則便在這裏，若着力去求，便蹉過了。今若説操存，已是剩一箇存字。亦不必深着力，這物事本自在，但自家略加提省則便得。『必有事焉而勿正心，勿忘，勿助長』也。」

問：「處鄉黨宗族，見他有礙理不安處，且欲與之和同，則又不便；欲正己以遠之，又失之孤介，而不合中道。如何？」曰：「這般處也是難，也只得無忿疾之心爾。」

楊歠

楊歠，字與立，道夫從兄，紹興癸丑舉進士。又有名驤者，字子昂，道夫族兄。俱同時受學於朱子。

備遺

道夫嘗與子昂論心無出入。子昂謂心大無外，固無出入。道夫因思心之所以存亡者，以放下與操之之故，真有出入也。先生曰：「言有出入也是一箇意思，言無出入也是一箇意思。」

先生誨與立等曰：「爲學之道無他，只是要理會得目前許多道理。世間事無小大皆有道理，見得是自家合當做底便做將去，不當做底斷不可做，只是如此。」與立問：「常苦志氣怯弱，恐懼太過，心下常若有事。然此病如何？」先生曰：「若見得理徹，自然心下無事。」

驤問：「『行義以達其道』，莫是所行合宜否？」曰：「志是守其所達之道，道是行其所求之志。隱居以求之，使其道允足。行義是得時得位而行其所當爲。臣之事君，行其所當爲而已。」

程端蒙

程端蒙，字正思，番陽人。自少天資端愨，知自好。稍長，即能博求師友，以自開益，遂以詞藝名薦書。既見朱子於婺源，即慨然發憤，以求道修身爲己任。居家事親，能開義理於幾微之際，多所感悟，而不失其歡心。喪母，葬祭推本古經，以正流俗之繆，鄉人多以爲法。在太學，儕輩類趨時好，不復知有聖賢之學。端蒙擇其可告語者，因事推誠，誨誘不倦，從而化者頗衆。爲人剛介不苟合，聞人講學議政，有所未安，輒造門辯質，或移書譬曉，必極其是非可否之分而後已。會大臣樂豪縱而賤名檢，見修士即以邪氣目之，且言於上曰：「是屬能亡人之國。」於是學官承望風旨，因課試發策，直以王、程、蘇氏之學爲問，蓋將以其向背爲取舍，對者靡然，無敢正言其失。端蒙獨奮筆抗論，無所依違，而所以分別邪正之間，輕重淺深又皆中理，竟以是無所合而歸。紹熙二年十一月一日卒，年四十有九，聞者莫不哀之。

備　遺

晦翁答正思書曰：「示喻日用操存之意，甚善甚善。用功如此，所造豈易量。然亦須藉窮理功夫，令胸次灑落，始有進步處。《大學》所謂『知至而後意誠』者，正謂此也。」

又答書曰：「承喻致知力行之意，甚善。然欲以静、敬二字該之，則恐未然。蓋聖賢之學，徹頭徹尾只是一敬字。致知者，以敬而致之也。力行者，以敬而行之也。静之爲言，則亦理明心定，自無紛擾之效耳。今以静爲致知之由，敬爲力行之準，則其功夫次序皆不得其當矣。《中庸》所謂博學、審問、謹思、明辯者，皆致知之事，而必以篤行終之，此可見也。苟不從事於學、問、思、辯之間，但欲以静爲主而待理之自明，則亦没世窮年而無所獲矣。」

又書曰：「葬地之訟，想已得直。凡百更宜審處。與其得直於有司，不若兩平於鄉曲之爲愈也。觀書以己體驗，固爲親切，然亦須遍觀衆理而合其歸趣乃佳。若只據己見，却恐於事理有所不周，欲徑急而反踈緩也。」

又書曰：「致知力行，論其先後，固當以致知爲先，然論其輕重，則當以力行爲重。昨告擇之，正爲徒能知之言之而不能行者設耳，於理固無大害也。」

又書曰：「異論紛紜，不必深辯，且於自家存養講學處朝夕點檢，是切身之急務。朋友相信得及者，密加評訂，自不可廢，切不可於稠人廣坐，論説是非。著書立言，肆意排擊，徒爲競辯之端，無益於事。向來蓋嘗如此，今乃悔之，故不願賢者之爲之耳。」

又書曰：「世學不明，異端蠭起，大率皆便於私意人欲之實，而可以不失道義問學之名，以故學者翕然趨之。然唥有之：『是真難滅，是假易除。』但當力行吾道，使益光明，則彼之邪説如見晛耳，故不必深與之辯。」

又書：「所論放心之説甚善，且更如此存養體驗，久久純熟，又須見得存養省察，不是兩事也。」

竇從周

竇從周，字文卿，丹陽人。志尚冲雅，不伍流俗。既厭科舉業，日讀《周易程氏傳》《語孟精義》《程氏遺書》《近思録》，如是者十年。淳熙丙午，年已五十，偕弟澄往見朱子於建陽。及歸築室，專以爲己爲學者倡，士友慕之。

備　遺

從周初見先生，先生問：「如何用心。」從周云：「收放心，慕顔子克己氣象。游判院教從周常收放心，常察忘與助長。」先生曰：「固是。前輩煞曾講説，差之毫釐，繆以千里。今之學者，理會經書，便流爲傳注。理會史學，便流爲功利。不然即入佛老。最怕差錯。」

又問：「公留意此道幾年？何故向此？」從周説：「先妣不幸，從周哀痛無所措身，因閲《西銘》，見説乾父坤母，終篇皆見説得是，自此遂棄科舉。從周十年願見先生，緣家事爲累。今家事盡付妻子，從周於世務絶無累，又無功名之念，正是侍教誨之時。」先生云：「公已得操心之要。」

先生語從周以《語孟精義》皆諸先生講論，其間多異同，非一定文字，又在人如何看，公畢竟如何用心」。從周説：「仰慕顔子，見其氣象極好，如三月不違仁，得一善則拳拳服膺，如克己之目。從周即察私心，欲去盡，然而極難。頃刻不存，則忘。才著意，又助長。覺得甚難。」先生云：「且只得恁地。」

先生問：「曾理會敬字否？」曰：「程先生説：『主一之謂敬，無適之謂一。』」曰：「畢竟如何見得這敬字？」曰：「端莊嚴肅則敬便存。」曰：「須是將敬來做本領，涵養得貫通時，才敬以直内，便義以方外，義便有敬，敬便有義。如居仁便由義，由義便居仁。」從周説：「敬莫只是涵養，義便分別是非。」曰：「不須恁地説。不敬時便是不義。」

先生曰：「文卿看道理失之太寬，當如射者，專心致志，只看紅心。若看紅心，又覰四邊，必不能中。

《列子》説一射者懸蝨於户，視之三年，大如車輪，想當時用心專一，不知有他。雖實無這事，要當如此，所見方精。」

先生語從周：「前日有些見處，只管守着歡喜。正如過渡，既已上岸，則當向前，不成只管讚歎渡船之功。」

先生答文卿書曰：「辱書，知進學不倦之意，甚善甚善。但自以不能致疑，便謂賢於辯論而不能行者，似有臨深爲高，不求進益之病，亦未免爲自畫也。彼以空言生辯，我以實見致疑，自不相妨。固不當以似彼爲嫌，而倦於探討。亦不當一概視彼皆爲空言，而逆料其全無實見也。」

又書曰：「爲學之要，只在着實操存，密切體認，自己身心上理會。切忌輕自表襮，引惹外人辯論，枉費酬應，分却向裏工夫。」

萬人傑

萬人傑，字正淳，興國軍人。

備　遺

問：「曾點、漆雕開已見大意。」曰：「曾點、漆雕開是合下見得大了，然但見大意，未精密也。」因語人傑曰：「正淳之病，大概説得渾淪，都不曾嚼破殼子，所以多有纏縛，不索性，絲來綫去，更不直截，無那精密潔白底意思。若是實識得，便自一言兩語斷得分明。如今工夫，須是一刀兩段。所謂一棒一條痕，一摑一掌血，如此做頭底方可無疑慮。如項羽救趙，既渡，沉船破釜，持三日糧，示士卒必死無還心，故能破秦。若更瞻前顧後，便不可也。」因舉禪語云：「寸鐵可殺人。無殺人手段，則載一車鎗刀，逐件弄過，畢竟無益。」

屢與人傑説：「『慎思之』一句，言思之不慎，便有枉用工夫處。」

問：「索理未到精微處如何。」曰：「平日思慮夾雜，不能虚明，用此昏底心，欲以觀天下之理，而斷天下之疑，豈究其精微乎？」

先生答正淳書曰：「『心生道』之説恐未安。大抵此段是張思叔所記，多以己意文先生之辭，恐不能無少失真也。『繼之者善』，繼之爲義，接續之意。言既有此道理，其接續此道理以生萬物者莫非善，而物之成形，各具此理而爲性也。試以此意推之，當得其旨也。」

又書曰：「所論大概只是如此，但日用間須有箇欛柄，方有執捉，不至走失。若只如此空蕩蕩地，恐無撈摸也。中只是應事接物，無過不及，中間恰好處。閲理之精，涵養之久，則自然見得矣。」

余宋傑

余宋傑，字國秀，南康建昌人。

國秀問治心修身之要，以爲雖知事理之當爲，而念慮之間，多與日間所講論者相違。先生曰：「且旋恁地做去。只是如今且説箇熟字，這熟字如何便得到這地位？到得熟地位，自有忽然不可知處，不是被你硬要得，直是不知不覺得如此。」

又問：「宋傑尋常覺得資稟昏愚，但持敬則此心虚静，覺得好。若敬心稍不存，則裏面固是昏雜，而發於外亦鶻突，所以專於敬而無失上用功。」曰：「這裏未消説敬與不敬在。蓋敬是第二節事，而今便把來夾雜説，則鶻突了，愈難理會。且只要識得那一是一，二是二，便是虚静也要識得這物事，不虚静也要識得這物事。如未識得這物事時，則所謂虚静，亦是箇黑底虚静，不是白底虚静。而今須是要打破那黑底虚静，換做箇白淨底虚静，則八窗玲瓏，無不融通。不然，則守定那裏底虚静，終身黑淬淬地，莫之通曉也。」

先生答國秀書曰：「所謂貼裏者，但謂不可向外理會不干己事及求知於人之類耳，若學問之功，則無内外身心之間，無麤細隱顯之分。初時且要大綱持守，勿令放逸，而常切提撕，漸加嚴密。更讀聖賢之書，逐句逐字，一一理會，從頭至尾，不要揀擇。如此久之，自當見得分明，守得純熟矣。今看此册，大抵不曾着實持守，而遽責純熟之功；不曾循序講究，而務極精微之藴，正使説得相似，只與做舉業一般，於己分上全無干涉。此正不貼裏之病也。」

「宋傑竊惟古人多處貧困，而泰然不以累其心，不知何道？今值窮困，若一切不問，則理勢不容已；若欲辨集，則未免有屈志靦顔之事。」答曰：「窮須是忍，忍到熟處，自無戚戚之念矣。韓退之《盛山詩序》説：『玩而忘之以文辭也。』文辭淺事，苟能玩而樂之，尚可以忘仕進之窮通，況吾日誦聖賢之言，探索高遠。如此而臨事全不得力，此亦足以見其玩之未深矣。」

周介

周介，字公謹。初姓葉，一字叔謹。

備遺

公謹問：「學者理會文字，又却昏了。若不去看，恐又無路可入。」曰：「便是難，且去看聖賢氣象，識他一箇規模。若欲盡窮天下之理，亦甚難，且隨自家規模大小做去。若是迫切求益，亦害事，豈不是私意。」

公謹問：「夫子曰：『吾道一以貫之。』何故曾子曰：『忠恕而已矣。』」先生曰：「且去一貫上看忠恕。公是以忠恕解一貫。更去仔細玩味。治國平天下，有許多條目，夫子何故只説『吾道一以貫之』？」公謹次日復問：「聖人之道，見於日用之間。精麤小大，千條萬目，未始能同，然其通貫則一。如一氣之周乎天地之間，萬物散殊雖或不同，而未始離乎氣之一。」曰：「别又看得甚意思出？」曰：「夫子之告曾子，直是見他曉得，所以告他。」曰：「是也。所以告曾子時無他，只緣他曉得千條萬目，他人連箇千條萬目尚自曉不得，如何識得一貫。如穿錢，一條索穿得方可謂之一貫。」問：「門人是夫子之門人否？」曰：「是也。夫子説一貫時，未有忠恕。及曾子説忠恕時，未有體用，是後人推出來忠恕是大本，所以爲一貫。」公謹復問：「莫是曾子守約，故能如此。」曰：「不然。却是曾子件件曾做來，所以知。若不曾躬行踐履，如何識得？」公謹復問：「是他用心於内，所以如此？」曰：「只是朴實頭去做了。夫子告人，不是見他不曾識，所以告他。曾子只是曾經歷得多，所以告他。子貢是識得多，所以告他。」

先生答吕子約書曰：「公謹前日一二書來問所疑，覺得却似稍通曉，勝往時。此等人不能談王説霸，終是慤實謹厚這邊人。鄙意近來覺得只愛此等人。」

余正父

備遺

先生答正父書曰：「天下之理萬殊，然其歸則一而已矣，不容有二三也。知所謂一，則言行之間，雖有不同，不害其爲一。不知其一而强同之，猶不免於二三，况遂以二三者爲理之固然而不必同，則其爲千里之謬，將不俟舉足而已迷錯於庭户間矣。故明道先生有言：『解經有不同處不妨，但緊要處不可不同耳。』此言有味也。

「示喻編禮，并示其目，三復嘆仰，不能已。前此思慮安排百端，終覺未穩。今如所定，更無可疑。雖有少倒置處，如《弟子職》《曲禮》《少儀》之類。然亦其勢如此，無可奈何也。喪、祭二禮，别作兩門，居邦國王朝之後，亦甚穩當。前此疑於家邦更無安頓處也，其間只有小小疑處。」

余 隅

余隅，字占之，古田人。從朱子游，與吕祖謙、黄榦往復講學，有《克齋文集》。

備 遺

先生答占之書曰：「試期不遠，且作舉子文，固所當然，然義理意味亦不可遽斷絶耳。思無邪之説，伊川意已如此，氣味自長，不必牽合諸説，却味短也。仁者能好惡人，上蔡亦謂無私好惡耳，但語中少却一私字便覺有病，不以辭害意可也。平易固疑於卑近，然却正是初學事。須從此去，漸次自到高遠處，乃是升高自下，陟遐自邇之義。未聞先高遠而後平易也。仁者愛之理，而直以愛爲仁則不可。此處且更潛心，久之有見，方信得及。今且當就此兩句裏面思量，不必向外頭走作也。」

余 範

余範，字彝孫，古田人。

備　遺

彝孫問曰：「有憂有懼者，志不勝氣，氣反動其心。若志立則氣定矣，故曰：『内省不疚，夫何憂何懼？』」先生答曰：「有憂有懼者，内有所慊也。自省於内而無所病，則心廣體胖，而何憂何懼之有？夫子之語，固已明白完備。今以志立氣定爲言，則是未嘗熟復本文，而别生枝節也。」

林　學　蒙弟學履

林學蒙，一名羽，字正卿，三山永福人。從文公游，後卒業於黄榦之門。築龍門庵講學，榦爲之記。陳宓始作道南書院於延平，聘爲堂長。所著有《梅塢集》行於世。

學履，字安卿。

備　遺

正卿問：「夫子答顔淵『克己復禮爲仁』之問，説得細密。若其他弟子問，多是大綱説，如語仲弓以『己所不欲勿施於人』之類。」曰：「以熹觀之，夫子答群弟子，却是細密，答顔子者，却是大綱。」

問：「思慮紛擾。」曰：「公不思慮時，不識箇心是何物。須是思慮時知道這心如此紛擾，漸漸見得，却有下工夫處。」

問：「存心多被物奪了。」曰：「不須如此説，且自體認自家心是甚物。自家既不曾識得箇心，而今都説未得。纔識得，不須操而自存，如水火相濟，自不相離。聖賢説得極分明。夫子説了，孟子恐後世不識，又説向裏，後之學者依舊不把做事，更説甚閑話。孟子四端處儘有可玩索。」

先生謂正卿曰：「理會這箇且理會這箇，莫引證見，相將都理會不得。理會『剛而塞』，且理會這一箇剛字，莫要理會『沉潛剛克』。各自不同。」

答正卿書曰：「大率朋友看文字，多有淺迫之病。淺則於其文義多所不盡，迫故於其文理亦或不暇周悉。兼義理精微，縱横錯綜，各有意脉，今人多是見得一邊，便欲就此執定，盡廢他説。此乃古人所謂『執德不弘』者，非但讀書爲然也。要須識破此病，隨事省察，庶幾可以深造而自得也。」

安卿問：「克復工夫，全在『克』字上。蓋是就動處克將去，必因有動，而後天理人欲之幾始分，方知所決擇而用力也。」曰：「如此則未動以前不消得用力，只消動處用力便得，如此得否？且更仔細。」次早，問：「看得如何？」安卿舉註中程子所言「克己復禮，乾道；主敬行恕，坤道」爲對。曰：「這箇也只是微有些如此分。若論敬，則自是徹頭徹尾要底。如公昨夜之説，只是發動方用克，則未發時，不成只是這裏打瞌睡懞憧，等有私來時旋捉來克，如此得否？」

楊　至

楊至，字至之，泉州晉江人。蔡元定妻以女。所編有《文公語録》二卷。

備遺

先生與至之書云：「日用之間，常切操存。讀書窮理，亦勿廢惰。久久當自覺有得力處。」

又書云：「要須反己深自體察，有箇火急痛切處，方是入得門户。若只如此悠悠，定是閒過日月，向後無得力處，莫相怪也。」

又書云：「所喻《詩序》，既不曾習《詩》，何緣便理會得？只今且看四子音後所題，依其次序，用心講究，入得門户，立得根本，然後熟讀一經，仔細理會，有疑即思，不通方問，庶有進處。若只如此泛泛揭過，便容易生説。雖説得是，亦不濟事，況全未有交涉乎。所説《易傳》恐亦方是見得皮膚，如何便説得『《易》之大全無餘藴矣』？向嘗面説至之有膚淺之病，不知曾究其所以然，而加濬治之功否。」

楊子順、楊至之、趙唐卿辭歸，請教，先生曰：「學不是讀書，然不讀書，又不知所以爲學之道。聖賢教人，只是要誠意、正心、修身、齊家、治國、平天下。所謂學者，學此而已。若不讀書，便不知如何而能修身，如何而能齊家、治國。聖賢之書，説修身處便如此，説齊家、治國處便如此，節節在那上，自家都要去理會，一一排定在這裏來，便應將去。」

至之問：「某多被思慮紛擾。思這事，又慮做那一事去。雖知得了，自是難止。」曰：「既知不是，便當絶斷，更何必問。」

至之少精深，蜚卿少寬心，二病正相反。

至之作二圖。一曰《天道至教圖》，從太極、兩儀、五行、四時、四方，以至四德、五常、四端，相次排列。一曰《人道至教圖》，摽出《禮記》「至教至德」一條，及「風雨露霜無非教」一條，與「仁氣義氣」一條，列於其首，而爲説於其後。大意説君子法天從政，如風動以教民善，如雷擊以懲奸慝，便及始爲士而終爲聖，盡乎人而合乎天。

考亭淵源録卷之十四

陳　易

陳易，字後之，泉州永春人。自幼力學，舉慶元丙辰進士。崇尚伊洛，居喪不用浮屠，參酌古禮，鄉閭化之。仕爲懷安縣丞。所著有《論孟解義》。

備　遺

文公與柯國材書曰：「陳、許二友好爲高奇，喜立新説，往往過於義理之中正，故常因書箴之。蓋因其病而藥之，非以爲凡講學者皆當畫於淺近而遂止也。」

王力行

王力行，字近思，泉州同安人。勤學善問，深得師旨。嘗著《朱氏傳授支派圖》。

備　遺

先生誨力行云：「若有人云孔孟天資不可及，便知此人自暴自棄，萬刼千生，無緣見道。所謂『九萬里則風斯下』。

「講學切忌研究一事未得，又且放過，别求一事，如此則有甚了期？須是逐件打結，久久通貫。力行退讀先生格物之説，見李先生所以教先生，有此意。

「示喻學之難易及别紙所疑，足見好問之意。本欲一一答去，然熟觀之，似未嘗致思而汎然發問者。若此又率然奉答，竊恐秖爲口耳之資，而無益問學之實。今且請吾友只將所問數條，自加研究，自設疑難，以吾心之安否驗衆理之是非，縱未全通，亦須可見大略，然後復以見諭。計其間當有不待問而決者矣。」

問：「平時無事，是非之辨，似不能惑。事至而應，則陷於非者十七八，雖隨即追悔，後來之失，又只如故。今欲臨事時，所謂可喜可怪可沮者，不能勝其平時之心，其道何由？」曰：「此是本心陷溺之久，義理浸灌未透之病。且宜讀書窮理，常不間斷，則物欲之心似不能勝，而本心之義理安且固矣。」

問「吾道一以貫之」。曰：「曾子是力行得熟後見得，今人只是説得，自是意味不同。正便説得十分，亦不濟事。」

許升

許升，字順之，同安人。

備遺

先生答順之書曰：「所寄諸説，求之皆似過當。只於平易慤實之處認取至當之理，凡前日所從事一副當高奇新妙之説，並且倚閣，久之見實理，自然都使不着矣。」

又書曰：「書中所諭皆的當之論，所恨無餘味耳。更向平易着實處仔細玩索，須於無味中得味，乃知有餘味之味。此理要人識得。識得即雖百千萬億不爲多，無聲無臭不爲少。若如所疑，即三綱五常都無安頓處，九經三史皆爲剩語矣。此正是順之從來一箇窠臼，何故至今出脱不得？豈自以爲是之過耶？聞有敬字不活之論，莫是順之敬得來不活否？却不干敬字事，惟敬故活，不敬便不活矣。」

又書曰：「所謂『棲心淡泊，與世少求，玩聖賢之言，可以資吾神，養吾真』者，一一勘過，只此二十餘字，無一字不有病痛。夫人心是活物，當動而動，當静而静，動静不失其時，則其道光明矣。是乃本心全體大用，如何須要棲之淡泊，然後爲得？且此心是箇什麽，又如何其可棲也耶？聖賢之言無精麤巨細無非本心天理之妙，若真看得破，便成己成物，更無二致。内外本末，一以貫之，豈獨爲資吾神、養吾真者而設哉！若將聖賢之言作如此看，直是全無交涉。聖門之學，所以與異端不同者，灼然在此。若看不破，便直唤作謗釋氏亦何足怪？吾友若信得及，且做年歲工夫，屏除舊習，案上只看六經、《語》《孟》及程氏文字，着開擴心胸，方知『體用一源，顯微無間』是真實語，不但做兩句好言語説，爲資神養真，胡塗自己之説而已也。聞已喫肉，甚善。推此類而擴充，則異説不能惑矣。」

又書曰：「順之既有室家，不免略營生理。書中所説，不知當如何措畫。此固不得不爾也。麤有衣食之資，便免俯仰於人，敗人意思，此亦養氣之一助也。但不可汲汲皇皇，役心規利耳。想順之於此必有處，決不至如此也。」

文公答石子重書曰：「順之比來不及一見，所養想更純熟，留書見儆甚至，但終有桑門伊蒲塞氣味。不知向來相聚亦嘗儆之否？此道寂寥，近來又爲邪説汨亂，使人駭懼。聞洪适盡取張子韶《經解》刊行，此禍不在洪水猛獸之下，令人寒心。惟益思自勉，更求朋友之助，稍爲後人指出邪徑，俾不至全然陷溺，亦一事耳。順之聞之，必反以爲謗子韶也。」

順之説：「人謂《禮記》是漢儒説，恐不然。漢儒最純者莫如董仲舒，董仲舒之文，最純者莫如《三策》，何嘗有《禮記》説話來？如《樂記》所謂：『天高地下，萬物散殊，而禮制行矣。流而不息，合同而化，而樂興焉。』仲舒如何説得到這裏，想必是古來流傳得此箇文字如此。」先生云：「以此知禮樂亦出於孔門之徒。順之此言極是。」

許景陽

許景陽，字子春，泉州同安人。

備遺

先生答子春書曰：「來書所論未發之中，恐不如此，似看得太過了。只是此理對惡而言則謂之善，對濁而言則謂之清，對四旁而言則謂之中，初非有二物，但唯聖人爲能全之以致其用，衆人則雖有而不能自知，是以汩於物欲而亂之耳。曾子一貫之説，似亦未然，嘗謂夫子此機，如決積水於千仞之壑，故當時曾子一聞便透，更無凝滯。若如所喻，則夫子方是教他，曾子漸次消磨。曾子元未及下功夫，如何便應得箇唯字？此等處且宜虚心玩味，不可輕易立説。

「近見《槐陰問答》，覺得所論皆太寬緩。此非言語之病，乃是用功處不緊切耳。」

楊履正

楊履正，字子順，泉州晉江人。

備　遺

先生答子順書曰：「古人之學雖不傳於天下，而道未嘗不在於人心。但世之業儒者，既大爲利禄所決潰於其前，而文詞組麗之習，見聞掇拾之工，又日夜有以滲泄之於其後，使其心不復自知道之在是，是以雖欲慕其名而勉爲之，然其所安，終在彼而不在此也。及其求之而茫然，如捕風繫影之不可得，則曰：『此亦口耳之習耳，吾將求其躬行力踐之實而爲之。』殊不知學雖以躬行力踐爲極，然未有不由講學窮理而後至。今惡人言仁言恕，言《西銘》言《太極》者之紛紛，而吾乃不能一出其思慮以致察焉，是惡人説河而甘自渴死也，豈不誤哉？

「所論爲學大意，自已得之。但賢者本自會説，説得相似，却不爲難。只恐體之未實，即此所説皆是空言，不濟事耳。

「夫子乘桴之歎，獨許子路之能從，而子路聞之，果以爲喜。且看此等處聖賢氣象是如何？世間許多紛紛擾擾，如百千蚊蚋，鼓發狂鬧，何嘗入得他胸次耶。若此等處放不下，更説甚克己復禮，直是無交涉也。至之麤疎，不如子順細密，然此等處却似打得過，正好相切磋也。」

徐　寓弟容

徐寓，字居父。容，字仁父。永嘉人。

備　遺

庚戌五月，寓初見先生於臨漳，問讀《易》《詩》。先生告以先讀《大學》《語》《孟》《中庸》，待精透，然後讀他經，却易爲力。問：「初學精神易散，静坐如何？」曰：「此亦好，但不專在静處做工夫，動作亦當體驗。聖賢教人，豈專在打坐上？要是隨處着力，如讀書，如待人處事，若動若静，若語若默，皆當存此。無事時，只合静心息念。孟子謂：『學問之道無他，求其放心而已矣。』不然，精神不收拾，則讀書無滋味，應事多齟齬，豈能求益乎？」

問：「有事時應事，無事時此心如何。」曰：「無事時只得無事，有事時也如無事時模樣，只要此心常在。所謂『動亦定，静亦定』也。」

問：「思慮難一，如何。」曰：「徒然思慮，濟得甚事？熹謂若見得道理分曉，自無閒雜思慮。人所以思慮紛擾，只緣未見道理耳。『天下何思何慮？』是無閒思慮也。」

問：「程子常教人静坐，如何？」曰：「亦是他見人要多慮，且教人收拾此心耳，初學亦當如此。」

先生謂仁父曰：「爲學須是裂破藩籬，痛底做去，所謂一棒一條痕，一摑一掌血，使之歷歷落落，分明開去，莫要含糊。」

黄顯子

黄顯子，字敬之，永嘉人。

備遺

敬之問：「理既明於心，須又見這樣子，方始安穩。」曰：「學、問、思、辨亦皆是學，但學是習此事，思是思量此理者。只説見這樣子，又不得。須是依樣去做。然只依本畫葫蘆又不可，須是百方自去尋討始得。」

語敬之曰：「這道理也只是如此看，須是自家自奮迅做去始得。看公大病痛只在箇懦弱，須是便勇猛果決，合做便做，不要安排，不要等待，不要靠别人，不要靠書籍言語，只是自家自檢點。公曾看《易》，《易》裏説陽剛陰柔，陰柔是極不好。」

包君定

包君定，字定之，永嘉人。

備遺

先生答定之書曰：「講習家庭，得以從事於孝恭友弟之實，非行思坐誦空言之比也。然操索涵泳，又不可廢。不審所讀何書？更能温習《論語》，并觀《孟子》《尚書》之屬，反復諷誦，於明白易曉處直截理會爲佳，切忌穿鑿，屈曲纏繞也。此間今年朋友往來不定，講學殊無頭緒，甚思定之用意精密，不易得也。

「《中庸》實未易讀，更宜虚心玩味，久當自得。大抵其説雖無所不包，然其用力之端，只在明善、謹獨。所謂明善，又不過思慮應接之間，辨其孰爲公私邪正而已。此窮理之實也，若於此草草放過，則亦無所用其存養之力矣。若更如此用力，必自見得。其他文義意指有合商量處，便中却可垂喻。」

童伯羽

童伯羽，字蜚卿，甌寧人，沉默寡言，好讀書。詣雲谷，師事朱文公，公常造其廬。爲扁其樓曰「醉經堂」，曰：「敬義雅愛林泉，不樂仕進。」鄉稱敬義先生。四書諸經，皆有訓解。

備遺

先生問：「伯羽如何用工。」對曰：「且學静坐，痛抑思慮。」先生曰：「痛抑也不得，只放退可也。若全閉眼而坐，却有思慮。」又言：「不可全無思慮。無邪思爾。」

先生謂伯羽曰：「公大抵容貌言語都急迫，須打疊了，令心下快活。如一把棼絲，見其棼而未定，才急下手去挐，愈亂了。」

蜚卿問：「致知後須持養，方力行。」曰：「如是則今日致知，明日持養，後日力行。只持養便是行。正心、誠意豈不是行？但行有遠近。治國平天下，則行之遠耳。」

蜚卿問：「不知主一如何。」曰：「凡人須自知，如己喫飯，豈可問他人饑飽。」又問：「或於無事時更有思量否？」曰：「無事時只是無事，更思箇甚？然人無事時少，有事時多，才思便是有事。」蜚卿曰：「静時多爲思慮紛擾。」曰：「此只爲不主一。人心皆有此病，不如且將讀書程課繫縛此心，逐旋行去，到節目處，自見功效淺深。大凡理只在人身中，不在外面，只爲人役役於不可必之利名，故本原固有者日加昏蔽，豈不可惜。」

蜚卿以書謁先生，有棄科舉之説。先生曰：「今之士大夫應舉干禄，以爲仰事俯育之計，亦不能免。公生事如何？」曰：「麤可伏臘。」曰：「更須自酌量。」

余大雅 弟大猷

余大雅，字正叔。大猷，字方叔。南劍州順昌人。兄弟同時從文公游，公每告以簡約切實工夫，而要其歸於求放心一言。大雅兩領鄉薦，省試不遇。編《文公語録》一卷。大猷所著有《書會通》。

備遺

大雅謁先生於鉛山觀音寺，先生問所學，大雅因質所見。先生曰：「所謂事事物物各得其所，乃所謂時中之義，但所説大意却錯雜。據如此説，乃是欲求道於無形無象之中。近世學者，大抵皆然。聖人語言甚實，且即吾身日用常行之間，將聖賢言語虛心以觀之，久之道理自見，不必求之太高也。今如所論，却只於渺渺茫茫處想見一物懸空在，更無捉摸處，將來如何頓放？更没收殺。如此則與身中日用自然判爲二物，何緣得有諸己？只看《論語》一書，何嘗有懸空説底話。只爲漢儒一向尋求訓詁，更不看聖人意思，所以兩程先生不得不發明道理，開示學者，使激昂向上，求聖人用心處，故放得稍高。不期今日學者乃捨近求遠，處下窺高，一向懸空説了，扛得兩脚都不着地。其爲害反甚於向者之未知尋求道理，依舊只在大路上行。今之學者却求捷徑，遂至鑽山入水。吾友要知，須是與他古本相似者方是本分道理，若不與古本相似，盡是亂道。」

先生語大雅曰：「吾輩此箇事，世俗理會不得。凡欲爲事，豈可信世俗之言爲去就，彼流俗何知？所以王介甫一切屏之。他做事雖是過，然吾輩自守所學，亦豈可爲流俗所梗。如浙東學者，多陸子静門人，類能卓然自立，相見之次，便毅然有不可犯之色。自家一輩朋友，又覺不振，一似忘相似。彼則又似助長。」又曰：「大抵事只有一箇是非，是非既定，却揀一箇是處行將去。必欲回護得人人道好，豈有此理？然事之是非，久却自定，時下須是在我者無慊，仰不愧俯不怍，别人道好道惡，難管他。」

正叔有支蔓之病，先生每救其偏，正叔因習静坐，後復有請，謂：「因此遂有厭書册之意。」先生曰：「豈可一向如此。只是令稍稍虛閒，依舊自要讀書。」

正叔别先生後，得一詩云：「三見先生道愈尊，言提切切始能安。如今決破本根説，不作從前料想看。有物有常須自盡，中倫中慮覺猶難。願言克己工夫熟，要得周旋事仰鑽。」先生云甚好。

先生答方叔書曰：「天之生物，有有血氣知覺者，人獸是也；有無血氣知覺，而但有生氣者，草木是也；有生氣已絶，而但有形質臭味者，枯槁是也。是雖其分之殊，而其理則未嘗不同。但以其分之殊，則其理之在是者，不能不異。故人爲最靈，而備有五常之性，禽獸則昏而不能備，草木枯槁則又并與其知覺者而亡焉，但其所以爲是物之理，則未嘗不具耳。若如所謂才無生氣，便無此理，則是天下乃有無性之物，而理之在天下，乃有空闕不滿之處也，而可乎？他説皆得之，但謂敬只是防去此等，以復於理，語意未切。須知敬即此心之自做主宰處，更宜用力，即自見得也。」

馮　椅

馮椅，字奇之，一字儀之，南康軍都昌人。紹熙四年進士，爲饒州德興縣尉，調江西轉運司幹官，後家居授徒。著《易書詩語孟太極圖西銘緝説》《孝經章句》《喪禮》《小學》《孔子弟子傳》《讀史記》及《詩文志録》，合二百餘卷。

子去非，淳祐元年進士，仕爲宗學諭。正色立朝，以言罷歸。《宋史》有傳。

備　遺

《宋中興藝文志》載椅爲《輯傳》《外傳》，蓋以程沙隨、朱文公雖本古《易》爲註，猶未及盡正《孔傳》名義，乃改《彖》曰、《象》曰爲贊曰，以繫卦之辭即爲《彖》，繫爻之辭即爲《象》，王弼本《彖》曰、《象》曰乃孔子釋

《彖》《象》，與商飛卿説同。又改《繫辭》上下爲《説卦》上下，❶以隋《經籍志》有《説卦》三卷云。

椅祖朱氏刊經文所引《詩》《書》之妄，而《傳》則盡删其所託曾、孔答問與其增益之辭，爲《古孝經輯註》，并引蔡氏註。

李如圭

李如圭，字寶之，吉州廬陵人。紹熙癸丑進士，嘗爲福建安撫司幹官。

備遺

文公答書曰："《祭禮》略看，已甚可觀，但《特牲》第一條，準前篇例，合入《祭義》耳。其他更俟詳考，續奉報。唯《祭法》及《宗廟》兩篇附諸篇後，不見祭祀綱領，恐須依向寫去者移在諸篇之前，爲祭禮之首。但舊作兩篇太細碎，今可只通作《祭法》一篇，次《特牲》，次《少牢》，次《有司》，次《諸侯釁廟》，次《諸侯遷廟》，次《祼獻》，次《祭義内事》，次《中霤》，次《郊社》，次《祭義外事》：此祭禮篇目也。其他《外傳》《大傳》，向已附去者，可并爲之。只此目中《祭義》及《中霤》《郊社》二篇亦未編定，幸并留念也。禘郊祖宗之説，《公》《穀》《國語》《家語》、趙氏《春秋纂例》《中説》《横渠禮説》，皆當考也。

❶ 「説卦上下」，《經義考》卷三十一及《四庫全書總目·經部七》均作「説卦上中」。

「《祭法》《祭義》及《遷廟附記》三篇，今附還，可照前説重定爲佳。《中霤》《郊社》二篇，可并編定。其《祭義》内外事兩篇，并處諸篇之後，亦佳。❶《祭法》内『郊之祭也』一章當入外事篇，他皆倣此。「伯豐已寄得《祭禮》來。渠以職事，無暇及此。只是李寶之編集，又不能盡依此中寫去條例。」

《宋中興藝文志》曰：「《儀禮》既廢，學者不復誦習，或不知有是書。乾道間，❷有張淳始訂其訛，爲《儀禮識誤》。淳熙中，李如圭爲《集釋》，出入經傳，又有《綱目》以别章句之指，爲《釋宫》以論宫室之制。朱熹嘗與之校定禮書，蓋習於禮者。」

鄭南升

鄭南升，字文振，潮州潮陽縣人。

備遺

先生云：「文振近看得文字較細，須用常提掇起，得惺惺，不要昏晦。若昏晦，則不敬莫大焉。纔昏晦時，少間一事來，一齊被私意牽將去，做主不得。須用認取那箇是身，那箇是心，卓然在目前，便做得身主，

❶ 「佳」，原作「皆」，據《晦庵集》卷五十九改。
❷ 「間」，原作「問」，據《經義考》卷一百三十二改。

少間事物來，逐一區處得當。」

徐昭然

徐昭然，字子融，鉛山人。

備遺

先生答子融書曰：「所論浩氣，甚善甚善。大率子融志氣剛決，故所見亦如此痛快直截，無支離纏繞之弊。更願益加詳審，專就平實親切處推究體認，久當有以自信，不爲高談虛見所移奪也。

「子融志趣操守非他人所及，但苦從初心不向裏，故雖稠人廣坐，閉眉合眼，而實有矜能異衆之心。非不讀書講義，而未嘗潛心默究，剖析精微。但據一時所見麤淺意思，便立議論，說來說去，都無意味，枉費筆舌。如所謂無鬼神無釋氏者，皆無義理。夫『鬼神』二字著於六經，而釋氏之說見行於世，學者當講究，識其真妄。若不識得，縱使絕口不談，豈能使之無邪？子融議論麤率不精，大率類此。蓋日前窮理未精，便自主張得重，又爲不勝己者妄相尊獎，致得自處太高，將義理都低看淺看了。今若覺悟，須且虛心退後，審細辨認，令自己胸中了然不惑，庶幾有進步處耳。

「有性無性之說，殊不可曉。當時方叔於此，本自不曾理會，率然躐等，採難底問。熹若照管得到，則於此自合不答，且只教他仔細熟讀聖賢明白平易切實之言，就己分上依次第做功夫，方有益於彼，而我亦不爲失言。却不合隨其所問，率然答之，致渠一向如此狂妄。此熹之罪也。駟不及舌，雖悔莫追。然既有此話頭，又不容不結末。今試更爲諸君言之，若猶未以爲然，則亦可以忘言矣。伊川先生言：『性即理也。』此一句自古無人敢如此道。心則知覺之在人而具此理者也。横渠先生又言：『由太虚，有天之名。由氣化，有道之名。合虚與氣，有性之名。合性與知覺，有心之名。』其名義亦甚密。皆不易之至論也。」

徐子顔

備遺

先生曰：「子顔有守，但未知所見如何。」

先生答陳才卿曰：「子顔一室蕭然，有以自樂，令人敬嘆。」

楊方

楊方，字子直，長汀人。清修篤孝，行己拔俗。夙慕朱子。隆興初，舉進士，調信州弋陽尉。還，特取道崇安，請教數月而歸。趙汝愚帥蜀，辟主管機宜文字。汝愚尋薦於朝。召對，擢宗正寺簿。請外，通判吉州，知建昌軍。召爲樞密院編修官，首乞朝重華宫，辭甚懇切。

寧宗立，除秘書郎，出知吉州。僞學禁興，坐汝愚、熹黨罷，居贛州，閉門讀書。學禁稍弛，起家知撫州。

至官五閱月，乞祠以歸。

嘉定初，召爲侍右郎官，進考功郎官。操履剛正，終與時忤，尋復去國。越二年，除廣西漕使。性廉介，不可干以私。循歷所部，發摘姦貪，官吏重足而立。深入瘴鄉，不憚荒僻。至象州，以疾卒。老稚聞之，無不隕涕。所著有《寒泉語録》。人稱爲澹軒先生。

備　遺

先生訓子直：「欲速之患終是有。如一念慮間便出來，如看書欲都了之意是也。」

子直舊嘗去晁以道家作館，晁教他校正《闢孟子説》，被以道之説入心，後因此與孟子做頭抵。如李覯也要罵孟子。不知這般人是如何識見。

先生答子直書曰：「持敬之説，不必多言，但熟味整齊嚴肅、嚴威儼恪、動容貌、整思慮、正衣冠、尊瞻視此等數語，而實加功焉，則所謂直内，所謂主一，自然不費安排，而身心肅然，表裏如一矣。

「學者墮在語言，心實無得，固爲大病。然於語言中，罕見有究竟得徹頭徹尾者，蓋資質已是不及古人，而工夫又草草，所以終身於此若存若亡，未有卓然可持之實。近因病後，不敢極力讀書，閒中却覺有進步處。大抵孟子所論『求其放心』是要訣爾。

「世間喻於義則爲君子，喻於利即是小人。而近年一種議論，乃欲周旋於二者之間，回互委曲，費盡心機，卒既不得爲君子，而其爲小人亦不索性。亦可謂誤用其心矣。」

晦翁答劉子澄書曰：「子直到彼相聚幾日，曾説廟學配祀升黜之議否？ 他不合與晁以道相聚來，遂一向與孟子不足，亦可怪也。」

李大性嘗抗疏言：「陳傅良以言事去國，彭龜年、黄度、楊方相繼皆去。 朝廷清明，乃使言者無故而去？」

陳　孔　碩

陳孔碩，字膚仲，福州侯官人。 徙懷安。 少小即以聖賢自期待，嘗從張敬夫、吕祖謙游，後復偕其兄孔夙拜文公於武夷。 淳熙二年舉進士，除處州教授，知邵武縣，以聰明慈愛稱。 改贛州瑞金縣，新文廟，創壇壝，置社倉，民德之。 累遷知贛州，抑强扶弱。 贛水濱居民堰舟作堆，阻平爲險，常壞舟楫。 盡除之。 嘉定中，提舉淮南東路常平茶鹽。 叛寇胡海挾金虜來襲。 遣子韠募死士迎擊，破之。 五年，移廣南西路運判官。至中大夫，秘閣脩撰。 所著有《肅學講義》《北山文集》行於世。 人稱爲北山先生。

備　遺

先生答膚仲書曰：「鄙意近覺婺州朋友專事聞見，而於自己身心全無功夫，所以每勸學者要得身心稍稍端静，方於義理知所決擇，非欲其兀然無作，以冀於一旦豁然大悟也。 吾道之衰，正坐學者各守己偏，不能兼取衆善，所以終有不明不行之弊，非是細事也。

「來書云：『今且反復諸書以收心，至涵養工夫，日有所奪，未見其效。』此又殊不可曉。夫讀書固收心之一助，然今只讀書時收得心，而不讀書時便爲事所奪，則是心之存也常少，而其放也常多矣。且胡爲而不移此讀書工夫，向不讀書處用力，使動静兩得，而此心無時不存乎？然所謂涵養功夫，亦非是閉眉合眼，如土耦人，然後謂之涵養也。只要應事接物，處之不失此心，各得其理而已。聞有用度不足之憂，何故如此？豈非意氣太豪，日用間羞言樽節計量之事，而又多狥人情，應副求假，不免有虚内事外之弊耶？此雖與吝嗇鄙細者相去懸隔，然其爲失中則均，恐亦當自省而改之也。

「傅丞便來，雖不得書，傅亦具言近況，知人情頗相信，足以爲喜。但更須自家勉力，使義理精通，踐履牢實，足以應學者之求而服其心，則成己成物，兩無虧欠。如其不然，只靠些規矩賞罰以束縛之，則亦驫足以齊其外而已，究竟亦何益乎？科舉文字固不可廢，然近年翫弄得鬼怪百出，都無誠實正當意思，一味穿穴旁支曲徑以爲新奇，最是永嘉浮僞纖巧，不美尤甚，而後生輩多宗師之。此是今日莫大之弊。向來知舉輩蓋知惡之而不能識其病之所在，顧反抉摘一字一句以爲瑕疵，使人嗤笑。今欲革之，莫若取三十年前渾厚純正、明白俊偉之文，誦以爲法。此亦正人心，作士氣之一事也。

「講説次第且如此，亦得，但終是平日不曾做得工夫。今旋捏合，恐未必能有益也。又有本不欲爲而卒爲之，本欲爲而終不能爲者，此皆規矩不定，持守不固之驗。凡事從今更宜審細。見得是當，便立定脚跟，斷不移易，如是方立得事。若只如此輕易浮泛，終何所成？不但教導一事也。

「承以家務叢委妨於學問爲憂。此固無可奈何者，然亦只此便是用功實地。但無事看得道理，不令容易放過，更於其間見得平日病痛，痛加翦除，則爲學之道，何以加此？若起一脱去之心，生一排遣之念，則理事却成兩截，讀書亦無用處矣。但得少間隙時，不可閒坐説話，過了時日。須偷些小工夫，看些小文字，窮究聖賢所説底道理，乃可以培植本原，庶幾枝葉自然長旺耳。」

真德秀曰：「北山年幾八十，盡見更化後事。出入中外，垂二十稔，卒不肯少變所守，高卧不出，以眉壽終。」

考亭淵源録卷之十五

楊楫

楊楫，字通老，長溪人。淳熙五年進士，歷司農寺主簿。奏劄，論進君子，退小人。勿狥左右干請，以重中書之權。飭執政之臣，可否相濟，以任憂時之責，奬廉靖之操，絶奔競之風。遷國子博士，出知安慶府，除湖南路提點刑獄，移江南西路轉運判官。嘉定六年，卒於官。有奏議及《悦堂文集》行於世。人稱爲悦堂先生。

備遺

先生與通老説：「學問最怕悠悠。讀書不在貪多，未能讀向後面去，且温習前面已曉底，一番看，一番别。」

通老問：「孟子説浩然之氣，如何是浩然之氣？」先生不答，久之曰：「公若留此數日，只消把《孟子》自去熟讀他，逐句自解。一向自家只排句讀將去，自見得分明，却好來商量。若驀地發問，就與説將去，也徒然。康節學於穆伯長，每有扣請，必曰：『願開其端，勿盡其意。』他要待自思量得。大凡事理，若是自去尋討得出來，真是别。」

語通老：「早來説無事時此理存，有事時此理亡，無他，只是把事做等閒。須是於事上窮理方可。理於事本無異，今見事來，别把做一般看，自然錯了。」

周端朝

周端朝，字子清，❶温州永嘉人。族祖行己，師事程頤。仲父去非，爲張栻高弟。端朝少淹貫經史，爲葉適所知，繼從朱子於武夷，而業益進。紹熙中，入太學，趙汝愚爲李沐所攻罷相，端朝與同舍生楊宏中等上疏救之，得罪，羈管信州。久之，聽自便。時號六君子。

嘉定中舉進士，調桂陽軍教授，首立濂溪祠於學，以示準的。秩滿，除太學録，遷博士。入對，言：「人君之學與士大夫之學不同。士大夫一心之存亡，繫一身之是非。人主一念之操舍，關天下之休戚。」除太常丞，兼司封郎官。久之，以軍器監兼國子司業。居數月，遷秘書少監，兼侍講。復言：「近歲經筵例成兼職，今抱道篤學之士列在庶官，守道不苟之賢亟置散地，乞廣加收召，以備其選。」於是蔣重珍、徐清叟相繼進用。端平初，時怵於浮議，遽興三京之師，端朝力言其不可。既而師徒撓敗，卒如所料。除權刑部侍郎。卒，謚「文忠」。

---

❶「清」，《宋元學案》卷七十一作「静」，《東嘉録》卷十四作「靖」。

端朝儀容莊靖，心事和平，内行純備，居喪執禮。有田半頃，盡歸其兄，一室蕭然。寶、紹間，要門熏灼，端朝侃侃守正不阿，晚方進用，未得少行其志，士論惜之。

滕　璘弟珙

滕璘，字德粹，徽州婺源人。淳熙八年進士，除鄂州教授，調四川制司幹官，知嵊縣，僉書慶元府節度判官，入主管官告院，奉祠。起通判隆興府，充浙東、福建安撫司參議官，以朝奉大夫致仕。紹定六年卒，年八十。所著有《溪齋類藁》。

珙，字德章，亦淳熙中進士，筮仕爲旌德簿。

真德秀誌璘墓，其略曰：「乾、淳間，朱子倡道南方，海内學士，至者雲集。新安滕公德粹時甚少，與弟德章奉其父命，以書自通而謁教焉。朱子復之曰：『夫學者患不知其歸趣，與其所以蔽害之者，是以徘徊岐路，而不知所從入。今足下既知程氏之學不異於孔、孟之傳，而讀其書矣，又知科舉之奪志，佛老之殊歸，皆不足事。則亦循是而定取舍焉爾，復何疑而問於僕耶？意者於其所欲去者，未能脱然於胸中；所欲就者，又雜焉並進，不無貪多欲速之意，是以雖知其然，而未免有茫然無得之歎耳。足下誠若有志，則願暫置乎彼，而致精於此。取其一書，自首至尾，日之所玩，不使過一二章，心念躬行，若不知復有他書，如是終篇而更受業焉。漸涵之久，心定理明，將有以自得之矣。《論語》一書，聖門親切之訓，程氏之教，尤以是爲先。足下不以愚言爲不信，則願自此書始。』後數年，朱子自寓里來歸，始執弟子禮。於是得《大學中庸章句》而熟復焉。既而往仕四明，又教之以親仁擇善爲講學修身之助，且曰：『楊敬仲簡、吕子約祖儉、沈叔晦炎、袁和叔燮，此四人者，皆子所宜游從者也。』居數年，事朱子於潭溪之上，留止四旬，問辨彌篤。蓋公於師友淵源所漸如此，故終身踐行，不離名教之域。至其用之而弗究，則君子以爲有命焉。初，余丞相端禮將以掌故處公，議未決。時韓侂冑陰操國柄，或勸公一見，宜可得。公曰：『彼以僞學誣一世儒宗，以邪黨錮天下善士，恨位卑不能爲萬言書疏其罪，顧可謁之以干進乎？』卒請入蜀。及自蜀還，有欲引之班列者，君終不爲侂冑屈，復固辭。公初爲《論語説》，朱子亦善之，因謂：『爲學以變化氣質爲功，而不在於多立説。』公爲憮然，自是不敢輕有論著。公既從朱子得爲學大方，異時至東嘉，又從陳公傅良問《左氏》要義。陳公告語甚悉，大略謂《左氏》本依經爲傳，縱横上下，旁行溢出，皆所以解駁經誼，非自爲書。且告以六經之義，競業爲本。公佩服焉。」

備　遺

璘注鄂渚教官闕，先生曰：「熹嘗勸人，不如做縣丞，隨事猶可以及物。做教官没意思，説義理人不信，又須隨分做課試，方是鬧熱。」

問做何工夫，璘對以未曾。曰：「若是做得工夫，有疑可問，便好商量。若未做工夫，只説得一箇爲學大端，他日又如何得商量？嘗見一般朋友，見事便奮發要議論，胡亂將經書及古人作議論，看來是淺意思。又有一般全不做工夫底，更没下手商量處。又不知彼胡亂做工夫，有可商議得。且如論古人，便是論錯了，亦是曾論考古人事迹一過，他日與説得是，將從前錯底改起，便有用。」

問爲學大端，曰：「且如士人應舉，是要做官，故其工夫勇猛，念念不忘，竟能有成。若爲學，須立箇標準，我要如何爲學，此志念念不忘，工夫自進。蓋人以眇然之身，與天地並立而爲三，常思我以血氣之身，如何配得天地？且天地之所以與我者，色色周備，人自污壞了。」因舉「萬物皆備於我，反身而誠，樂莫大焉」一章。「今之爲學，須是求復其初，求全天之所以與我者始得。若要全天之所以與我者，便須以聖賢爲標準，直做到聖賢地位，方是全得本來之物而不失。如此則工夫自然勇猛。臨事觀書，常有此意，自然接續。若無求復其初之志，無必爲聖賢之心，只見因循荒廢了。」因舉「孟子道性善，言必稱堯舜」一章，云：「道性善是説天之所以與我者，便以堯舜爲樣子，説人性善，皆可以爲堯舜，便是立箇標準了。下文引成覸、顔淵、公明儀之言，以明聖賢之可以必爲。末後『若藥不瞑眩，厥疾不瘳』最説得好，人要爲聖賢，須是猛起服瞑眩之藥相似，教他麻了，及其定疊，病自退了。」

問璘：「昨日卧雲庵中何所爲？」璘曰：「歸時日已暮，不曾觀書，静坐而已。」先生舉横渠「六有説」：「言有法，動有教，晝有爲，宵有得，息有養，瞬有存。」以爲雖静坐亦有所存主始得，不但兀兀而已。

德粹問：「在四明守官，要顧義理，纔到利害重處，則顧忌，只是持一去，如何。」先生曰：「無他，只是志不立，却隨利害走了。

「人在官固當理會官事，然做得官好，只是使人道是一好官。須講學，立大本，則有源流。若只要人道是好官，今日做得一件，明日又做一件，却窮了。」德粹云：「初到明州，問爲學於沈叔晦，叔晦曰：『若要讀書，且於婺源山中坐。既在四明，且理會官事。』」先生曰：「縣尉既做了四年，滕德粹元不曾理會。」

示問曲折具悉。大抵守官，且以廉勤愛民爲先，其他事難預論。

答德章曰：「知教授里門，來學者衆，甚善甚善。大抵今日後生輩以科舉爲急，不暇聽人説好話，此是大病。須先與説破此病，令其安心俟命，然後可教以收拾身心，討論義理，次第當有進耳。序文甚佳。文字只取達意而已，正不必過爲華靡辨巧也。」

又答曰：「吾友秋試不利，士友所嘆。然淹速有時，不足深計，且當力學修己爲急耳。陸丈教人，於收斂學者散亂身心甚有功，然講學趣向亦不可緩，要當兩進乃佳耳。熹病餘衰耗，不敢看文字，恐勞心發病耳。後生精敏，且當勉學，未可以此爲例也。」

又答曰：「廷對甚佳，三復增嘆。然今既得脱去場屋，足以專意爲己之學，更望勉力，以慰平日期望之意。此間曲折，德粹歸，想能言之，不復縷縷也。

「縣僻官卑，想亦少事，然勾銷簿鈔，所繫不輕，政自不可忽也。暇日讀何書，作何事業？學問别無他巧，只要持守純固，講誦精熟耳。兩事皆以專一悠久爲功，二三間斷爲敗，不可不深念也。」

石 𡼖

石𡼖，字子重。先世會稽人，徙台州之臨海。𡼖年十八，舉進士，歷知常州武進縣。訟有數年不決者，一訊立辨，雖姦民健猾，皆驚服喙息。他邑滯訟，多屬以決。郡守欲爲寓客治第，屬役於縣，費且數萬。𡼖不可，曰：「吾爲天子牧民，豈爲若人治第者耶？且浚吾民之膏血以媚人，吾不忍也。」守怒，欲中以法，掇拾無所得。會嵍有親嫌，法當兩易，嵍不顧，求罷徑歸。民數千人詣郡請留嵍，不可，相與遮道號訴，至有褫其襜帷者，守不能禁。

君因更調南劍州尤溪縣，待次，家食三年，雖貧不戚也。至官，吏以財匱，請借民租，嵍不答，但日治税籍。凡民逃絶而田入見户者，與鬻産而不能更其籍者，皆正之。又謹視其出納之際，要爲簡易以便民，而吏不得以容其姦。關市之征，亦損其數。於是官無苛擾，農商得職，租入以時，力役有序，至有争先爲里正者。縣故窮僻，學校久廢，士寡見聞，不知所以爲學。嵍至，即召其友古田林用中來掌教事，而選邑子願學者充弟子員。始教之日，親率佐吏、宿賓客往臨之，因爲陳説聖賢教學，凡以爲修己治人之資，而非如今之所謂學者，聞者皆動心。自是五日一往，伐鼓升堂，問諸生進業次第，相與反復，以求義禮至當之歸。或異邦之人皆裹糧來就學，嵍視故學宫不稱，乃廣其規模，新其棟宇，市書萬卷，買田數百畝以充入之。既成，爲考古制，舉鄉飲酒禮以落之。於是士始知學，而民俗亦變。又摭其舊俗之不美者數事，爲文以訓飭之。民皆傳寫誦習。遠鄉有據險自豪，不輸租賦數十年，日與比鄰爲讎敵者，爲榜以喻之，即斂手聽命，輸賦解仇，復與齊民齒。民王某者有刑罪，具獄上府，吏以邀求不厭，欲致之死。爲争之，不聽，則請自對獄，與吏辨，代民死，民乃得免。歲大疫，多治藥劑，分遣使者散之村落，自爲詩以勸之，賴以活者甚衆。及代去，民或畫象祠之。

監察御史陳舉善聞其賢，薦之朝，選授福建路安撫司幹辦公事。以去，有旨召對，入見，首陳：「人君之道，與天同方。天心至公，故人君之心不可有一毫之私。」因歷引時事以質之，言甚剴切。上皆然之。差監登聞檢院。未幾，除將作監主簿。居頃之，有所不樂，因謁告歸省，請得奉祠終養。除知南康軍事。將行，而遭内艱。未終制，有詔，舉材堪刺舉者，吏部尚書鄭丙以嵍對，尋以疾卒，不及聞矣。卒以淳熙九年六月乙丑，年五十五，積官至朝散郎。

爲人外和内剛，平居恂恂如不能言者，而遇事立斷，毅然有不可犯之色。爲政一主於愛民，而憂國之心，又甚切於賢才之用舍，政令之得失。一有所聞，憂喜之誠，形於言色，至或累日不解。然自處甚約，自律甚嚴。在州縣未嘗屈意上官，在朝廷未嘗造請當路。由踈賤，一旦見天子，盡言竭忠，未嘗少爲迂回避就之計。聞人之善，必手記而心慕之。其人可見，雖少賤僻遠，不憚往見。晚名其燕居之室曰「克齋」，讀書其間，没身不懈。有文集十卷藏於家。所集《周易大學中庸解》又數十卷。

備遺

晦翁答子重書曰：「胡文定公所謂『不起不滅心之體，方起方滅心之用。能常操而存，則雖一日之間，百起百滅，而心固自若』者，❶固是好語。但讀者當知，所謂不起不滅者，非是塊然不動，無所知覺也，又非百起百滅之中，别有一物不起不滅也。但此心瑩然，全無私意，是則寂然不動之本體。其順理而起，順理而

---

❶「而心固自若」至「不起不滅」二十一字，原脱，據《晦庵集》卷四十二補。

滅，斯乃所以感而遂通天下之故者云爾。向來於此未明，反疑其言之太過。❶自今觀之，却是自家看得有病，非立言者之失也。

「《心説》甚善，但恐更須收斂造約爲佳耳。以心使心，所疑亦善。蓋程子之意，亦謂自作主宰，不使其散漫走作耳。如孟子云操則存，云求放心，皆是此類，豈以此使彼之謂邪？但今人著箇『察識』字，便有箇尋求捕捉之意，與聖賢所云操存主宰之味不同。此毫釐間須看得破，不爾，則流於釋氏之説矣。如胡氏之書，未免此弊也。

「大抵講學難得是當，而應事接物尤難中節。向來見理自不分明，不得入德門户，而汲汲爲人，妄有談説，其失已誤人，非一事矣。今每思之，不覺心悸。故近日議論，率多畏怯，無復向來之勇鋭，惟欲修治此身，庶幾寡過。自非深信得及，下得朴實工夫者，未嘗敢輒告語。以此取怒於人蓋多，然與其以妄言妄作得罪於聖人，不若以此得罪於流俗之爲愈。」

王　遇

王遇，字子正，一字子合，漳州龍溪人。乾道五年進士。歷教授臨江軍、處州，既而由贛倅召爲太學博士，除諸王宫教授，出知常州，遂爲浙東常平使者。除大宗正丞，遷右曹郎中。嘉定四年卒，年七十。

❶ 「反」，原作「及」，據《晦庵集》卷四十二改。

黄榦祭之曰：「嗟夫士風之薄，至此極也。少而爲學，骫骳熟爛，支離浮薄，無可用之實也。壯而從宦，營私背公，憚煩習惰，漫不知其所職也。至於決性命之情以饕富貴，則左拏右攫，東馳西騖，無所不用其力也。中州大邑，滔滔皆是，固無以責夫遐荒下國也。嗟哉！王君一代之英，南方之特也。策勳詞場，奮發踔厲，潛心道閫，涵泳從容，躬行實踐，非外飾也。蜚聲宦途，焦勞國事，致身朝列，罄竭忠悃，鞠躬盡瘁，毋自逸也。然其視利名泊然若浮雲之在太空，一毫非義，則欲屈之以萬鍾之貴而不可得也。士大夫而皆若是，何患風俗之不美，民生之不得休息也？如君之賢，固當享期頤，躋貴顯，爲世則也。胡積之厚，報者嗇也。胡用之遲，奪者亟也。榦亦同門，多艱棘也。慇懃顧念，感君德也。緘辭寫哀，不知涕淚之横臆也。」

備遺

先生曰：「王遇篤信嗜學，爲人殊務實。」

答書曰：「所喻變化氣質，方可言學，此意甚善。但如鄙意，則以爲惟學爲能變化氣質爾。若不讀書窮理，主敬存心，而徒切切計較於今昨是非之間，恐徒勞而無補也。」

楊長孺

楊長孺，字伯子，廬陵人，萬里之子。少穎悟超群，書一過目成誦。歷官知南昌縣，縣號繁劇，前政多不支，長孺處之裕如。嘉定中，知湖州。清獄訟，折强横，人稱神明。擢知廣州，蠲除苛政，一道肅然。及代，積俸錢七千緡，盡以代下户輸租。除刑部郎中，知福州，以直敷文閣致仕。理宗初立，用真德秀薦，召爲屯田郎中。初，長孺餞胡夢昱詩有「吾鄉小澹庵」之語，至是御史梁成大以擬非其倫，黨和邪説，不宜立朝。詔長孺奉祠。

備　遺

先生赴潭，道過臨江，長孺自吉水山間越境迎見，請曰：「大道茫茫，何處下手？須有一箇要切可以用工夫處。」先生乃舉《中庸》「大哉聖人之道」一章，反覆與説。長孺曰：「愚陋恐不能盡記先生之言，先生可以書爲一説，何如？」先生笑曰：「熹不立文字，尋常只是講論。適來所説，若吾友得之於心，推而行之，一向用功，儘有無限，何消我寫出？於心未契，縱使寫在紙上，看來是甚麽物事？吾友只在紙上尋討，又濟甚事。」長孺謝曰：「敢不自此探討力行。」

真德秀奏劄有曰：「崔與之帥成都，但載歸艎之圖籍。楊長孺守長樂，罔侵公帑之錙銖。皆最爲當世所推。」

鄭昭先

鄭昭先，字景紹，閩縣人。淳熙十四年進士，筮仕爲浦城簿。嘆問學未悉，乃遊朱子之門。嘉定中，試左諫議大夫兼侍讀。甲戌，除端明殿學士，僉書樞密院事，除參知政事，進知樞密院事。辛巳，除觀文殿學士。立朝奏疏皆切直，料事率多中。景獻太子薨，儲嗣未定，謂當以仁宗爲法，廟謨始決。居政府，以沉厚鎮浮，静定制變，全護人才，振拔淹滯爲事。嘗謂：「人臣能以文王事紂之心爲心，則未有不可事之君。人子能以七子事母之心爲心，則未有不可事之親。」陳宓以爲名言。昭先於書無所不讀，而尤喜聞義理之説，故其文章不事刻畫，而敷腴豐衍，寔似其爲人。所著有《日湖遺藁》五十卷。

備　遺

景紹請教，先生曰：「今人却是倒置。古人學而後仕，今人却及仕而後學。其未仕也，非不讀書，但心有所溺，聖賢意思，都不能見。科舉也是奪志，今既免此，亦須汲汲於學。爲學之道，聖經賢傳所以告人者，不過欲人存此一心，使自家身有主宰。今人馳騖紛擾，一箇心都不在軀殼裏。孟子曰：『學問之道無他，求其放心而已。』又曰：『存其心，養其性，所以事天也。』學者須要識此。」

趙　崇　憲

趙崇憲，字履常，丞相汝愚長子也，宋宗室，居饒之餘干。淳熙八年進士，由秘書郎、著作佐郎歷帥江西、廣西。能守家法，所至有惠政。

及卒，真德秀作《墓誌》，其略曰：「汝愚既貶死，海内憤鬱，崇憲闔門自處。居數年，復汝愚故官職，多勸以仕，故知南昌縣，升籍田令。制曰：『爾先人者，功在王室，中更讒謗，思其功而録其後，國之典也。』崇憲拜命感泣，陳疏力辭，以爲：『先臣之冤未悉昭白，而其孤先被寵光，非公朝所以勸忠孝，厲廉耻之本意。』拜疏力辭。俄改監行在進奏院，復引陳瓘論司馬光、吕公著復官事申言之，乞以所陳下三省集議：『若先臣心跡，有一如言者所論，即近日恩典，皆爲冒濫，先臣復官賜謚與臣新命俱合追寢。如公論皆謂誣衊，乞昭示中外，使先臣之讒謗既辨，忠節自明，而憲聖慈烈皇后擁佑之功德益顯，然後申飭史館，改正誣史，垂萬世之公。』又請正趙師召妄貢封章之罪，究蔡璉與大臣爲仇之姦，毁龔頤正《續稽古録》之妄。詔兩省史官考訂以聞，已而樓鑰等請施行如章，從之。

「嘗因閔雨求言，乃上封事，謂：『今日有更化之名，無更化之實。人才，國之元氣。而忠鯁擯廢之士，死者未盡省録，存者未悉褒揚。言論，國之風采。其間輸忠無隱，有所規益者，豈惟奬激弗加，蓋亦罕見施用。偷安取容，無所建明者，豈惟黜罰弗及，或乃遂階通顯。』至若勉聖學以廣聰明；教儲貳以固根本；戒宰輔大臣同寅盡瘁，以濟艱難；責侍從、臺諫思盡職規，以宣壅蔽，防左右近習竊弄之漸；察奸憸餘黨窺伺之萌，皆懇懇爲上言之。」

備　遺

先生答書曰：「示喻讀書遺忘，此亦士友之通患，無藥可醫，只有少讀深思，令其意味浹洽，當稍見功耳。讀《易》亦佳，但經書難讀，而此經爲尤難。蓋未開卷時，已有一重象數大概工夫。開卷之後，經文本意又多被先儒硬説殺了，令人看得意思局促，不見本來開物成務活法。廷老所傳鄙説，正爲欲救此弊。但當時草草抄出，疎略未成文字耳。然試略考之，亦粗見門户梗概。若有他説，則非吾之所敢聞也。」

趙崇度

趙崇度，字履節，汝愚次子也。年十六，謁朱子於考亭。授以《大學》一編，曰：「讀是則知修己治人之方矣。」以蔭補官，知桂陽邵武軍，提舉福建市舶兼知泉州、四外宗正寺事，改知吉州。忠定嘗書「公廉勤恕」四説遺所親。崇度在郡，爲堂，扁以四説，書其後曰：「公則無偏見，廉則無利心，勤則無遺事，恕則無過舉，吏道盡於此矣。」入奏，留爲右曹郎中，遷吏部郎中。引嫌請外，爲提舉湖南常平，尋改江西，遂奉崇禧祠，以朝散大夫致仕。平生尊慕正學。在邵武則建周、程、張、朱五先生祠。在桂陽則專祀濂溪於堂，而徙其不可並祠者。卒年五十六。所著有《磐湖集》《左氏常談》《史髓》《節齊記聞》。❶

林湜

林湜，字正甫，福州長溪人，晚居永嘉之平陽。紹興庚辰進士。淳熙末，歷國子監丞，太常寺丞。紹熙初，遷監察御史。未幾，補外。召爲吏部郎中，遷太府少卿，進司農卿，除直寶文閣、湖北轉運副使，奉祠。起知泉州，未拜，復與祠。以直龍圖閣致仕。嘉泰二年卒，年七十一。有《盤隱類藁》十卷。葉適爲作《墓

---

❶「節齊記聞」，《宋元學案》卷四十六作「節齋聞記」，當是。

誌》，其略曰：「故事，臺諫官彈劾論諫，必相參審，好惡指趣不少異，曰：『所以共持紀綱也。』公爲御史，獨喟然曰：『吾不惟賢與善是親，正人之見愠於衆人者是助，而好惡去取，不以公論爲歸，乃曰共持其紀綱，可乎？夫紀綱者，豈臺諫官爲私之地歟？』他日見上，奏曰：『陛下托股肱於宰執，而除授多小人；寄耳目於臺諫，而彈擊多君子。治亂之大，無過此也。』執論移時，侍立舍人言於衆曰：『今日察院争何事，反覆不已也。』自是與其長不合。公爲殿試詳定官，考直言者居第一，而上不用。及殿中侍御史劉德修下遷，公曰：『吾可以去矣。』劉公蓋公所謂親而助之者也。公奏直劉公，不報。錢之望知静江府，公再論之，上罷之望，出公浙東提刑。宰執合詞，願少留，不聽。移江西轉運判官，召爲吏部郎中，遷太常少卿。始，光宗過重華宫踈闊，公再三請，未報，而孝宗崩，上内禪。公入辭，首以奉親歡，杜讒口爲勸。上俯聽首肯數四，謂彭龜年曰：『朕初即位，未識群臣。此老成重厚人也。』以孝宗遺留使虜，在道繫帶，及國通名，有未合者，連郤虜議。虜以其服被公，公揮擲去。虜人曰：『君命何可慢也。』公曰：『宋正統相承，群臣官服視其品。今易左衽，有死而已。』争辯甚久，虜趣入謝公，盛服如故，虜不能屈。及復命，上迎謂曰：『卿守禮甚堅，國體不失，朕所知也。』素性淡薄散朗。雖居官精敏，遇事立斷，而平居但教諸生誦説，若不涉世故者。於善惡賢不肖明白，而尤護惜善類。世所謂善人君子，常欲以一身同其榮悴去留。故議論多激發，見忌於人，是以齟齬廢斥，而終不悔。朱公元晦既謫，士諱其學，公執弟子禮不變。未殁數月，猶走書問疑義云。」

備　遺

晦翁答書：「蓋嘗聞之先生君子，觀浮圖者仰首注視而高談，不若俯首歷階而漸進。蓋觀於外者，雖足以識其崇高鉅麗之爲美，孰若入於其中者能使真爲我有，而又可以深察其層累結架之所由哉？自今而言，聖賢之言，具在方册，其所以幸教天下後世者，固已不遺餘力。而近世一二先覺，又爲之指其門户，表其梯級。而先後之學者，由是而之焉，宜亦甚易而無難矣。而有志焉者，或不能以有所至，病在一觀其外，麤覘彷彿，而便謂吾已見之，遂無復入於其中，以爲真有而力究之計。此所以驟而語之，雖知可悦，而無以深得其味，遂至半途而廢，而卒不能以有成耳。竊計高明所學之深，所守之正，其所藴蓄，蓋已施之朝廷而見於議論之實，於此宜不待於愚言矣。然既蒙下問，不可以虚辱，而熹之所有，不過如此。若不以告於公，以聽執事者之采擇，則又非區區之所敢安者，是以敢悉布之。」

考亭淵源録卷之十六

葉武子

葉武子，字誠之，邵武人。初學《周禮》於永嘉徐元德，已而遊文公之門。公嘗書《十梅詩》畀之曰：「吾詩不苟作，以子篤實，故相贈耳。」嘉定初爲太學生，時議函韓侂胄首畀金，武子曰：「姦臣首固不足惜，如國體何？」率同舍生扣閽力爭之。既舉進士，歷知處州。俯詢民瘼，謹節國用。後與時不合，以宗學博士奉祠。端平初，三召不至，除直寶謨閣奉祠，仍乞致仕。淳祐中，詔：武子雅志恬退，掛冠日久，年高德粹，加直龍圖閣，再加秘閣修撰。

備　遺

真德秀曰：「誠之學道愛人，其守括蒼有惠政。今雖閒處，視人之休戚猶在己。」

高禾

高禾，字穎叔，泉州晉江人。淳熙辛丑進士，歷福清仙遊令，知惠州，除將作監丞、大理寺正、兵部郎中，奉祠卒。陳宓作《墓誌》，其略曰：「公端方而重，和易以莊，色夷氣清，可畏而愛。始微有知，則知學問，月開日益，卓然早茂。叔伉倅臨漳，朱文公時綰郡符，公執子姪門弟子禮，卑以恭，文公深器之。義利之間，辨析杳微。非所當待，一介不取。待人接物，宛若處子。或意外干以私，正色拒絶，雖賁育不能抗。歷州縣，持使節。閩廣之人，至今頌之。」

楊士訓

楊士訓，字尹叔，漳州漳浦人。舉進士，歷永福縣令。以邑薦，選差監鄂州糧料院。嘉定己卯，年五十八，卒。

陳宓作《墓誌》，其略曰：「文公守臨漳，興學校，明禮義，以教郡士。擇士之志於學者，設賓賢館以處之。尹叔與焉。尹叔年尚少，已爲儕輩所推重。户部郎中王君遇，剛介少許可，獨器君，以子妻之。君醇静警敏，少刻勵自奮。處鄉校，入太學，杜門讀書，不爲獵涉綴緝，務求聖賢遺意而躬行之。」

傅誠

傅誠，字至叔，莆田人。淳熙中登第，提轄文思院，充江淮宣撫司幙官。

遷國子太常博士，輪對，略曰：「臣觀自古常有披草莽而立朝廷者，況今陛下承中興以來三聖已成之業乎？假如渡江初年，行幸未有定止，荆、吴、陜蜀，三方不相聞知，陛下將不能有所運動乎？古昔王者，微弱如東晉，重鎮擁兵上流，朝廷奔命，故不得已而姑息。今陛下之所駕馭，又非有姦雄桀黠之才，微寸効可紀，何所牽制而寬假至是乎？假有如中興二三大將，皆有勳勞於國，專兵日久，士卒號爲某家將軍，校號爲某家人，恃功驕蹇，陛下將有所號令之乎？」

又曰：「今日之事，奄奄如氣息僅續之人，略無一朝奮起之勢，浸有百年消削之憂。或有聞而歎息，或有聞而竊笑者。歎息者有憂朝廷之心，竊笑者有輕朝廷之意。良由縉紳，風俗之不振。脂韋留連，富貴之心有餘。而感慨自立，以身許國之意不足，顧光景而計升沉，風迹淪胥，人心輕玩，其弊固至此也。」

至叔云：「伊洛諸公文字說得不恁分曉，至先生而後大明。」

郭磊卿

郭磊卿，字子奇，台州仙居人。嘉定七年進士。端平初，拜右正言，尋擢御史。彈劾權幸無所避，或勸其少柔順，曰：「上不以磊卿不才，使居此位。每有所聞，即當忠告，豈可改所守耶？」

初，理宗微時，與鄞人余天錫善。天錫嘗居史彌遠門下，彌遠希后旨，謀易儲，訪皇族之賢者於天錫，天錫力薦理宗，遂以疎屬得立。既即位，懷天錫恩，旋擢至執政，而人材猥劣，且門庭穢雜，朝論不與。磊卿上疏劾之曰：「臣聞鴟鴞入林，鳳凰遠去。豺狼當道，騶麟自藏。不仁者在高位，則抱道懷德之士莫之敢近矣。陛下欲聚群賢，以興致治，而股肱喉舌之任，乃使奸邪厠迹於其間，是却行而求前也。」言甚切至。時上眷方隆，留中不報，章凡三上，天錫竟罷去。

史嵩之三世相位，勢可炙手，多怙權不法。時名士徐霖等及三學諸生皆誦言其惡，磊卿疏已具，俟召對奏之，而爲嵩之耳目所得。遂除起居郎，疏不獲上，遂出國門求去。嵩之以書留行，且白上，遣中使宣押入國門。磊卿鬱鬱不得志，❶遂嗚咽而卒。時與丞相杜範，侍從徐元杰、劉漢弼等同心同德，以忠正爲己任，世號端平六君子。天下方想聞其風采，而皆相繼以没，中外頗疑嵩之，有異論。

磊卿少嘗取康節《洗竹詩》一聯題其讀書之竹亭曰：「徧地冗枝都與去，倚天高榦一齊留。」蓋其扶善去惡之志，已見於此矣。既而文公使浙東，磊卿與趙幾道、杜良仲兄弟皆從游，故其見之事業如此。

朱塾

朱塾，字受之，文公長子。用蔭補將仕郎。紹熙辛亥，年三十九，卒。贈中散大夫。

文公請陳同父作《墓誌》，其書曰：「此子自幼秀慧，生一兩月，見文書即喜笑咿嗚如誦讀狀。小兒戲事見必學，學必能，然已能輒棄去。後來得親師友，意甚望之。既而雖少懶廢，然見其時道言語，亦有可喜者，但恐其騖於浮華，不欲以此獎之。去年到婺，以書歸云：『異時還家，決當盡捐去他習，刻意爲己之學。』私竊喜之，日望其歸，不意其至此也。痛哉！尚忍言之。此語未嘗爲他人道，以老兄素有教誨獎就之意，輒以不朽爲托，伏惟憐而許之。」

❶「卿」，原作「鄉」，據文義改。

陳同父祭文略曰：「少有俊聲，而能自克。長讀父書，而能默會。義理以厭飫其心，藝業以游泳其外。學者之高下淺深，俯仰以接之，而不暴其從違。天下之賢不肖，一見而識之，而不輕於向背。其才豈不直一官，乃以韋布而早没。其志豈不慕古人，乃以賢子弟而終晦耶！」

朱埜

朱埜，字文之，文公仲子。以蔭補官，差監湖州德清縣新市鎮，户部激賞酒庫，贈朝奉郎，卒。

黄直卿祭之曰：❶

在昔夫子，性嚴氣剛，規矩準繩，動止有常，君承其顔，惟恐或傷。在昔夫子，朝圖暮書，遑恤其家，孰有孰無，君服其勞，使若有餘。内睦姻親，外交朋友，歲時饗祀，殽核清酒，囊篋瑣碎，俾無遺漏，非君之賢，孰左孰右？榦之從游，餘三十年，四海兄弟，兩世姻婭，於君事親，知君之賢，人之百行，非孝孰先？劬勞造家，黽勉旦夕，顧我倉庾，相我黍稷，跋踄險阻，忘寢與食，庶無饑寒，以安厥室。室家臻臻，男女詵詵，且訓且誨，爲昏爲姻。有疑未祛，有願未伸，竟以勞悴，而隕厥身。爲子而孝，爲父而慈，君可無憾，人誰不思？千里相望，銜哀致詞，嗚呼傷哉，孰知我悲。

❶「卿」，原作「鄉」，據文義改。

備　遺

文公與吕東萊書曰：「兩兒謹令謁左右。大兒作文，更無向背往來之勢，自首至尾，一樣數斷，更看不得，可怪。望與鐫之。小者尤難説，然只作小詩無益，更量其材而誘之爲幸。近來覺得稍勝往年，不知竟能少進否，可慮。此兒絶懶惰，既不知學，又不能隨分刻苦作舉子文。今不遠千里，以累高明，切望痛加鞭策，俾稍知自厲。至於擇交遊，謹出入，尤望垂意警察。如其不可教，亦希早以見報，或便遣還爲荷，千萬勿以形迹爲嫌也。塾不知已到否？此兒來自此徑去，渠至路中，又聞同仲子歸家。其不聽人言語皆類此。到彼，幸時呼來痛鐫責之，渠於老兄教誨，即不敢忽也。塾子久累誨督，感刻已深，又承許其稍進，尤切銘刻。苦淡之習，欲其自知進步。恐無此日，更得明示好惡而痛加撙節，則爲幸又不可言矣。

「兒子蒙教篤甚至，舉家感激不可言。但所作文義，似未入律，聞亦已令專治此業，甚善。觀其氣質，似亦只做得舉子學。初尚恐其不成，今既蒙獎誘，不知上面更能進步否？此亦必待其自肯，非他所能强也。」

東萊答晦翁書曰：「令嗣朝夕潘叔度相與切嗟，勢不容懶。祖謙亦數數提督之。見令編《書疏》訓詁名數。蓋既治此經，須先從此歷過。領後，令看《左傳》。舉業已供兩課，亦非全無蹊徑，但不曾入衆，故文字間步驟規矩，未如律令，久久自熟矣。」

晦翁與東萊書曰：「塾不知果能漸解事否。人家後生，只得自有意做好人，便有可望。此郎正坐無此根本，使人憂心耳。今令歸鄉應舉，臨行更望丁寧之也。」

東萊答書曰：「受之近日漸解事，性氣方亦減。同舍間及渠家上下皆稱之，殊可喜也。」

晦翁與東萊書曰：「兒子歸來，不惟課業勝前，至於情性作爲，亦比往時少異。信乎親炙薰陶之效，舉家感德，不可名言。但惜乎其氣質本凡，又無意於大受，不足以希升堂之列耳。」

晦翁跋塾詩卷曰：「大兒自幼開爽，不類常兒，予嘗恐其蹈於浮靡之習，不敢教以詩文。既没後，許進之乃出其所與倡和詩卷示予。予初不知其能道此語也，爲之揮淚不能已。」

朱　在

朱在，字叔敬，一字敬之，文公季子。既受教家庭，又從黄榦學。公遇明堂大禮赦恩，奏補承務郎。

嘉定初，除籍田令，亢旱，上封事。歷將作、司農簿，遷丞。十年，以大理正知南康軍，起家知信州。入對，以進問學、振紀綱、求放心爲言。除提舉浙西常平茶鹽公事，加右曹郎官，兼權知嘉興府。召爲司農少卿，充樞密副都承旨，出爲兩浙轉運副使。寶慶中，除工部侍郎。進對，奏人主學問之要。理宗曰：「卿先卿《中庸序》言之甚詳。」因奏：「閔損以下九人，並封一字公爵，獨曾參封郕侯，乞與並封。楊雄、王雱，乞去其像。國家有程顥、程頤、張載得孔、孟以來不傳之緒，若使之從祀廟庭，斯文幸甚。」又言：「先臣四書印本，所在不同。」理宗回顧宣諭曰：「卿先卿四書註解，有補治道，朕讀之不釋手，恨不與之同時。」除右侍郎。

紹定二年，請外，除朝議大夫、寶謨閣待制，知平江府。明年，改焕章閣待制，知袁州。奉祠卒。

程洵

程洵，初字國欽，改字允夫，徽州婺源人，文公内弟。以特科恩，授信州文學，終吉州録事參軍。初，洵以「道問學」名其齋，文公易以《尊德性》而爲之銘，曰：「維皇上帝，降此下民。何以予之，曰義與仁。維義與仁，維帝之則，欽斯承斯，猶懼弗克。孰昏且狂，苟賤汙卑，淫視傾聽，惰其四肢，褻天之明，慢人之紀，甘此下流，衆惡之委。我其監此，祗栗厥心，有幽其室，有赫其臨。執玉捧盈，須臾顛沛，任重道遠，其敢或怠。」

備遺

先生答書曰：「每與吾弟講論，覺得吾弟明敏，看文字不費力，見得道理容易分明。但似却少玩味踐履工夫，❶故此道理雖看得相似分明，却與自家身心無干涉。所以滋味不長久，纔過了便休。反不如遲鈍之人，多費功夫，方看得出者，意思却久遠。此是本原上一大病，非一辭一義之失也。」

洵少年喜讀蘇文，遂與俱化，乃有「二蘇躬行，不後二程」之語。先生痛箴砭之。

洵言：「鬼神者，造化之妙用。禮樂者，人心之妙用。」又曰：「善爲説辭，則於德行或有所未至。善言德

---

❶「却少」，《晦庵集》卷四十一作「少却」。

行，則所言皆其自己分上事也。」又曰：「善與人同，以己之善推而與人同爲之也。舍己從人，樂取諸人以爲善，以人之善爲己之善也。」先生皆善其説。

周　謨

周謨，字舜弼。其先世初居會稽，後徙南康之建昌。謨資强毅，果於爲善，有不善立改。其接物温然，自少警敏嗜學，兩預鄉薦。朱文公守南康軍，摳衣登門，盡棄其學而學焉。既而文公歸武夷，去南康且千里，有重岡複嶺之阻，謨仍往就學。及文公守臨漳，去武夷又千餘里，其地爲閩廣之交，瘴癘之鄉，君又往求。卒業既歸，温繹所聞，以書請益，文公答曰：「講學持守，不懈益勤，深慰所望。當此歲寒，不易其操，尤不易得也。」居家孝友。母喪，蔬食三年，治喪悉用古禮，斥去浮屠、老子法，鄉人多效之。文公又以書勞之曰：「居喪盡誠，不狥流俗，此人所難。」其見稱重如此。文公殁，僞禁方嚴，謨冒隆寒，戴星徒步，偕鄉人受業者往會葬，年逾六十矣。家故貧，事孀嫂，撫兄之子，極其敬愛。交朋友，處鄉閭，無間言。君生於紹興辛酉，卒於嘉泰壬戌，葬於甘泉鄉箬坑之原。

黄榦爲之誌其墓，且曰：「朱先生以孔、孟、周、程之學誨後進，海内之士從之者，郡有人焉。先生殁，學徒解散，僅僅守舊聞，漫無講習。蓋微言不絶如綫，獨康廬間有李敬子燔、余國秀宋傑、蔡元思念成、胡伯量泳兄弟，帥其徒數十人，惟先生書是讀。每季一集，迭爲之主，至期集主者之家，往復問難，相告以善，有過則規，歲月浸久不少怠。榦始仕江、湖間，因得交於其徒，心忻然慕之，願卜居五老、三峽間，從諸君後，未能也。嘉定丙子，自漢陽道過其里，集中來會者十七人，皆佳士也，何其盛哉。於是謨之子曄述其父之行，拜且泣曰：『自晦庵先生守南康，吾鄉之士始知學。自吾父入閩，士始不遠千里從學。吾鄉之爲季集，亦吾父發之。恐殁而無傳，敢固以請。』嗚呼！舜弼之學行，脩諸身，行於家，又取信於鄉人，使吾師之道，講習不輟。今吾病且老，不能遂卜居之志，將以季集之約，歸語其鄉人使行之。斯文之不至湮晦，❶非舜弼之力歟？遂不辭而爲之銘。」

備遺

問：「謨於鄉曲，自覺委靡隨順處多，恐不免有同流合汙之失。」先生曰：「孔子於鄉黨，恂恂如也，似不能言者。處鄉曲固要人情周盡，但須分别是非，不要一向隨順，失了自家。天下事，只有一箇是，一箇非，是底便是，非底便非。」問：「是非自有公論。」曰：「如此説便不是了。是非只是是非，如何是非之外更有一箇公論？纔説有箇公論，便又有箇私論也，此却不可不察。」

又問：「謨於私欲，未能無之。但此意萌動時，却知用力克除，覺方寸累省，頗勝前日，更當如何。」曰：「此只是强自降伏。若未得天理純熟，一旦失覺察，病痛出來，不可不知也。」問：「五峰所謂『天理人欲同行異情』，莫須這裏要分别否？」曰：「同行異情只如饑食渴飲等事，在聖人無非天理，在小人無非私欲，所謂

❶「晦」，原作「海」，據《勉齋集》卷三十五改。

同行異情者如此。此事若不曾尋着本領，只是説得他名義而已。説得名義儘分曉，畢竟無與我事。須就自家身上實見得私欲萌動時如何，天理發見時如何。其間正有好用工夫處。」

舜弼云：「平時慮爲異教所汩，未嘗讀莊、老等書。今欲讀之，何如？」先生曰：「自有所主，則讀之何害？要識其意所以異於聖人者何如耳。」

先生答書曰：「所諭敬字工夫，於應事處用力爲難。此亦常理，但看聖賢説『行篤敬』『執事敬』，則敬字本不爲默然無爲時設，須向難處力加持守，庶幾動静如一耳。克己亦别無巧法，譬如孤軍猝遇强敵，只得盡力舍死向前而已，尚何問哉。

「來喻所云，皆學者不能無疑之處。然讀書則實究其理，行己則實踐其迹。念念向前，不輕自恕，則在我者雖甚孤高，然與他人元無干預。亦何必私憂過計，而陷於同流合污之地耶？」

又以書與舜弼曰：「臨别所説務實一事，途中曾致思否？今日學者不能進步，病痛全在此處，不可不知也。」

石洪慶

石洪慶，字子餘，臨漳人。

備遺

洪慶將歸，先生出其平日問目示之，曰：「議論也平正，兩日來反覆爲看，所説者非不是，但其中言語多似不自胸中流出。原其病，只是淺耳。故覺見枯燥，不甚條達；合下原頭，欠少工夫。今先須養其源始得。此去且存養，要這箇道理分明，常在這裏，久自有覺，覺後自是洞然通貫圓轉。」乃舉孟子「求放心」、「操則存」兩節，及明道《語録》中「聖賢教人千言萬論下學上達」一條云：「自古聖賢教人，也只就這理上用功。所謂『放心』者，不是走作向别處去。蓋一瞬目間便不見，纔覺得便又在面前，不是苦難收拾。公且自去提撕便見得。」又曰：「如今要下工夫，且須端莊存養，獨觀昭曠之原，不須枉費工夫，鑽紙上語。待存養得此中昭明洞達，自覺無許多窒礙。恁時方取文字來看，則自然有意味，道理自然透徹，遇事時自然迎刃而解，皆無許多病痛。此等語不欲對諸人説，恐他不肯去看文字，又不實了。且教他看文字，撞來撞去，將來自有撞着處。公既年高，又做這般工夫不得，若不就此上面着緊用工，恐歲月悠悠，竟無所得。」

文公答王子合曰：「子餘留此久，適熹病，不得朝夕相聚，又見其長上，不欲痛下鈐鎚。後來自覺如此含糊，恐誤朋友，方着力催儹工夫，則渠已有行日矣。」

錢木之

錢木之，字子升，晉陵人，寓永嘉。

備遺

問：「承賜教讀書之法，如今看來，聖賢言行，本無相違。其間所以有可疑者，只是不曾研究得通透，所以見得牴牾。若真箇見得精切，少間却自到貫通地位。」曰：「固是。如今若苟簡看過，只一處，便自未曾理會，却要別生疑義，徒勞無益。」

李煇

李煇，字晦叔，南康建昌人。

備遺

晦叔嘗云：「心之存亡出入，特繫於人之操舍如何耳。但聖人則不操而常存，衆人則操之而後存也。」先生云：「只一操字，已是多了。」晦叔久而未喻，後有龜山解「七十而從心所欲」之義，謂「聖人從容中道，無事乎操」，然後始悟先生意正是爲已存者設。

問《論》《孟》疑處，曰：「今人讀書有疑，皆非真疑。熹雖説了，只做一場話説，不用切己工夫，何益？且如《論語》説『孝弟爲仁之本』，因甚没便可以爲仁之本，❶『巧言令色，鮮矣仁』，却爲甚不鮮禮，不鮮義，而

❶ 「没」，《朱子語類》卷一百一十九作「後」。

但鮮仁？ 須是如此去着實體認，莫要纔看一遍，不通，便掉下了。 蓋道本無形象，須體認之可也。」

問：「私欲難克，奈何？」曰：「爲仁由己，而由人乎哉？ 所謂『克己復禮爲仁』者，正如以刀切物，那刀子乃我本自有之器物，何用更借人底？ 認我一己爲刀子而克之，則私欲去而天理見矣。

「所論持敬、讀書表裏用力，切須實下工夫，不可徒爲虚説。 然表裏亦非二事，但不可取此而舍彼耳。其實互相爲用，只是一事。 纔説性字，便是以人所受而言，此理便與氣合了。 但直指其性，則於氣中又須見得別，不可混説也。 江椽所言物性本惡，安有是理，來諭已得之矣，更須涵養爲佳耳。」

李孝述

李孝述，字繼善，燔之從子。

備　遺

答繼善書曰：「來喻甚精到，但思之過苦，恐心勞而生疾；析之太繁，恐氣薄而少味，皆有害乎涵養踐行之功耳。

「天所賦予，不外此心，而聖賢遺訓，具在方册。 苟能厲志而悉力以從事焉，亦不異乎合堂同席而居矣。」

劉剛中

劉剛中，字德言，邵武光澤人。少讀書，詞義有契，輒爲之贊。從學於文公，公問平日讀何書，剛中説看《語》《孟》《荀》，楊、莊、老、王通諸書。公云：「須看《語》《孟》，若荀、楊乃誤人之書，莊、老乃壞人之書。」剛中遂專聽公言，公爲易其字曰「近仁」。與黄榦友善。

舉嘉定四年進士，調漢陽縣主簿，轉婺州蘭溪縣丞。後歸，築室以居，名曰「琴軒」。從學者甚衆。所述有《師友問答》《西漢奇語》。

饒幹

饒幹，字廷老，邵武人。生及期而父偉卒，母吕氏誓志秉節以撫幹。稍長，遣就學，程其術業，謹其出入。幹孝謹敦實，能自力學問，見稱朋友間。舉淳熙二年進士，調吉州吉水尉，遷潭州長沙令。適文公爲守，幹夙興治事，暇即聽講。歷知懷安軍，卒。

備遺

廷老問：「今之學者，不是忘，便是助長。」曰：「這只是見理不明耳。理是自家固有底，從中而出，如何忘得？使他見之之明，如饑而必食，渴而必飲，則何忘之有？如食而至於飽則止，飲而至於滿腹則止，又何助長之有？ 此皆是見理不明之病。」

先生謂廷老曰：「觀公近日都汩没了這箇意思。雖縣事叢冗，自應如此，更宜做工夫。」

黄　寅

黄寅，字直翁，邵武人。少飄蕩豪爽，方士繇語之曰：「以子才俊，何善不可爲，乃甘心里巷，以辱其身耶？」寅感泣，問：「過可改否？」曰：「惟狂克念作聖。」於是奮勵脩飭，俛就朱子之門而問學焉。謹言慎行，以求精詣，鄉人敬嘆之。

備　遺

先生答直翁書曰：「周之文固可從，而聖人不得其位，無制作之時，亦不得不從也。使夫子而得邦家，則將損益四代以爲百王不易之法，不專於從周矣。」

直翁説：「《中庸》『人莫不飲食』章以飲食譬日用，味譬理。」

先生是之。

梁　琭

梁琭，字文叔，邵武人。

備　遺

先生答文叔書曰："近看孟子見人即道性善，稱堯舜，此是第一義。若於此看得透，信得及，直下便是聖賢，更無一毫人欲之私。此外更無别法。若於此有箇奮迅興起處，方有田地可下工夫。不然，即是畫脂鏤冰，無真實得力處也。近日見得如此，自覺頗得力，與前日不同。

"琢竊謂氣在人之一身，陽即爲魂，陰則爲魄，噓吸聰明，乃是一身之中，魂魄之所發見而易見者耳。恐不必於魂中求魄，魄中求魂也。"先生曰："精氣周流，充滿於一身之中，噓吸聰明，乃其發而易見者，固如來喻。然既周流充滿於一身之中，則鼻之知臭，口之知味，非魄耶？耳目之中，皆有煖氣，非魂耶？推之徧體，莫不皆然。佛書論四大處，似亦祖述此意。"

連嵩卿

備　遺

先生答嵩卿書曰："『正顔色，斯近信矣。』此言持養久熟之功，正其顔色，即近於信。蓋表裏如一，非但色莊而已，以上下兩句考之可見。非謂正顔色即是近信也。若非持養有素，則正顔色而不近信者多矣。

"所謂『天地之性即我之性，豈有死而遽亡之理』，此説亦未爲非，但不知爲此説者，以天地爲主耶？以我爲主耶？ 若以天地爲主，則此性即自是天地間一箇公共道理，更無人物彼此之間，死生古今之別。 雖曰死而不亡，然非有我之得私矣。 若以我爲主，則只是於自己身上認得一箇精神魂魄有知有覺之物，即便目爲己性，把持作弄，到死不肯放舍。 謂之死而不亡，是乃私意之尤者，尚何足與語死生之説，性命之理哉！ 釋氏之學，本是如此。

「論性不論氣，則無以見生質之異；論氣不論性，則無以見理義之同。」

馮允中

馮允中，字作肅，邵武人。

備遺

先生答作肅書曰：「所諭懲創後生妄作之弊，甚善。 然亦不可以此而緩於窮理，但勿好異求新，❶非人是己，則知識益明，而無穿穴之害矣。 若因陋畜疑，不爲勇決之計，又非所以矯氣質之偏，而進乎日新也。

「示論頗爲他慮所牽，不得一意講習。 只得且將明白義理，澆灌涵養，令此義理之心常勝，便是緊切工夫。 久之須得力也。

---

❶「但」，原作「伹」，據《晦庵集》卷四十一改。

「若欲動中求静，静中求動，却太支離。然亦無可求之理也。」

吕　燾弟焕

吕燾，字德昭。焕，字德遠。南康人。

備　遺

燾問：「『三年學，不至於穀。』是無所爲否？」先生曰：「然。」

焕將娶，擬某日歸。及期，云：「且更承教一月却歸。」曰：「公將娶了，如何又恁地説？此大事，不可恁地。宅中想都安排了等待，不可如此。」吕即日歸。

《宋史·謝方叔傳》，方叔遷數中侍御史，請録朱熹門人胡安之、吕燾、蔡模謁，皆從之。

考亭淵源録卷之十七

方士繇

方士繇，字伯謨，一字伯休，莆田人。少孤，依母家居邵武軍。預鄉薦，屢試禮部不第。移居崇安五夫籍溪之上，從文公游，遂棄去舉業。

紹熙初，學徒有至行在者，公卿延致惟恐後。士繇在遠，聞之曰：「異時必爲學者之禍。」已而學禁果興。

士繇氣貌蕭疎簡遠，驟見超然，如不可親，徐即之，温温君子也。蓋其簡非傲物，遠不違俗。聰明絶人，持以謙厚。利禄貲産，絶不介意。故其襟度高遠，涉世若甚疎者。至講明治道，援古斷今，瞭然在目。若近功小利，時號通才，蓋其所不屑也。六經皆通，尤長於《易》。嘗嘆曰：「老子之言，蓋有所激者。生於衰周，不得不然。世或黜之，以爲申、韓慘刻，原於《道德》，亦過矣。」又曰：「釋氏固夷也，至於立志堅決，吾黨或有不如。」其博學兼取，不以百家之駁掩其所長，亦可見其資之寬裕忠厚，與世異趨也。所著有《遠菴詩集》。

伯謨初投書見先生，以此心不放蕩爲主敬之説。先生曰：「主敬之説，須是窮理。」伯謨於是隨事致察，以求當然之則，又云：「近乃微測爲學功用，知此事乃切己事，所係甚重。」先生舉以語朋友云：「誠是如此。」

伯謨嘗論東漢宦者爲害曰：「從那時直到唐太宗，天下大勢方定疊。」又云：「使甘露之禍成，唐必亡無疑。」

伯謨勸先生少著書。曰：「在世間喫了飯後，全不做得些子事，無道理。」伯謨曰：「但發大綱。」先生曰：「那箇毫釐不到，便有差錯，如何止發大綱？」

伯謨以先生教人讀《集注》爲不然，蔡季通亦有此語，且謂：「四方來學之士，稍自負者，皆不得其門而入，去者亦多。」先生謂：「學者讀書，須是自肯下工夫始得。熹向得之甚難，故不敢輕説與人。至於不得已而爲注釋者，亦是博採諸先生及前輩之精微寫出與人看，極是簡要，省了多少工夫。學者又自輕看了，依舊不得力。」

先生答伯謨書曰：「中正仁義，如『君子時中』『順受其正』『仁者愛人』『義以爲質』之類，皆周子之意。他處有不同者，各隨所主而言，初不相妨。如子貢以學不厭爲智，教不倦爲仁，而《中庸》則以成己爲仁，成物爲智。此類亦可推矣。」

伯謨既卒，先生曰：「伯謨胸懷趨操，不謂乃止於此，深可傷悼。可惜後來一向廢學，身後但有詩數篇耳，然亦足以遠過今日詩流也。」

張彦清

張彦清，字叔澄，浦城人。紹熙初登第，歷光澤簿、全州教授、安吉縣丞。改承議郎，知慶元縣。以疾奉祠，卒，年六十四。

真德秀爲作《墓誌》，其略曰：「叔澄從子朱子遊，得其大指。及仕光澤，又與李公吕游，質疑辨惑，造詣日深。故見理明而自信篤，終其身弗畔焉。見於制行，則以孝弟忠信爲本根，潔廉勁特爲質幹。試士三山。時僞學之論方譁，同列以是發策，士子希意，争詆呰先儒。公獨取持議不阿者與其選。時提刑兼帥事亦附黨者，顧謂公有守，歎重之。陳丞相自强嘗校文於建，公其所取士。及爲僚邵武，老矣，無刮目者，公獨事之謹。陳去而驟貴，鋭欲鉤致公，公弗屑。陳語人曰：『叔澄太强項，不可收拾。』」

江默

江默，字德功，建州崇安人。乾道五年進士，除泉州安溪尉，改邵武之光澤，後知邵武之建寧縣。卒，下民祠之。平生所著《易訓解》八卷、《中庸大學訓詁》二卷、《論語孟子訓詁》四卷。又考國朝典章，著書上之，命曰《綱集》，凡三十六卷。曰：「伊尹告太甲，止述成湯之事；周公告成王，近陳文武之功。吾爲有用之學也。」

備遺

先生答德功書曰：「格物之説，程子論之詳矣。而其所謂『格，至也，格物而至於物則，❶物理盡』者，意句俱到，不可移易。熹之謬説，實本其意，然亦非苟同之也。蓋自十五六時，知讀是書，而不曉格物之義。往來於心，餘三十年。近歲就實用功處求之，而參以他經傳記，内外本末，反復證驗，乃知此説之的當，恐未易以一朝卒然立説破也。夫『天生烝民，有物有則』。物者形也，則者理也。形者所謂形而下者也，理者所謂形而上者也。人之生也，固不能無是物矣，而不明其物之理，則無以順性命之正，而處事物之當，故必即是物以求之。知求其理矣，而不至夫物之極，則物之理有未窮，而吾之知亦未盡，故必至其極而後已。此所謂『格物而至於物則，物理盡』者也。物理皆盡，則吾之知識廓然貫通，無有蔽礙，而意無不誠，心無不正矣。此《大學》本經之意，而程子之説然也。其宏綱實用，固已洞然無可疑者，而微細之間，主賓次第、文義訓詁，詳密精當，亦無一毫之不合。今不深考，而必訓致知以窮理，則於主賓之分有所未安；訓格物以接物，則於究極之功有所未明。以義理言之，則不通。以訓詁考之，則不合。以功用求之，則又無可下手之實地。竊意聖人之言，必不如是之差殊疎略，以病後世之學者也。

❶「格物」，《晦庵集》卷四十四同，《二程遺書》卷二上作「窮理」。朱子誤記，故句末「則」字從上讀，與《二程遺書》異。

「致知格物，前説已詳。來書只舉得一截，正當説格字致字處，乃遺而不道，恐考之有未詳。若但以格爲法度之稱，而欲執之以齊天下之物，則理既未窮，知既未至，不知如何爲法而執之？且但守此一定之法，則亦無復節節推窮以究其極之功矣。此義且當以程子之説爲主，而以熹説推之，不必强立説，徒費力也。學者以玩索踐履爲先，不當汲汲於著述。既妨日用切己工夫，而所説又未必是，徒費精力。此區區前日之病，今始自悔，故不願賢者之爲之也。前日費力過甚，心力俱衰，且爾休息。然亦覺意思安静，無牽動之擾，有省察之功，非真若莊生所謂也。

「竊願德功放下日前許多玄妙骨董，即就日用存主應接處實下工夫，理會箇敬肆、義利、是非、得失之判。若要讀書，即且讀《語》《孟》《詩》《書》之屬，就平易明白有事迹可按據處看取道理體面，涵養德性本原，久之漸次踏著實地。即此等説話，須自見得黑白，不須如此勞心費力矣。若必欲便窮竟此説，亦請先罷穿鑿己見，且更追思今日以前，凡熹所説與德功不同者，并合兩家，寫作一處，仔細較量，考其是非，痛加辨詰，亦庶幾有究竟處，不至如今日只見一邊，不相照應，而信口信筆無有了期也。」

吴壽昌

吴壽昌，字大年，邵武人。初謁佛者疎山，喜談禪，後游考亭。著《問答略》。

備　遺

壽昌問：「鳶飛魚躍，何故仁便在其中？」先生良久微笑曰：「公好説禪，這箇亦略似禪，試將禪來説看。」壽昌對不敢。曰：「莫是雲在青天水在瓶麽。」壽昌又不敢對。曰：「不妨試説看。」曰：「渠今正是我，我且不是渠。」曰：「何不道我今正是渠。」既而又曰：「須將《中庸》其餘處一一理會，令教仔細。到這箇田地時，只恁地輕輕拈掇過，便自然理會得，❶更無所疑，亦不必問人。」

先生顧壽昌曰：「子好説禪，禪則未必是，然其所趨向，猶以爲此是透脱生死底等事，其見識猶高於世俗之人。紛紛然抱頭聚議，不知是照證箇甚底事。」

又曰：「子所謂『賢者過之』也。夫過猶不及，然其玩心於高明，猶賢於一等輩。」

又曰：「子好説禪，何不試説一上？」壽昌曰：「明眼人難謾。」先生曰：「我則異於是。越眼明底，越當面熱謾他。」❷

壽昌因論張敬夫、吕伯恭云：「南軒非壽昌所敢知，東萊亦不相識，但以文字觀之，東萊博學多識則有之矣，守約恐未也。」先生然之。

---

❶「便」，原作「使」，據《朱子語類》卷一百一十八改。

❷「熱」，《朱子語類》卷一百一十八無此字。

李宗恩

李宗恩，字伯諫，建安人。

備遺

先生答伯諫書曰：「詳觀所論，大抵以釋氏爲主，而於吾儒之説，近於釋者取之；異於釋者，在孔、孟則多方遷就以曲求其合，在伊洛則無所忌憚而直斥其非。夫直斥其非者，固未識其旨而然；所取所合，亦竊取其似是而非者。故語意之間，不免走作。不得於言而求諸心，則從初讀孔、孟、伊洛文字，止是資舉業，固無緣得其指歸，所以敢謂聖學止於如此。至於後來學佛，乃是怕生死而力究之，故陷溺深，從始至末，皆是利心。所謂差之毫釐者，其在兹乎？然敢詆伊洛而不敢非孔、孟者，直以舉世尊之，而吾又身爲儒者，故不敢耳，豈真知孔、孟之可信而信之哉？是猶不敢顯然背畔，而毁冠裂冕、拔本塞源之心已竊發矣。學者豈可使有此心萌於胸中哉！

「來書云：『於程氏，雖未能望其堂奥，而已窺其藩籬矣。』熹竊謂聖人道，在六經，若日星之明；程氏之説，見於其書者，亦詳矣。然若只將印行册子，從頭揭過，略曉文義，便爲得之，則當時門人弟子，亦非全然鈍根無轉智之人，豈不能如此領會？而孔門弟子之從其師，戹窮饑餓，終其身而不敢去；程氏之門，已仕者忘爵禄，未仕者忘饑寒，此亦必有謂矣。試將聖學做禪樣看，日有孜孜，竭才而進，竊恐更有事在，然後程氏藩籬，可得而議也。

「來書引『天下歸仁』以證滅度衆生之説，熹竊謂恐相似而不同。伊川先生曰：『克己復禮，則事事皆仁，故曰天下歸仁。』試用此意思之，毫髮不可差，差則入於異學矣。

「來書云：『曹參、楊億不學儒，不害爲偉人。』熹前書已奉答矣，而細思之，則老兄固云夫子之道，乃萬世仁義禮樂之主，今乃有不學儒而自知道者，則夫子何足爲萬世仁義禮樂之主也？且仁義禮樂果何物乎，又曹參、楊億二人相擬，正自不倫。曹參在漢初功臣中，人儘麤疎，後來却能如此避正堂，舍蓋公，治齊相漢，與民休息，亦非常人做得，其所見似亦儘高。所可惜者，未聞聖人之道而止於是耳。楊億工於纖麗浮巧之文，已非知道者所爲，然資禀清介，立朝獻替，略有可觀。而釋子特以爲知道者，以其有八角磨盤之句耳。然既謂之知釋氏之道，則於死生之際，宜亦有過人者。而方丁謂之逐萊公也，以他事召億至中書，億乃恐懼至於便液俱下，面無人色。當此時也，八角磨盤果安在哉？然則此二人者，雖皆未得爲知道，然億非參之倫也，子比而同之，過矣。蓋老氏之學淺於佛，而其失亦淺。正如申、韓之學淺於楊、墨，而其害亦淺。因論二人漫及之，亦不可不知也。

「來書云：『鹽官講義，急於學者見道，便欲人立地成佛。』熹於前段已論之矣，然其失亦不專在此。自是所見過中，無著實處，氣象之間，蓋亦可見。

「來書所謂『發明西洛諸公所未言者』，❶即其過處也。嘗聞之師曰：『二蘇聰明過人，所説《語》《孟》儘有好處。蓋天地間道理不過如此，有時便見得到，皆聰明之發也。但見到處却有病，若欲窮理，不可不論也。』『見到處却有病』，此語極有味，試一思之，不可以爲平常而忽之也。」

先生答林擇之書曰：「伯諫往時溺於禪學，近忽微知其非。昨來此留數日，季通亦來會，劇論不置，遂肯舍去舊習，此亦殊不易。蓋其人資禀本佳，誠心欲爲爲己之學，雖一邊陷溺，而每事講究，求合義理，以故稍悟天命之性，非空虚之物。然初猶戀著舊見，謂不相妨，今則已脱然矣。可尚可尚。」

先生與張敬夫書曰：「熹昨日見李宗恩，語及討賊復讐。李云：『此決無可問。爲人子者，當思其所以不可問之痛，沫血飲泣，益盡死於復讐，是乃所以爲忠孝耳。』此語極當。」

先生與王子合書曰：「伯諫初去時，極要整頓學校。後來病痛多般，立脚不住，都放倒了。大抵吾輩於貨、色兩關打不透，便更無話可説也。」

趙師恕

趙師恕，字季仁。初學於考亭，後卒業黄榦之門。歷潮陽尉，知餘杭縣。嘉定丁丑爲計院，出爲成都帥。陛辭之劄，一絶和好，一奬忠義，皆大公至正之論。尋又遭劾，罷桂陽之命。

---

❶「西」，原作「洒」，據《晦庵集》卷四十三改。

備遺

黄直卿曰：「師恕宦不達而忘其貧，今不合而志於古。」

趙師哲

趙師哲，字詠道，黄巖人。

備遺

先生答詠道書曰：「天下有正理，唯博學、審問、謹思、明辨，不先自主於一偏之説，而虚心以察衆理之是非，乃可以自得於一定之説而無疑。若得一先入之言，而曖曖昧昧，自以爲足，便謂天下之美，無易於此，則不唯不足以得天下之正理，亦歸於陋而已矣。胡子曰：『學欲博不欲雜，欲約不欲陋。』此天下之至言也，願明者以是思之。若曰：『佛、老之説，衆人亦知其非，豈以彼之明智而肯取以爲用。』此殆侏儒觀優之論。今固未論有見於吾道者之如何，但讀近歲所謂佛者之言，則知其源委之所在矣。此事可笑，非面見極談不能盡其底裹。然爲學之初，便欲窮其説之是非而去取之，則又恐緑衣黄裹之轉而爲裳也，如涉大水，渺無津涯。要當常以聖賢之言爲標準，則不至於陷矣。令弟致道在此相聚數月，雖未能悉力鋭進，亦似頗識爲學之門户，經由必能具道此間曲折。凡此所未及言者，可問而知，不暇盡布也。」

趙師夏

趙師夏,字致道,詠道弟也。娶文公孫女。歷湖北提舉常平茶鹽,主管華州雲臺觀,官至判宗。文公嘗令與四明士友編禮書。

備遺

先生答致道書曰:「所疑理氣之偏。若論本原,即有理然後有氣,故理不可以偏全論。若論稟賦,則有是氣而後理隨以具,故有是氣則有是理,無是氣則無是理;是氣多則是理多,是氣少則是理少,又豈不可以偏全論耶?」

致道作《誠幾圖》,一以明周子之意,一以證胡氏之説,問於先生曰:「周子謂『誠無爲,幾善惡』,此明人心未發之體,而指其已發之端。蓋欲學者致察於萌動之微,知所決擇而去取之,以不失乎本然之體而已。或疑之以謂有類於胡子『同體而異用』之云者,遂妄以意揣量爲圖如后。夫善惡雖相對,當分賓主;天理人欲雖分派,必省宗孽。自誠之動而之善,則如木之自本而幹,自幹而末,上下相連者,則道心之發見,天理之流行,此心之本主,而誠之正宗也。其或旁榮側秀,若寄生厖贅者,此雖亦誠之動,則人心之發見而私欲之流行,所謂惡也。非心之固有,蓋客寓也。非誠之正宗,蓋庶孽也。苟辨之不早,擇之不精,則客或乘主,孽或代宗矣。學者能於萌動幾微之間而察其所發之向背,凡其直出者爲天理,旁出者爲人欲;直出者爲善,旁出者爲惡；直出者固有，旁出者横生；直出者有本，旁出者無源；直出者順，旁出者逆；直出者正，旁出者邪，而吾於直出者利導之，旁出者遏絶之，功力既至，則此心之發自然出於一途而保有天命矣。於此可以見未發之前有善無惡，而程子所謂『不是性中元有此兩物相對而生』，又曰『凡言善惡，皆先善而後惡』，蓋謂此也。若以善惡爲東西相對，彼此角立，則是天理人欲，同出一源，未發之前，已具此兩端，所謂『天命之謂性』，亦甚汙雜矣。此胡氏同體異用之意也。」先生曰：「此説得之。」

致道言：「四子言志一條，程子曰：『夫子與點，蓋與聖人之意同，便是堯、舜氣象。使子路若達爲國以禮道理，却便是這氣象也。』何也？蓋爲國，不循理道則必任智力，不任智力則循理道，不能出此二途也。曾點有見乎發育流行之體。而天地萬物之理，所謂自然而然者，但吾不以私智撓之，則天地順序，而萬物各得其所。此堯舜事業也。子路則以才氣之勝，自以爲雖當顛沛敗壞，不可支持之處，而吾爲之亦能使之有成。子路誠足以任此矣，然不免有任智力之意，故志意激昂而氣象勇鋭，不若曾點之閒暇和平也。然不曰理而曰禮者，蓋言理則隱而無形，言禮則實而有據。禮者理之顯設而有節文者也，言禮則理在其中矣。故聖人之言，體用兼該，本末一貫。若曾點，則見其體而不及用，識其本而違其末，所以行自不掩而失於狂歟？」先生曰：「得之。」

致道言：「荀子言性惡禮僞，其失蓋出於一，大要不知其所自來，而二者亦互相資也。其不識天命之懿，而以人慾横流者爲性；不知天秩之自然，而以出於人爲者爲禮，所謂不知所自來也。至於以性爲惡，則凡禮文之美，是聖人制此以返人之性而防遏之，則禮之僞明矣。以禮爲僞，則凡人之爲禮皆反其性，矯揉以就之，則性之惡明矣。此所謂互相資也。告子杞柳之論，則性惡之意也。義外之論，則禮僞之意也。」先生曰：「亦得之。」

致道問：「程子言仕宦奪人志。或言爲富貴所移也。愚意以爲不特言此，但纔仕宦，則於窒碍處有隨宜區處之意，浸浸遂入於隨時狥俗之域，與初間立心各别，此所謂奪志也。不知程子之意，果出於此否？又不知人未免仕宦而有此病，又何以救之。」先生曰：「所論奪志之説是也。若欲救此，但當隨事省察，而審其輕重耳。然幾微之間，大須着精彩也。」

趙師淵

趙師淵，字幾道，致道從兄也。乾道八年進士，歷衢、南劍、海寧軍推官。趙汝愚以從班薦，詔與職事。會汝愚坐斥，翩然東歸，十餘年不仕。及詔申前命，以母病，添差通判温州。入主將作、太常簿、司農、太常寺丞。

備　遺

文公與師淵書曰：「昔時讀史者，不過記其事實，摭其詞采，以供文字之用而已。近世學者頗知其陋，則變其法，務以考其形勢之利害、事情之得失，而尤喜稱史遷之書，講説推尊，幾以爲賢於夫子，寧舍《論》《孟》之屬而讀其書。然嘗聞其説之一二，不過只是戰國以下見識。其正當處，不過知尊孔氏，而亦徒見其表，悦其外之文而已。其曰折衷於夫子者，實未知所折衷也。後之爲史者又不及此，以故讀史之士，多是意思麤淺，於義理之精微多不能識，而墮於世俗尋常之見，以爲雖古聖賢，亦不過審於利害之筭而已。唯蘇黄門作《古史序》，篇首便言：『古之聖人，其必爲善，如火之必熱，❶水之必寒。不爲不善，如騶虞之不殺，竊脂之不穀。』於義理大綱領處見得極分明，提得極親切。雖其下文未能盡善，然只此數句，已非近世諸儒所能及矣。惜其從初爲學工夫，本無次序，不曾經歷，不能見得本末一一諦當。只其資質恬静，無他外慕，故於此大頭段處，窺測得箇影響。到此地位，正好着力，却便墮落釋老門户中去，不能就聖賢指示處立得脩己治人正當規模，以見諸事業，傳之學者，徒然説得此箇意思。而其意之所重，終止在文字言語之間。其徒雖極力推尊之，然竟不曾有人能爲拈出此箇話頭，以建立宗旨者，亦可恨也。其論史遷之失兩句，亦切中其膏肓，不知近日推尊《史記》者，曾爲略分解否耳？今日已作書，偶思得此語，聊復奉告。

「所補《綱目》，幸早見示及。他卷不知提要，曾爲一一看過否？若閒中能爲整頓得一番，亦幸事也。『巡幸還宫』，當如所喻。但其間有事者，自當隨事筆削，不可拘一例耳。後漢單于繼立不書，本以匈奴已衰，不足詳載，如封王侯、拜三公、行赦宥之類耳。更告詳之，却於例中略見其意也。

「閒中了得《綱目》，亦是一事。不知已至甚處？自古治日少，亂日多。史書不看，損人神氣。但又要知，不奈何耳。熹今此大病幾死，幸而復蘇。未病時補得《稽古録》三四卷，今亦未敢接續整理。更欲續《大

---

❶「熱」，原作「熟」，據《晦庵集》卷五十四改。

事記》熙寧以後，亦覺難措手也。此恐他日不免并累賢者，用功亦不多也。」

趙師郲

趙師郲，字恭父，天台人。

備　遺

先生問：「恭父讀書如何。」曰：「近覺得意思却不甚迫切。」曰：「若恁地據見定做工夫，却又有苟且之病。」曰：「安敢苟且。」曰：「既不迫切，便相將向這邊來，又不可不察。」又問：「切己工夫如何？」曰：「愈見得己私難勝。」曰：「這箇也不須苦苦與他爲敵，但纔覺得此心隨這物事去，便與他唤回來，便都没事。」

先生答恭父書曰：「所説『退人一步，低人一頭』者，此則甚善，致道恐亦不可不聞此説，可更相勉勵。今已是不得已而從官，唯有韜晦静默，勿大近前，爲可免於斯世耳。一或不幸爲人所知，便不是好消息也。」

又答書曰：「道心雖微，然非人欲亂之，則亦不至甚難見。惟其人心日熾，是以道心愈微也。」

「人之所以爲人，以其有是性耳。若云性之所以爲性，則語意太重復矣。」

先生與黄直卿書云：「恭父竟坐其事。部中行下取索，不知意欲坐以何罪。州郡知其無辜，欲爲回申，而恭父不願也，已發去，此差强人意。」

杜燁

杜燁，字良仲，黄巖人。嘉定初進士。與弟知仁學於石子重，子重以致於文公。

備遺

車若水曰：「良仲事紫陽公十餘年，前後授受大節，則最初告以反躬力索，卒之以去冗長，歸專一。乃以起見生疑爲病。蓋反躬以力索，力索而又反其躬，循環無端，表裏精切，則豁然貫通，受用逢原。是時惟有涵養。若終身能疑，則終身無税駕之地，非學問也。然必常用力有至，始可語此。當其潛心既深，見此敬不獨在静，兹其用力之驗。至於自謂『向來彼此相梗，今皆融會合一，如親涉山，與在下瞻望者不同』，則一語之砭，冗長掃盡，而學成矣。」

杜知仁

杜知仁，字仁仲。少有俊才，爲舉子業。已而曰：「是不足爲能。」乃刻意於詩，既又曰：「是不足爲學。」於是即六經、《語》《孟》之言，考論一時諸先生風旨，至武夷之書，則拱而嘆曰：「道其在是。窮理求仁，吾知所止矣。」遂偕伯兄，反覆論説。於朋友間，一言一字，必明辨乃已。至其通洽，則凡人事之當然，與陰陽造化之所以然，咸爲究悉。乃遂棄科舉，絶意榮進。

備遺

先生答仁仲書：「示喻爲學之意，甚善。操存舍亡，此外無着力處。但常切提撕，勿計功效，久當自得力耳。理固不可以偏正、通塞言，然氣稟既殊，則氣之偏者便只得理之偏，氣之塞者便自與理相隔，是理之在人，亦不能無偏塞也。横渠論：『受光有大小昏明，而照納不二。』其説甚備，可試考之。人心道心不能無異，亦是如此，然亦不須致疑，但惟精惟一是着力要切處耳。魂魄之説極詳密矣，文叔書中亦論此，已答之，可取一觀，來喻得失，亦已具其中也。

「良仲示喻敬字工夫，甚善。凡聖賢之言，皆貫動静。如云『求其放心』，亦不是閉眉合眼，死守此心，不令放出也。只是要得識此心之正，如惻隱、羞惡之類，於動静間都無走失耳。所論『氣稟有偏，而理之統體未嘗有異』，亦得之。明道又謂『不可以濁者不爲水』，亦是此意也。但謂神即是理，却恐未然，更宜思之。仁仲所論朝聞夕死，蓋道即事物當然不易之理，若見得破，即隨生隨死，皆有所處。生固所欲，死亦無害矣。

「仁仲反躬克己之意甚切，雖未知所病者何事，然既知其病，即内自訟而亟改之耳，何暇呫呫誦言以咎既往之失，而求改過之名哉？今不亟改而徒言之，又自表其未有改之之實也。則是病中生病，名外取名，不但無益而已。」

考亭淵源録卷之十八

胡安之

胡安之，字叔器，袁州宜春人。

備　遺

叔器問：「每常多有恐懼，何由可免。」先生曰：「須是自下工夫，看此事是當恐懼，不當恐懼？《遺書》云：『治怒難，❶治懼亦難。克己可以治怒，明理可以治懼。』若於道理見得了，何恐懼之有？」

問：「叔器看文字如何？」曰：「兩日方在思量顔子樂處。」先生疾言曰：「不用思量，他只是『博我以文，約我以禮』後，見得那天理分明，日用間義理純熟後，不被那人欲來苦楚，自恁地快活。而今只去博文、約禮，便自見得。今却索之於杳冥無着之際，去何處討這樂處？」

問静坐用工之法。曰：「静坐只是恁静坐，不要閑勾當，不要閑思量，也無法。」

❶「怒」，原作「恐」，據《朱子語類》卷一百二十及《二程遺書》卷一改。下「怒」字同。

叔器患精神短。曰：「若精神少，也只是做去。不成道我精神少，便不做。公只是思索義理不精，平日讀書，只泛泛地過，不曾貼裏細密思量。公與安卿之病正相反，安卿思得義理甚精，只是要將那粗底物事都掉了；公又不去義理上思量，事物來，皆奈何不得，只是不曾向裏去理會。如入市見鋪，席上都是好物事，只是自家没錢買得。如書册上都是好説話，只是自家無奈他何。」

叔器問：「宣帝言漢雜王伯，此説也似是。」曰：「這箇先須辨别得王伯分明，方可去論他是與不是。」叔器云：「如約法三章、爲義帝發喪之類，做得也似好。」曰：「這箇是他有意無意？」叔器曰：「有意。」曰：「既是有意，便不是王。」

劉季文

備　遺

楊道夫問：「季文所言心病，道夫常恐其志不立，故心爲氣所動。不然，則志氣既立，思慮凝静，豈復有此病？」❶「此亦是不讀書，不窮理，故心無所用，遂生出這病。熹昨日之言，不曾與説得盡。」道夫因言：「季文自昔見先生後，敦篤謹厚，雖居於市井，人罕有見之者。自言向者先生教讀《語》《孟》，後來於此未有所

❶「病」，《朱子語類》卷一百一十五作「曰」。

見，深以自愧。」曰：「得他恁地也好。若肯窮來窮去，久之自有所見，亦是一事。」

蔡　模

蔡模，字仲覺，元定之孫，沉之子。隱居篤學，一以聖賢爲師。嘗輯文公之書，爲《續近思録》。著《四書集疏》《河洛探頤》。淳祐中，謝方叔、湯中乞表異之，以勸後學。詔補迪功郎，添差本州教授，仍令有司録其所著書，并訪以所欲言。

沈　僩

沈僩，字莊仲，永嘉人，寓建陽。

備　遺

熹嘗喜那鈍底人，他若是做得工夫透徹時，極好。却煩惱那敏底，只是略綽看過，不曾深去思量。當下説，也理會得，只是無滋味，工夫不耐久，如莊仲便是如此。熹嘗煩惱這樣底，少間不濟事。敏底人又却用做那鈍底工夫方得。❶

❶「那」，原作「乃」，據《朱子語類》卷一百一十六改。

僴問：「尋常遇事時，也知此爲天理，彼爲人欲。及到做時，乃爲人欲引去。事已却悔。如何？」先生曰：「此便是無克己工夫。這樣處，極要與他掃除打疊，方得。如一條大路，又有一條小路，明知合行大路，然小路面前有箇物引着自家，不知不覺行從小路去。及至前面荆棘蕪穢，又却生悔。此便是天理人欲交戰之機，須是遇事之時，便與克下，不得苟且放過。」

今公掀然有飛揚之心，以爲治國平天下如指諸掌，不知自家一箇身心都安頓未有下落，如何説功名事業，怎生治人？古時英雄豪傑不如此。張子房，不問着他不説。諸葛孔明，甚麼樣端嚴。今公浙中一般學，是學爲英雄之學，務爲跅弛豪縱，全不點檢身心，少間使得這身心飛揚悠遠，全無收拾處。而今人不知學底，他心雖放，然猶放得近。今公雖曰知爲學，然却放得遠，少間會失心去，不可不覺。

曾　三　異

曾三異，字無疑，吉州人。

備　遺

先生答無疑書曰：「大率人之爲學，當知其何所爲而爲學，又知其何所事而可以爲學，然後循其次第，勉勉而用力焉。必使此心之外，更無異念，而舊習之能否，世俗之毁譽，身計之通塞，自無一毫入於其心，然後乃可幾耳。

「吾人既不見用於世，只有自己分上一段工夫。若見得門户分明，端緒正當，實用得些子氣力，乃可以不負降衷秉彝之重。此外瑣瑣一知半解，正不足爲重輕也。」

「子約書來，必盛稱無疑之爲人，但不知中間相遇，所與切磨誦説者，果爲何事？計於緊要親切處，亦未必能盡所懷爾。日月逝矣，歲不我與，丈夫有志者，豈當爲此悠悠泛泛，徘徊猶豫，以老其身乎？」

丁仲澄

備遺

先生答仲澄書曰：「來書深以其學侵畔爲憂。自是而憂之，則有不勝其憂者。惟能於講學體驗處加工，使吾胸中洞然無疑，則彼自不能爲吾病矣。若不求衆理之明，而徒恃片言之守，則雖蚤夜憂虞，僅能不爲所奪，而吾之胸中終未免於憒憒，則是亦何足道。願專以聖賢之言反求諸身，一一曉然無疑，積日既久，自當有見。但恐用意不精，或貪多務廣，或少得爲足，則無由明矣。」

俞壽翁

備遺

先生答壽翁書曰：「來喻有志未免有見未徹，此見賢者自知之明。見子静曾扣之否？愚意則以爲且當捐去浮華，還就自己分上切近着實處用工，庶幾自有欲罷不能，積累貫通之效。若未得下手處，恐未免於臆度虚談之弊也。

「所示《周禮》復古之書」，其間數處，向亦深以爲疑，今得如此區别，極爲明白。但素讀此書不熟，未有以見其必然。聞君舉講究頗詳，不知曾與之商量否？欲破千古之疑，正當不憚仔細對論，必使無復纖毫間隙乃爲佳耳。

「示喻剛氣未能自克之病，此正區區所深患，方當相與同謹佩韋之戒耳。大抵最要平時講學持養，使此心常存，義理常勝，始有用力之地也。」

林𢺍

林𢺍，字一之。

備　遺

先生以一之問卷示諸生曰：「一之恁地沉淪，不能得超脱。他説生物之心，我與那物同，便會相感。這生物之心只是我底，觸物便自然感，非是因那物有此心，我方有此心。且赤子不入井，牛不觳觫時，此心自在，何須常粧箇赤子入井、牛觳觫在面前方有此惻隱之心，無那物時便無此心乎？」

先生荅一之書：「向來見賢者言語論議，頗多繁雜牽連之病，今者所示復如此。此是大病，須痛掃除。

凡有文字，只就一段内看，並不須引證旁通。如此看得，久之自直截也。「《西銘》中申生、伯奇事，張子但要以此心而事天耳。天命不忒，自無獻公、吉甫之惑也。」

林得遇

林得遇，字若時，興化仙遊人。一日發憤，鬻産裹糧，至武夷参拜文公，公令日講《論語集註》，頓悟。明理能文。及文公殁，復往會葬。暮年與同縣陳沂相友善。

劉炎

劉炎，字潛夫，邵武人。

備遺

王栢云：「潛夫提《孟子》『將以』二字，大有餘味。昔猶未悟，今始知之。」

陳齊仲

陳齊仲，泉州同安人。

備　遺

先生答齊仲書曰：「三事之喻，甚善。但既知其驕矜走失，而猶以爲未可去，不知更欲如何方可去也？差之毫釐，繆以千里，豈容公然走失耶。相馬之説，恐與忠恕之意不同。蓋忠恕之理則一，而人之見有淺深耳，豈有所揀擇取舍於其間哉。學者欲知忠恕一貫之指，恐亦當自違道不遠處着力，方始隱約得一箇氣象，豈可判然以爲二物而不相管耶？格物之論，伊川意雖謂眼前無非是物，然其格之也，亦須有緩急先後之序，豈遽以爲存心於一草木器用之間，而忽然懸悟也哉？且如今爲此學而不窮天理，明人倫，講聖言，通世故，乃兀然存心於一草木、一器用之間，此是何學問？如此而望有所得，是炊沙而欲其成飯也。」

郭友仁

郭友仁，字德元，山陽人，寓臨安。

備　遺

友仁初參拜畢，出疑問一册，皆《大學》《語》《孟》《中庸》平日所疑者。先生曰：「公今須是逐一些仔細理會始得，不可如此鹵莽。公之意，自道此是不曉者，故問，然其他不問者，恐亦未必是，豈能便與聖賢之意合？須是理會得底也來整理過，方可。」

先生曰：「公向道甚切也，曾學禪來？」曰：「非惟學禪，如老、莊及釋氏教典，亦曾涉獵。《法華經》至要處，乃在『是法非思量分別之所能解』一句。」先生曰：「我這裏正要思量分別，能思量分別，方有豁然貫通之理。如公之學也不易。」因以手指書院曰：「如此屋相似，只中間潔淨，四邊也未在。未能博學，便要約禮。窮理處不曾用工，守約處豈免有差？若差之毫忽，便有不可勝言之弊。」

友仁曰：「先生有一處解仁字甚曉然，言：『仁者人心之全德。必欲以身體而力行之，可謂重矣。一息尚存，此志不容少懈，可謂遠矣。』」先生不應。次日却問：「公昨夜所舉解仁，説在何處？」曰：「在曾子言『仁以爲己任』章。」先生曰：「德元看文字，却能記其緊要處。有萬千人看文字者，却不能於緊要處理會，只於瑣細處用工。前日他問《中庸或問》：『不一其内，無以制其外；不齊其外，無以養其中。静而不存，無以立其本；動而不察，無以勝其私。』此皆是切要處。學者若能於切要處做工夫，又於細微處不遺闕了，久之自然有得。」

德元告行，先生曰：「人若於日間閒言語省得一兩句，閒人客省得一兩人，也濟事。若渾身都在鬧場中，如何用工？人若逐日無事，有見成飯喫，用半日静坐，半日讀書，如此一二年，何患不進？」

游開

游開，字子蒙，建安人，定夫從孫。

備　遺

先生云：「子蒙曾和劉叔通詩：『昨夜劉郎扣角歌，朔雲寒雪滿山阿。文章無用乃如此，富貴不來争奈何。』此詩若遇蘇、黄，須提掇得他。」

龔　郯

龔郯，字曇伯，寧德人。不務口耳，惟事躬行，甚有造詣。

備　遺

先生曰：「曇伯理會也快，但恐其不牢固。」

鄭 師 孟

鄭師孟，字齊卿，寧德人。家貧力學，從文公游。黄直卿妻以女。所著有《洪範講義》，以發明文公《皇極辨》之藴。

王　瀚弟治、漢

王瀚，字伯海，金華人。孝宗朝侍講師愈之子。瀚端方嚴介，亦嘗從吕祖謙學。慶元中，除武當軍節度推官，匹馬就道，略無難色。心氣偉然，遂得覽觀荆楚形勢之勝。北望中原，心馳故國，訪問遺老，周知虜情。當國家和好，方堅而卒，無以自見，凡四年而歸。開禧中，知銅陵縣。值兵興，防江面，賑流民，治狀甚著。終朝奉郎，奉祠。嘉定己未卒。

弟治，字伯禮。漢，字伯紀，歷仁和縣尉。子栢，受學于黄榦之門人何基。

備　遺

先生答伯禮書曰："「太極、兩儀、四象、八卦者，伏羲畫卦之法也。《説卦》『天地定位』至『坤以藏之』以前，伏羲所畫八卦之位也。『帝出乎震』以下，文王即伏羲已成之卦而推其義類之詞也。如《卦變圖》剛來柔進之類，亦是就卦已成後用意推説，以此爲自彼卦而來耳，非真先有彼卦而後方有此卦也。古注説賁卦自泰卦而來，先儒非之，以爲乾坤合而爲泰，豈有泰復變爲賁之理。殊不知，若論伏羲畫卦，則六十四卦一時俱了，雖乾坤亦無能生諸卦之理。若如文王、孔子之説，則縱横曲直，反覆相生，無所不可。要在看得活絡，無所拘泥，則無不通耳。」

曾興宗

曾興宗，字光祖，贛州寧都人。慶元五年，恩詔廷對，入等爲南昌縣主簿，改肇慶府節度推官，致仕。興宗年十六七時已厭科舉之習，一意於聖賢爲己之學。嘗言：「吾讀舉子業，如嚼蠟。觀諸理學，則心快目明，終日忘倦。」人皆笑其與世背馳，興宗處之怡然。初聞旁郡有以知道自名者，往從之，視其説茫洋惝怳，無所依據。不遠千里受業朱子之門，堅守其説，孜孜力行，必求有得於心而後已。及僞學禁興，學者諱名其師，興宗執禮益勤，勵志益苦，未嘗少懈。文公没，急趨往弔，心喪三年。

暮年築室，名曰「唯庵」。日居其中，學者至，必以所學告語之，所謂孝弟忠信之説未始脱諸口，來者亦莫不拱手竦聽而去。卧疾，手不釋卷，人見之，勉以少事調息，曰：「吾於病中静觀此理，愈熟愈深，正自無害也。」未易簀十日，猶與學者論《中庸》《語》《孟》。臨終之夕，談論至五鼓，曰：「吾病不起矣，勿用浮屠氏陷我於不知道之域。喪事宜遵古，參用《儀禮》。非禮勿爲，非道勿學，乃吾子孫。」所著有《唯菴稿》。

備遺

先生問光祖：「讀書有甚大疑處？」曰：「覺見持敬不甚安。」曰：「初學如何便得安？除是孔子，方始恭而安。今人平日恁地放肆身心，一下自是不安。初要持敬，也須有些勉强，但須覺見有些子放去，便須收斂提掇起，教在這裏常常相接，久後自熟。」又曰：「雖然，這箇也恁地把捉不得。須是先理會得箇道理。而今學問，便只要理會一箇道理。『天生蒸民，有物有則。』有一箇物，便有一箇道理，所以大學之道，教人去事物上逐一理會得箇道理。」

光祖問：「讀《大學》，已知綱目次第了，然大要用工夫，恐在敬之一字。前見伊川説『敬以直内，義以方外』處。」先生曰：「能敬以直内矣，亦須義以方外，方能知得是非，始格得物。」

先生答光祖書曰：「目下持守講學却亦不得不刻苦加勵，不須遽以助長爲憂也。「求其放心乃爲學根本田地，既能如此向上，須更做窮理功夫，方見所存之心、所具之理不是兩事，隨感即應，自然中節，方是儒者事業。不然，却亦與釋子坐禪攝念無異矣。」

林 謩

林謩，字丕顯，福州連江人。少穎悟，讀書不數反輒成誦，爲文操筆立就。從鄉之儒先三山林公遊，與吕祖謙爲同舍。時吕年最少，其所爲詩若文，輒手抄默誦。既而以師禮事之。後從朱子游，孜孜扣問。樂善好學之意，至於老而愈篤也。

林憲卿

林憲卿，字公度，福州懷安人。居大山長谷之中，與世異趣，不妄交游。慎擇師友，醇厚質直，樂善不倦。從游晦庵，知所自守，以忠信見稱於師門，以義理化導乎鄉里。年七十，猶嗜學不衰。人稱爲存齋先生。及卒，黄榦誌其墓。

鄭文遹

鄭文遹，字成叔，福州閩縣人。幼而聰慧，少長，刻苦爲學，口誦手抄，昏夜寒暑不輟。初治《春秋》，心悟經旨，操筆成文，自謂：「文詞記問，未足以爲事業。」及得周、程、張子之書，玩之有得，怡然自適。

聞黄榦得文公之傳，遂受業焉。榦稱文遹「襟度夷曠，知識闓爽」，愛而敬之，盡告以所聞。嘗語曰：「成叔苟非其義，雖禄之萬鍾而不受。」人以爲信。後遂與俱登文公之門，交遊皆當世善士。文公晚年編集《儀禮》經傳，分界門人，而取《喪禮》《儀禮》以屬榦，以《喪禮》委文遹，乃爲考經證傳，旁通子、史，引比條律，綱目凡例纖悉。文公見之大喜，曰：「直卿稱成叔之賢且好學，今果然。」文公没，榦以汲引後學爲己任，貽書云：「鄉間朋友漸知義理者多，更賴成叔振拔激昂之，使師傳不廢，莫大之幸也。」與同志共立規約，大要欲明義利，謹操守，以厚風俗。其事多文遹所定，以其素行足以勵衆也。

文遹深觀默養，玩索益精。讀書有未解者，危坐終日以思，至忘寢食。及既得之，猶沉潛反覆，必極其趣而後已。嘗觀周子《太極圖》，而悟孟子性善之旨，本於《大易》「繼善成性」之説，曰：「荀、楊之徒，妄生異論，豈知性哉。」所著有《易學啓蒙或問》《禮記集解》《喪禮長編》，有《庸齋集》、《别》《外集》、《遺書》凡五十卷。

潘　植 弟柄

潘植，字立之，福州懷安人。父貢士滋，務學，至老不倦。聞鄉閭之善士，輒折輩行，率其子從之遊。後聞晦菴講道武夷，遂命植往師事之，植遂與其弟柄，不遠千里，從于武夷。植少穎悟，讀書不數過輒成誦，爲文語意雄健，流輩推先。尤嗜史學，自載籍以來上下數千年，反覆耽玩。其於興亡、治亂、是非、得失之故，貫穿出入，如指諸掌。時方交馳於射策決科之習，而植與其弟皆以弱冠，摳衣有道，厲志前修。回視故習，若將浼己。儕輩至有「高談性理，下視程文」之誚，不顧也。家居，日以濂、洛諸書磨礱浸灌，暇則徜徉林壑間，以觴咏自娱。閨庭之間，怡怡如也。

備　遺

植舉「仁者愛之理，心之德」紬繹説過，先生曰：「大概是如此。而今只是做仁工夫。」植因問：「顔子博文約禮，是循環工夫否？」曰：「不必説循環。如左脚行得一步了，❶右脚方行得一步。右脚既行得一步，左脚又行得一步。此頭得力，那頭又長，那頭既得力，此頭又長，所以欲罷而不能。蓋惟是見得通透，方無間斷。」

---

❶「了」，原作「子」，據《朱子語類》卷一百一十八改。

葉　湜

葉湜，字子是，建州建安人。用蔭補官，爲泉州惠安丞，知州真德秀辟以自助。既歷知贛州贛縣、饒州安仁縣。寶慶三年卒，年五十九。

德秀誌其墓，其略曰：「子是堅强有持操，介直弗顧私，遇事無難意，處劇無倦容。凡他人所不能爲與所不敢爲者，余必以屬之。然余獨憂其太剛，不可以耦俗，故嘗爲詩以贈，欲其斂鋒鍔，收光芒，而進其德於中和之地。君既去泉而蹇于仕，越若干年，乃得知饒之安仁，則其爲政一出於寬平，藹然有儒者氣象。居常語人曰：『先義而後利，先教而後刑，此吾所聞於真公者也，其敢違耶？』觀君於余言者不忘如此，其志于善可知矣。於爲政後先，知所決擇如此，其進德之勇又可知矣。」

備　遺

湯仲能作《行狀》曰：「子是壯歲遊文公之門，得以直養氣之説，故其爲人磊落明白，無所回隱。每自謂平生與妻子言者，皆可以語賓客。」

林　武

林武，字景文，永嘉人。勤敏力學，博通經史。徒步從文公講道武夷，親受《中庸》「衣錦」之旨，歸而扁其室曰「尚絅」，且輯平昔所聞爲語録數帙。後以恩科入官，授河池尉。秩滿，廣漕交辟，不就。性孝友冲約，父老跬步不離左右。既罹憂，毁瘠幾不勝喪。歲歉出粟賑貧，鄉曲賴之。

戴蒙

戴蒙，字養伯，永嘉人。紹興庚戌，用閤門宣贊舍人戴勳牒，[1]改名埜，應試，遂中第。調麗水尉，以公事忤郡將，棄官，從朱子于武夷。再調慈谿鳴鶴場鹽官，丁父艱，服除，自念假塗易名之非，復舊名應鄉試舉，再試不中，曰：「可以止矣。」郡守楊簡敬之，薦于朝。金陵帥臣黄度辟寮幕，外舅汪逵援例以己澤改奏，俱不就。最後御史王潁叔言諸朝，詔以初名復官。

陳範

陳範，字朝弼，一字仁復，建州崇安人。嘉定七年進士。範初爲徽州婺源尉，縣有大辟疑讞，範察其寃獨不肯書獄，曰：「人命至重，吾以書生獲一官，當以去就争。」後事覺，令佐坐削，人服其明。秩滿，調撫州崇仁丞。縣令羅必元見而敬之，日與相從講論。偶疾作，即日解印還。

---

[1] 「勳」，原作「勤」，據《東嘉録》卷五及《萬姓統譜》卷九十九改。

邵浩

備遺

浩作卷子，疏條目爲問，先生逐一説過了，浩乞逐段下疏數語。先生曰：「熹意思到處，或説不得。説得處，或寫不得。此據所見盡説了，若寫下，未必分明，却失了先間言語。公只記取，若未安，不妨反覆。」

馮彦忠❶

備遺

彦忠問：「居常苦私意紛擾，雖即覺悟而痛抑之，然竟不能得，潔静不起。」先生笑曰：「此正子静有頭之説，却是使得。惟其此心無主宰，故爲私意所勝。若常加省察，使良心常在，見破了這私意只是從外面入，縱饒有所發動，只是以主待客，以逸待勞，自家這裏亦容他不得。此事須是平日着工夫。若待他起後方省察，殊不濟事。」

❶「馮彦忠」，不知何人，或爲「陳彦忠」之誤。案：《晦庵集》及《勉齋集》，只有「陳彦忠」其人；《閩中理學淵源考》卷十七云：「陳士直，字彦忠，閩清人。」

周良

周良，字貴卿。

備遺

良問：「平時所爲把捉這心教定，一念忽生，則這心返被他引去。」曰：「這箇亦只是認教熟，熟了便不如此。今日一念纔生，有以制之，明日一念生，又有以制之，久後便無。此理只是這邊較少，那邊較多，便被他勝了。如一車之火，以少水勝之，水撲處纔滅，而火又發矣。又如弱人與强人相牽一般，强人在門外，弱人在門裏，弱底不能勝，便被他强底拖去了。要得勝他，亦只是將養，教力壯後自然可以敵得他去，非别有箇道理也，只在自家心有以處之耳。孟子所謂『捨則亡，操則常存』，在此。《大學》所謂忿懥、好樂等事，亦是除了此心，則心自然正，不是把一箇心來正一箇心。」又曰：「心只是敬，程子所謂『主一無適』。主一只是專一，如在這裏讀書，又思量做文字，又思量别事去，皆是不專。」又曰：「見得徹處，徹上徹下只是一箇道理，須是見得實方是。見得鐵定如是便爲善，不如是便爲惡，此方是見得實。」

諸生説書畢，先生曰：「諸公看道理，尋得一綫子路脉着了。説時也只是恁地，但於持守處更須加工夫。須是着實於行己上做得三兩分是得。只恁説過，不濟事。」周貴卿曰：「非不欲常常持守，但志不能帥氣，後臨事又變遷了。」曰：「只是亂道。豈是由他自去？正要待他去時撥轉來。爲仁由己，而由人乎哉？

止吾止也，往吾往也。」

陳公直

備遺

先生語公直曰：「讀書且逐些子理會，莫要攪動他別底。今人讀書，多是從頭一向看到尾，都攪渾了。」

朱飛卿

朱飛卿，漳州人。

備遺

飛卿問：「承先生誨以持敬，自求病痛，是氣衰不能勝其怠惰。如頭容欲直，手容欲恭，則時或不能。即此便是持敬不純，私意已行矣。窮理不知其當然，今遂欲一一如禮，則力困，實做不得。不知但存之於心，而四體則少寬之，終可以有得而無害於敬否？」

先生曰：「心無不敬，則四體自然收斂，不待著意安排，而四體亦自舒適矣。着意安排，則難久而生病矣。」

又問：「比欲窮理，而事物紛紜，未能有灑落處。近惟見得富貴果不可求，貧賤果不可逃耳。」

先生曰：「此是就命上理會。須更就義上看當求與不當求，當避與不當避。更看自家分上所以求之、避之之心是欲如何，且其得喪榮辱，與自家義理之得失利害，孰爲輕重。則當有以處此矣。」

考亭淵源録卷之十九

劉孟容

劉孟容，字公度，隆興府人。初從族父清之學。舉進士，筮仕爲袁州分宜簿，歷守長沙、南康。

備遺

先生答公度書曰：「示喻爲學之意，終覺有好高欲速之弊。講學不厭其詳，凡天下事物之理、方册聖賢之言，皆須仔細反覆究竟。至於持守，却無許多事。若覺得未穩，只有默然加功，着力向前耳。今聞廢書不講，而反以持守之事爲講説之資，是乃兩失其宜，下梢弄得無收殺，只成得杜撰捏合而已。至謂彼中朋友只有季章一人可望，此未論其許與之當否，然其言之發亦太輕矣。舊見公度不如此，只此便是所學效驗。❶向見伯恭説，孔子順答魏王問天下之高士，而曰『世無其人』，此一句似全不是孔子家法。此言有味。「奮發猛舍之喻，甚善。然須常以義理浸灌涵養，庶幾可以深固久遠。不然，一時意氣，恐未可恃也，如

❶「所」，《晦庵集》卷五十三作「新」。

何便敢自保不復變耶？

「究觀聖門教學，循循有序，無有合下先求頓悟之理。但要持守省察，漸久漸熟，自然貫通，即自有安穩受用處耳。千岐萬徑，雜物並出，皆足以惑世誣民。其信之者既陷於一偏而不可捄，其不信者又無正定趨向，而泛濫於其間，是亦何能爲有無耶？平父相處覺得如何？似亦未有箇立脚處也。因書更勸勉之。」

先生答劉季章書曰：「公度近亦得書，自是不肯求去，致得如此。潘友者近亦遭逐，正與公度事體一般。此輩進不能爲君子，退不能爲小人，不與人出氣，令人積悶也。」

劉季章

備遺

先生答季章書曰：「賢者比來爲學如何？雖未相見，然覺得多是不曾寬着心胸，細玩義理，便要扭捏造作，務爲切己。所以心意急迫，而理未大明，空自苦而無所得也。

「所喻爲學之意，甚善。但覺如此私下創立條貫太多，指擬安排之心太重，亦是大病。子約自有此病，賢者從來亦未免此，今又相合，打成一片，恐非所以矯偏補敝而趨於顯明正大之塗也。聖賢教人，自有成法，其間又自有至簡約，極明白處。但於本原親切提撕，直便向前着實進步，自可平行直達，迤邐向上。何必如此紆曲繚繞，百種安排，反令此心不虛，轉見昏滯耶？

「季章近讀何書，作何事業？工夫意思，比舊如何？不知後來於鄙説能信得及否？近來福州得黄直卿，南康得李敬子，説誘得後生，多有知趨向者。雖未見得久遠如何，然便覺得此箇氣脉，未至斷絶，將來萬一有可望者。却是近上一種老成朋友，若得回頭，便可倚賴，乃復安於舊習，不肯放下，深可嘆惜耳。益公聞甚康健，終日應接不倦，深爲可喜。熹則衰病，日益沉痼。死生常理，無足深計，但恨爲學未副夙心。目前文字，可以隨分發明聖賢遺意，垂示後來者，筆削未定，纂集未成，不能不耿耿耳。」

曾祖道

曾祖道，字擇之。初從劉子澄遊，既又從陸子静。慶元丁巳三月，見先生於考亭，先生曰：「甚荷遠來，然而不是時節。黨事方起，能無所畏乎？忽然被他來理會，礙公進取，如何？」曰：「此是自家身己上事，進取何足議。」先生曰：「見衡州如何。」曰：「衡州開明大體，使人知所向慕。」曰：「如何做工夫？」曰：「却是無下手處。」先生曰：「向來亦見盧陵諸公有問目之類，大綱寬緩，不是斬釘截鐵，只做一場話説。若如此悠悠，恐虚過歲月。熹以前與朋友往來，亦是如此，後來欽夫説道：『凡肯向此者，只如此放過了，不特使人泛然來行一遭，便道我曾從某人處講論，一向胡説，反爲人取笑，亦是壞了多少好氣質底？若只悠悠地去，可惜。今後須是要成就得一二人，不妨是吾輩事業。』自後相過者，這裏直是不放過也。」

祖道又曰：「頃年亦嘗見陸象山。」先生曰：「這却好商量，公且道象山如何。」曰：「象山與祖道言：『目能視，耳能聽，鼻能知香臭，口能知味，心能思，手足能運動，如何更要甚存誠持敬，硬要將一物去治，須要如此做甚。詠歸舞雩，自是吾夫子家風。』祖道曰：『是則是有此理，恐非初學者所到地位。』象山曰：『吾子有之，而必欲外爍以爲本，可惜也。』祖道曰：『此恐只是先生見處，今使祖道便要如此，恐成猖狂妄行，蹶蹈乎大方者矣。』象山曰：『纏擾舊習，如落陷穽，卒除不得。』」先生曰：「陸子静若信人點化，是多少明快。蓋有不得不任其責者。」

備　遺

先生答擇之書曰：「禮即理也，但謂之理，則疑若未有形迹之可言，制而爲禮，則有品節文章之可見矣。「所論曾點大意則然，但謂漆雕開有經綸天下之志，則未必然，正是己分上極親切處自覺有未盡耳。雖其見處不及曾點之開闊，得處未至如曾點之從容，然其工夫精密，則恐點有所不逮也。以此見二人之規模格局，大概不相上下。然今日只欲想像聖賢胸襟灑落處，却未有益。須就自家下學致知力行處做工夫，覺得極辛苦，不快活，便漸見好意思也。」

林　補

林補，字退思，温州永嘉人。仕爲四川分司茶馬幹官。

備　遺

先生答退思書曰：「來示備悉。學者之志，固不可不以遠大期思，然觀孔門之教，不過孝弟忠信、持守誦習之間，而於所謂學問之全體，初不察察言之也。若其高第弟子，多亦僅得其一體。夫以夫子之聖，諸子之賢，其於道之全體，豈不能一言盡之，以相授納，而顧爲是拘拘者，以狹道之傳，畫人之志，何哉？蓋所謂道之全體，雖高且大，而其實未嘗不貫乎日用細微切近之間。苟悦其高而忽於近，慕於大而略於細，則無漸次經由之實，而徒有懸想跂望之勞，亦終不能以自達矣。故聖人之教，循循有序，不過使人反而求之至近至小之中。博之以文，以開其講學之端；約之以禮，以嚴其踐履之實。使之得寸則守其寸，得尺則守其尺。如是久之，日滋月益，然後道之全體乃有所向望而漸可識，有所循習而漸可能。自是而往，俛焉孳孳，斃而後已。而其所造之淺深，所就之廣狹，亦非可以必詣而預期也。故夫子嘗以先難後獲爲仁，又以先事後得爲崇德。蓋於此小差，則心失其正，雖有鑽堅仰高之志，而反爲謀利計功之私矣。仁何自而得，德何自而崇哉。」

李唐咨

李唐咨，字堯卿。

先生問堯卿：「今日看甚書？」曰：「只與安卿較量下學處。」曰：「不須比安卿。公年高，且據見定底道理受用。安卿後生，有精力，日子長，儘可闊着步去。」

堯卿問：「前承教『只據見定道理受用』，日用間已見有些着落，事來也應得去，不似從前走作。」曰：「日用間固是如此，也須隨自家力量成就去，看如何。」問：「工夫到此，自是不能間斷得。」曰：「博學、審問、謹思、明辨、篤行，這箇工夫常恁地。昔李初平欲讀書，濂溪曰：『公老，無及矣，只待我説與公。』二年方覺悟。他既讀不得書，濂溪説與他，何故必待二年之久覺悟？二年中説多少事，想見事事説與他。不道今日一説，明日便頓悟，成箇別一等人，無此理也。公雖年高，更着涵養工夫。如一粒菜子，中間含許多生意，亦須是培壅澆灌方得成。不成説道有那種子在此，只待他自然生根生苗去。」

堯卿問：「事來斷制不下，當何以處之？」曰：「便斷制不得，也着斷制，不成掉了。」又問：「莫須且隨力量做去？」曰：「也只得隨力量做去。」又問：「事有至理，理有至當，十分處今已看得七八分。待窮來窮去，熟後自解到那分數足處。」曰：「雖未能從容，只是熟後便自會。只是熟，只是熟。」

方誼

方誼，字賓王。

備　遺

先生答賓王書曰：「《大學》之序，自格物致知以至於誠意正心，不是兩事，但其内外淺深，自有次第耳。非以今日之誠意正心爲是，即悔前日之格物致知爲非也。

「存養之功亦不專在静坐時。須日用動静之間，無處不下工夫，乃無間斷耳。心、性、情之説亦已得之，但性即理也，今以爲萬理之所自出，又似别是一物。康節先生云：『性者道之形體。』此語却似親切也。又云：『静而不知所存，則性不得其中。』性之必中，如水之必寒，火之必熱。但爲人失其性而氣習昏之，故有不中，而非性之不得其中也。

「『性者道之形體』乃《擊壤集序》中語，其意蓋曰：性者人所禀受之實，道者事物當然之理也。事物之理，固具於性，但以道言，則冲漠散殊，而莫見其實，惟求之於性，然後見其所以爲道之實，初不外乎此也。《中庸》所謂『率性之謂道』，亦以此而言耳。

「所喻涵養本源之功，誠易間斷。然纔覺得間斷，便是相續處。只要常自提撕，分寸積累將去，久之自然接續，打成一片耳。講學工夫，亦是如此。莫論事之大小，理之淺深，但到目前，即與理會到底，久之自然浹洽貫通也。」

方任

方任，字若水。高祖道輔，與伊川同學。任淳熙丁未登第，爲漳州長泰縣簿。秩滿，陞從事郎，知潭州寧鄉縣，未上而卒。

備遺

先生答若水書曰：「龍巖之行，若問得實，使無罪者不以冤死，而有罪者無所逃刑，此非細事也。静退之説亦甚善，但今亦未是教人求退，只是要得依本分，識廉耻，不敢自衒自鬻，以求知求進耳。然亦須是讀書窮理，方寸之間，洞見此理。知得不求只是本分，求着便是罪過。不惟不可有求之之迹，亦不可萌求之之心。不惟不得説着求字，亦不可説着不求字，方是真能自守，不求人知也。」

徐文卿

徐文卿，字斯遠，玉山人。晚第進士，未注官，卒。有詩文集。

備遺

先生答斯遠書曰：「趙昌父志操、文詞，皆非流輩所及。至此，適值悲撓，未能罄竭所懷，然大概亦已言之。不過欲其刊落枝葉，就日用間深察義理之本然，庶幾有所據依以造實地，不但爲騷人墨客而已。斯遠亦不可不知此意，故此具報，幸有以交相警切爲佳耳。」

先生答趙昌父書曰：「斯遠殊可念。吾人當此境界，只有箇『固窮』兩字是着力處。如其不然，即墮坑落塹，無有是處矣。尤是文士巧於言語，爲人所説，易入邪徑。如近世陳無己之不見章雷州，呂居仁之不答梁師成，蓋絶無而僅有者也。」

徐彦章

備遺

先生答斯遠書曰：「彦章守舊説甚固，乃是護惜己見，不肯自將來下毒手彈駁。如人收得假金，不敢試將火煅。如此，如何得長進？僧家有琉璃瓶子禪之説，正謂此耳。

「彦章議論雖有偏滯不通之病，然其意思終是靠裏近實，有受用處也。」

先生答彦章曰：「示喻主善之云，甚佳。但善中有動静，二者相對而言，則静者爲主，而動者爲客，此天地陰陽自然之理，不可以寂滅之嫌而廢也。更望虚心平氣以思之，久必有合矣。若固舊聞，舉一廢百，懼非所以進於日新也。」

廖謙

廖謙，字益仲，一字德之，衡州衡陽人。

備遺

先生問謙：「曾與戴肖望相處，如何？」曰：「亦只商量舉子程文。」曰：「此是一厄。人過了此一厄，當理會學問。今人過了此一厄，又去理會應用之文，作古文，作詩篇，亦是一厄，須是打得破方得。」德之看文字尖新，如見得一路光明，便射從此一路去。然爲學讀書，寧詳毋略，寧近毋遠，寧下毋高，寧拙毋巧。若一向罩過，不知仔細，便看書也不分曉。

趙希漢

趙希漢，字南紀，岳陽人，僑居邵武軍。第進士。嘗知福州福清縣，清正有經略。生平慕趙廣漢爲人，以鉤鉅得事情，而吏民銖兩奸欺皆知之。苟有犯法，雖公卿子弟不貸，頗以嚴急聞。在福清，人人側足而立，時號趙閻羅。

備遺

文公與劉崇之書曰：「希漢却有才，但當裁其過甚。」

廖晉卿

備遺

晉卿請讀何書，先生曰：「公心放已久，精神收拾未定，且收斂精神，方可商量讀書。」繼謂之曰：「《玉藻》九容處且去仔細體認，待有意思，却好讀書。」

黄謙

黄謙，南安人。父命之入郡學習舉業，徑棄去，從學於文公，公曰：「既是父命習舉業，何不入郡學？舉業與理學不相妨。如拂父之命，則父子相夷矣，何以學爲？」

趙蕃

趙蕃，字昌甫，玉山人。初以父陽蔭補官，三調皆不赴。後爲太和主簿，受知楊萬里。調辰州司理參軍，與郡守爭獄罷，人以爲直。

始，蕃受學於劉清之，清之守衡州，乃求監安仁贍軍酒庫，因以卒業。至衡而清之罷，蕃即丐祠，從清之歸。其後真德秀書之國史，曰：「蕃之於師友之際蓋如此，肯負國乎？」家居，連書祠官之考者三十有一。理宗即位，與太社令劉宰同召，不拜。特改奉議郎、直秘閣，又辭。奉祠，得致仕，轉承議郎，依前直秘閣。卒，年八十七。

蕃年五十時猶問學於朱熹。既耄，猶患末路之難，命所居曰「難齋」。蕃賦性寬平，與人樂易，而剛介不可奪。丞相周必大與蕃契屢加引薦，蕃竟不受。宰嘗言曰：「文獻之家，典刑之彦，巍然獨存，猶有以繫學者之望者，蕃一人而已。」信州守吴旂乞録其後。詔其子遂，補上州文學，遂亦力辭。又詔以承務郎致仕，與一子恩澤。景定三年，秘閣修撰鄭協請謚「文節」。

備　遺

昌甫言學者工夫多間斷，先生曰：「聖賢教人，只是要救一箇間斷。」因説學者工夫間斷，謂：「古山和尚自言喫古山飯，阿古山矢，只是看得一頭白水牯牛。今之學者却不如他。」

胡　大　時

胡大時，字季隨，五峰之季子。師事張敬夫，後從學於晦菴。

備　遺

晦菴答季隨書曰：「道理無形影，唯因事物言語，乃可見得是非。理會極仔細，即道理極精微。古人所謂『物格知至』者，不過是就此下功夫。近日學者説得太高了，意思都不確實。不曾見一書一事徹頭徹尾，東邊綽得幾句，西邊綽得幾句，都不曾貫穿浹洽，此是大病。有志之士，尤不可以不深戒也。

「熹杜門衰病如昔，但覺日前用力泛濫，不甚切己，方與一二學者力加鞭約，爲克己求仁之功，亦粗有得力處也。

「『道不可離，可離非道，是故君子戒慎乎其所不睹，恐懼乎其所不聞』，乃是徹頭徹尾，無時無處不下工夫，欲其無須臾而離乎道也。又言『莫見乎隱，莫顯乎微，故君子謹其獨』，乃是上文全體工夫之中，見得此處是一念起處，萬事根原，又更緊切，故於此加意省察，欲其自隱而見，自微而顯，皆無人欲之私也。此是兩節，文義不同，詳略亦異。前段中間着『是故』字，後段中間又着『故』字，各接上文，以起下意。前段即卒章所謂『不動而敬，不言而信』，後段即卒章所謂『内省不疚，無惡於志』。文義條理，大小甚明。從來説者，多是不察，將此兩段只作一段，相纏説了，便以戒慎恐懼不睹不聞爲謹獨，所以雜亂重復，更説不行。

「元善書説與子静相見甚款，不知其説如何，大抵欲速好徑是今日學者大病。向來所講，近覺亦未免此。以身驗之，乃知伊洛拈出『敬』字，真是學問始終，日用親切之妙。近與朋友商量，不若只於此處用力，而讀書窮理以發揮之。真到聖賢究竟地位，亦不出此。坦然平白，不須妄意思想頓悟懸絶處，徒使人顛狂粗率，而於日用常行之處，反不得其所安也。不審别後所見如何？幸試以此思之，似差平易悠久也。

「目昏不能多看文字，閒中却覺看得道理分明。向來諸書，隨時修改，似亦有長進處。恨相去遠，不得朝夕討論也。大抵爲學不厭卑近，愈卑愈近，則工夫愈實，而所得愈高遠。其直爲高遠者則反是。此不可不察也。」

「閒中時有朋友遠來講學，其間亦有一二可告語者。此道之傳，庶幾未至斷絶。獨恨相望之遠，不得聚首，盡情極論，以求真是之歸，尚此恨恨耳。君舉先未相識，近復得書。其徒亦有來此者。折其議論，多所未安，最是不務切己。惡行直道，尤爲大害。不知講論之間，頗亦及此否？」

「屏去私心，然後可以求其理之所在。若不如此，而只欲以言語取勝，則雖累千萬言，終身競辯，亦無由有歸着矣，何名爲講學哉？故熹不敢復爲論説，以增前言之贅。其自謂灑落者，乃是疎略放肆之異名耳，如何能到真實灑落地位耶？且做三五年辛苦不快活底工夫，久遠須自有得力處，所謂『先難而後獲』也。『灑落』兩字，本是黄太師語。後來延平先生拈出，亦是且要學者識箇深造自得底氣象，以自考其所得之淺深。不謂不一再傳，而其弊乃至於此。此古之聖賢所以只教人於下學處用力，至於此等，則未之嘗言也。熹憂患侵凌，來日無幾，思與海内知友痛相切磨，以求理義全體之至極，垂之來世，以繼聖賢傳付之望，而離群索居，無由會合。如季隨者，尤所期重，而相去甚遠，再見恐不可期。此可爲深歎恨也。先訓之嚴，後人自不當置議論於其間。但性之有無善惡，則當舍此而别論之，乃無隱避之嫌，而得盡其是非之實耳。『善惡』二字，便是天理人欲之實體。今謂性非人欲，可矣。由是而并謂性非天理，可乎？必曰極言乎性之善而不可名，又曷若直謂之善而可名之爲甚易而實是也。比來得書，似覺賢者於此未有實地之可據，日月易邁，深可憂懼。幸加精進之力，入細着實，仔細推研，庶幾有以自信，益光前烈。」

或言季隨才敏，曰：「只敏不濟事，須是慤實有志而才敏，方好。若小小聰慧，亦徒然。熹向見季隨，固知其不能自立，其胸中自空空無主人，纔聞他人之説便動。季隨在湖南，頗自尊大，諸人亦多宗之。凡有議論，季隨便爲之判斷孰是孰非。此猶張天師不問長少賢否，只是世襲做大。」

宋之源弟之潤、之汪

宋之源，字深之，雙流人。父若水，轉漕閩中。之源兄弟皆獲從學於文公。之潤字澤之，之汪字容之。

備遺

先生答深之書：「三聖相授『允執厥中』與孟子所論『子莫執中』者，文同而意異。蓋精一於道心之微，則無適而非中者。其曰『允執』，則非徒然而執之矣。子莫之爲執中，則其『爲我』不敢爲楊朱之深，『兼愛』不敢爲墨翟之過，而於二者之間，執其一節以爲中耳。故由三聖以爲中，則其中活；由子莫以爲中，則其中死。中之活者，不待權而無不中；中之死者，則非學乎聖人之學，不能有以權之，而常適於中也。

「近年學者多不讀書，見昆仲篤志如此，甚不易得。所恨相聚之晚，不得盡吐腹心。前日臨岐，不勝忡悵。然講學貴於實見義理，要在熟讀精思，潛心玩味，不可貪多務得，搜獵敷衍，便爲究竟也。

「《大學》是聖門最初用功處，格物又是《大學》最初用功處。試考其説，就日用間如此做工夫，久之意思自別。見得世間一切利欲好樂，皆不足以動心，便是小小見効處也。

「科舉事業，初無高論，賢者俯就，蓋有餘力。既知有命之説，則日用之間，内外本末，不須作兩截看。必先了此，然後及彼也。」

答澤之書曰：「大抵今之學者之病，最是先學作文干禄，使心不寧静，不暇深究義理。故於古今之學、義利之間，不復能察其界限分别之際，而無以知其輕重取捨之所。宜所以誦數雖博，文詞雖工，而衹以重爲此心之害。要須反此，然後可以議爲學之方耳。」

答容之書曰：「所喻讀書未能有疑，此初學之通患。蓋緣平日讀書，只爲科舉之計，貪多務得，不暇仔細，凡看文字，不問精粗，一例只作如此涉獵。今當深以此事爲戒，洗滌淨盡，别立規模，將合看文字，擇其尤精而最急者，虚心平氣，熟讀精思，令一字一句皆有下落，諸家注解一一通貫，然後可以較其是非，以求聖賢立言之本意。雖已得之，亦且更如此反復玩味，令其義理浹洽於中，淪肌浹髓，然後乃可言學耳。

「示喻爲學之意，益以精專，而兄弟相勉，見於詩什，深慰老懷。更有蘇、范諸賢，相與切磋，尤以爲喜。所問持養、觀書之説，前此講之已詳。約而言之，持養之方，不過敬之一字；而讀書則世間無一事是不合知者，但要循序量力而進耳。」

考亭淵源録卷之二十

葉文炳

葉文炳，字晦叔，浦城人。淳熙甲辰進士，調晉江簿，遲次家居，數致書請益於文公。及至官，文公自漳浦還，以居官臨民之法告，語甚悉。歷知仙遊縣，終奉議郎，通判和州。

傅脩

傅脩，字子期，豫章進賢人。從文公遊，嗜學篤行，有聞于世。既而學禁方嚴，脩居父喪，衰服謁武夷，求銘於文公。公書云：「予觀其冠履應禮，而戚容與之稱，言辭懇慤，情旨酸辛，爲惻然動心焉。」坐者無不加敬。未幾，文公卒，明年且葬。脩奔趨而至，俯伏於道，若將隕焉。是時縉紳畏言學，學者更名他師，至有弔賻不及門者。脩毅然不遠千里，哀號痛慕若此，此可以觀其人矣。

陳總龜

陳總龜，字朝瑞，建陽人。居與文公鄰，壯老相遊從，於學無不通貫。登紹熙四年進士，注吉州永豐尉，未上而歿。

孫應時

孫應時，字季和，餘姚人。爲制司幹官。文公在浙東，諮議荒政，列薦于朝。慶元中爲常熟令，立言偃祠。終邵武軍通判。

備　遺

先生答應時書曰：「來諭諄悉，備詳爲學次第，甚慰所懷。大抵學者，專務持守者，見理多不明；專務講學者，又無地以爲之本。能如賢者兼集衆善，不倚於一偏者，或寡矣。更望虚心玩理，寬以居之，卒究遠大之業，幸甚。」

陳枅

陳枅，字自脩，福州長樂人。父宋霖，爲同安令，與文公爲僚友。枅因從遊。

備　遺

枅問：「如何是反身窮理？」曰：「反身是着實之謂。」又曰：「向自家體分上求。」

問：「天理真箇難明，己私真箇難克，望有以教之。」先生曰：「公不去用力，只管説道是難。孟子曰：『道若大路然，豈難知哉？人病不求耳。』往往公亦知得這箇道理好好，纔下手，見未有入頭處，便説道是難，而不肯用力，所以空過了許多月日，可惜可惜。公若用力久，亦自有箇入頭處，何患其難。」

枅嘗問：「先生自謂：『矯揉之力雖勞，而氣稟之偏自若。警覺之念雖至，而怠惰之習未除。異端之教，雖非所願學者，而芒忽之差未能辨。善利之間，雖知所決擇，而正行惡聲之念，或潛行而不自覺。先覺之微言奥論，讀之雖間有契，而不能浹洽於心意之間。』如何。」曰：「所論皆切問近思。人之爲學，惟患不自知其所不足。今既知之，則亦即此而加勉焉耳。爲仁由己，豈他人所能與？惟讀書窮理之功，不可不講也。」

先生語枅曰：「看公意思好，但本原處殊欠工夫。莫如此過了日月，可惜。」

汪德輔

汪德輔，字長孺，饒州鄱陽人。

備遺

德輔言：「今人看文字義理，如何得恁不細密。」先生曰：「只是不曾仔細讀那書，枉用心錯思了。孔子説：『吾嘗終日不食，終夜不寢以思，無益，不如學也。』正謂這樣底。所謂『思而不學則殆』，殆者，心隉杌危殆不安。尹和靖讀得伊川説話煞熟，雖不通透，渠自有受用處。吕堅中作尹墓誌祭文云：『尹於六經之書，耳順心通，如誦己言。』嘗愛此語説得好，但和靖却欠了思。」

姜大中

姜大中，字叔權。

備　遺

先生曰：「長孺、叔權，全似江西學問氣象。但叔權天資慈祥，長孺資禀粗厲，失於太快。」叔權也是箇資質好底人，正如吴公濟相似，長孺正好得他這般人相處。但叔權也昏鈍，不是箇撥着便轉，挑着便省底，於道理只是慢慢思量後方説得。若是長孺，説話恁地横後跳躑他，也無奈他何。長孺、叔權皆是爲酒所使。

先生問長孺所讀何書，長孺誦《大學》所疑，先生曰：「只是輕率。公不惟讀聖賢之書如此，凡説話及論人物亦如此，只是不敬。」又云：「長孺氣粗，故不仔細。爲今工夫，須要静。」

叔權自言終日無思慮，有寂然不動之意，汪德輔疑其已至。先生曰：「只問他還能感而遂通天下之故否。須是窮理。若只如此，則不須説格物致知。」問：「如此，則叔權之静未是至。」曰：「固是。」

劉學雅弟學裘

劉學雅，字正之，建陽人，觀文子羽之孫。馳騁東西，爲諸侯客，已而以憤世嫉邪，斥辱權要，罷歸田里。學裘字傳之，知撫州，刻規約于學以示學者，時一至，爲解説義理之學。移知邕州，秩滿，召還。後以疾，累得郡不赴，終中散大夫。

劉學古

劉學古，玶之子，屏山之孫，文公婿也。嘗爲臨桂縣令。弟學博，俱從文公游。

備遺

先生嘗謂學古曰：「康節詩云『閒居謹莫説無妨』。若道無妨，便是有妨。要做好人，則上面煞有等級。做不好人，則立地便至。只在把住放行之間爾。」

丁堯

丁堯，字復之，崇安人。篤厚慈良，有志爲己之學。從文公遊，而與蔡季通友善。早卒，文公記其墓。

周元卿

備遺

元卿問：「着心讀書，有時半板前心在書上，半板後忽然思量他事。口雖讀，心自在別處。如何得心只在書上？」先生曰：「此最不可。所謂『不誠無物』，雖讀猶不讀也。」

李亢宗

李亢宗，字子能，泉州南安人。刻志問學，服習儉素，儼然一儒生，無貴介氣習，文公稱之。

包約弟揚、遜

包約，字詳道。揚，字顯道。遜，字敏道。建昌南城人。兄弟皆嘗學于陸子静，既而從文公游。揚嘗録文公論文之語，爲《文説》一卷。

備遺

先生曰：「今顯道輩便是以清虚寂滅陷溺其心，劉子澄輩便是以務求博雜陷溺其心。周公思兼三王，以施四事，其有不合者，仰而思之，夜以繼日，幸而得之，坐以待旦。聖賢之心，直是如此。」

蔡季通被罪，詹元善爲調護，先生初亦欲與經營，顯道因言：「禍福已定，徒爾勞擾。」先生嘉之，且云：「顯道説得自好，未知當局如何。」

先生曰：「詳道資稟篤實，誠所愛重。所與顯道講論，竊恐却與去歲未相見時所見一般。蓋熟處難忘，所驟聞者，未能遽入，而復失之耳。」

答敏道曰：「承喻粗心浮氣，剥落向盡，閒居意味殊不淺。自許如此，他人復何所道？區區覺欲寡過而未能耳。」

真德秀跋顯道《講義》云：「紹定己丑，屈致家塾，君首以夫子之志學、孟子之尚志，爲兒輩言之，次論人性之善，所以可爲堯舜者，明白切至，聽者忻然忘倦。蓋君早從朱、陸二先生游，得諸傳授者既甚的，而家庭伯仲自相師友，切劘講貫，壯老如一，故其所造益以超詣。今年七十有八矣，浩然之氣，略不少衰。稠人廣坐，音吐清暢，隨問響答，往往破的。」

方　耒弟禾

方耒，字耕道，莆田人。少孤，其弟于、來、禾皆自教之。家貧，奉母典衣，不足，繼以鬻田。兄弟杜門力學，已而見文公于建陽。乾道中登第，調善化尉，歷知潭州攸縣。邑有茅將軍祠，愚民歲取人子女殺以祭，名曰「樂神」。耒始至，牒諸保，聚蕙於祠中，遣吏酹以文而焚之，其害遂絶。復因文公謁張敬夫。官終宣教郎，知福州連江縣。

禾，字耕叟。同游文公門下，公語以改過修己之方，莫切於《論語》「弟子入則孝」一章。禾佩服終身。

備　遺

先生答耕道書曰：「向者妄謂自立規程，正謂正衣冠、一思慮、莊整齋肅、不慢不欺之類耳。此等雖是細微，然人有是身，内外動息，不過是此數事。其根於秉彝，各有自然之則。若不於此一一理會，常切操持，則雖理窮玄奥，論極幽微，於我亦有何干涉乎？前書所謂『捨顯過，憂小失』，正謂『放飯流歠，而問無齒決』之類。舍此憂彼，則爲失其序耳。若日用工夫果能謹之於微，不使至於形顯，則善何以加。但恐言太高而難踐，則非所謂切問而近思耳。」

蘇宜久

備　遺

宜久問：「欲觀《易》。」先生曰：「《易》是箇難理會底，卒急看未得，不若且未要理會。『《詩》《書》、執禮，皆雅言也。』看來聖人教人，不過此數者。公既理會《詩》了，只得且理會《書》。理會《書》了，便當理會《禮》。《禮》之爲書，浩瀚難理會，不若且買一本《温公書儀》，歸去仔細看。《易》不過只是許多路徑節目，自然漸次理會得。」

陳希周

備遺

希周請問讀書脩學之門。曰：「所謂讀書者，只是要理會這箇道理。治家有治家道理，居官有居官道理。雖然頭面不同，然又只是一箇道理。如水相似，遇圓處圓，方處方，小處小，大處大，然亦只是一箇水耳。」

鄭光弼

鄭光弼，字子直。

備遺

先生謂子直曰：「書雖是古人書，今日讀之，所以蓄自家之德。却不是欲這邊讀得些子，便搬出做那邊用。《易》曰：『君子以多識前言往行，以蓄其德。』公今却是讀得一書，便做得許多文字，馳騁跳躑，心都不在裏面。如此讀書，終不干自家事。」又曰：「義利之辨，正學者所當深知。」

任忠厚

任忠厚，字正甫，遂安人。

備　遺

先生謂正甫精神專一。

鍾唐傑

鍾唐傑，宜春萍陽人。

備　遺

唐傑問窮理持敬。曰：「此事不用商量。若商量持敬，便不成持敬。若商量窮理，便不成窮理。須令實理在題目之後。」

閭丘次孟

備遺

次孟言：「嘗讀《曲禮》《遺書》、康節詩，覺得心意快活。」曰：「他本平鋪地説在裏，公却帖了箇飛揚底意思在上面，可知是恁地。康節詩云：『真樂攻心不奈何。』熹謂此非真樂也，真樂便不攻心，如顔子之樂，何嘗恁地。」曰：「次孟何敢望康節，直塗之人爾。」曰：「塗人却無許多病。公正是肚裏有許多見識道理，攪得恁地叫喚來。」又舉《曲禮》成誦，先生曰：「但《曲禮》無許多叫喚。」曰：「次孟氣不足。」曰：「非氣不足，乃氣有餘也。」

元昭

備遺

先生語元昭：「且要虚心，勿要周遮。」元昭以十詩獻，詩各以二字命題，❶如「實理」之類，節節推之。先

❶ 「字」，原作「句」，據《朱子語類》卷一百二十改。

生指《立命》詩兩句：「『幾度風霜猛摧折，依前春草滿池塘。』既道佛老之非，又却流於佛老。此意如何？」元昭曰：「言其無止息。」曰：「觀此詩，與賢説話又異。此只是要鬭勝，知道安用許多言。顔子當時不曾如此。此只是要人知，安排餖飣出來，便不是。末篇《極致》尤不是，如何便到此？直要撞破天門。前日説話如彼，今日又如此，只是説話。」

元昭告歸，先生曰：「歸以何爲工夫？」曰：「仔細觀來，平生只是不實。當於實處用工夫。」曰：「只是麤，除去麤，便是實。」曰：「每嘗觀書，多只理會大意，元不曾仔細講究。」曰：「大意固合理會，文義亦不可不講究，最忌流於一偏。明道曰：『與賢説話，却似扶醉漢。救得一邊，倒了一邊。』今之學者，大抵皆然。如今人讀史成誦，亦是玩物喪志。學者若不理會得，聞這説話，又一齊棄了。只是停埋攤布，使表裏相通，方可。然亦須量力。若自家力不及，多讀無限書，少間埋没於其間，不惟無益，反爲所害。」

先生問元昭：「近來頗覺得如何？」曰：「自覺此心不實。」曰：「但不要窮高極遠，只於言行上點檢，便自實。今人論道，只論理，不論事；只説心，不説身。其説至高，而蕩然無守，流於空虚異端之説。且如『天下歸仁』，只是天下與其仁，程子云『事事皆仁』是也，今人須要説『天下皆歸吾仁之中』。其説非不好，但無形無影，全無下手脚處。夫子對顔子克己復禮之目，亦只是就視、聽、言、動上理會。凡思慮之類，皆動字上包了，不曾更出『非禮勿思』一條。蓋人能制其外，則可以養其内。固是内是本，外是末，但偏説存於中，不説制於外，則無下手脚處，此心便不實。外面儘有過言、過行，更不管，却云『吾正其心』，有此理否？浙中王蘋信伯親見伊川來，後來設教作怪，舒州有《語録》之類，專教人以天下歸仁。纔見人，便説天下歸仁，更不説克己復禮。」

黄立之

備　遺

立之問：「常於事物未來，思慮未萌時，覺見有惺惺底意思，故其應變接物雖動，却有不動之意存。未知是否。」曰：「應變接物，只要得是，如『敬以直内，義以方外』，此可以盡天下之事。若須要不動，則當好作事處，又蹉過了。」

黄達子

備　遺

達子言思不能精之病。曰：「硬思也不得，只要常常提撕，莫放下，將久自解有得。」

李伯誠

備　遺

伯誠曰：「打坐時意味也好。」先生曰：「坐時固是好，但放下脚，放開眼，便不恁地了。須是臨事接物時長如坐時方可。如挽一物樣，待他要去時硬挽將轉來，方得。」

丘　珏

丘珏，字玉甫，邵武人。學禁嚴，珏遂謝場屋。

備　遺

玉甫作别，請益。曰：「此道理儘説只如此，工夫全在人，人却聽得頑了，不曾真箇做。須知此理在己不在人，得之於心而行之於身，方有得力，不可只做册子工夫。如熹文字説話，朋友想都曾見之，想只是看過，所以既看過，依舊只如舊時，只是將身掛在理義邊頭，不曾真箇與之爲一。須是決然見得未嘗離、不可相捨處，便自然着做，不能已也。」又曰：「學者肯做工夫，想是自有時。然所謂時者，不可等候，只自肯做時便是也。今學者自不以爲饑，如何强他使食？自不以爲渴，如何强他使飲？」

江　元　益

備　遺

元益問入德。曰：「德者己之所自有，入德只是進得底。且如仁義禮智，自家不得，便不是自家底。」

元益問：「門人勇者爲誰？」曰：「未見勇者。」

林叔和

備遺

叔和别去，請教，先生曰：「根本上欠工夫，無歸宿處。如讀書、應事接物，固當用功。不讀書，不應事接物時，如何？」林好主葉正則之説，先生曰：「病在先立論。聖賢言語，却只將來證他説。凡讀書須虚心，且似未識字底，將本文熟讀平看。今日看不出，明日又看，看來看去，道理自出。」

鄭仲履

備遺

先生謂諸友曰：「仲履之學，只管從小小處看，不知經旨初不如此。觀書當從大節目處看。程子有言：『平其心，易其氣，闕其疑，則聖人之意可見矣。』」

郭叔雲

郭叔雲，字子從，揭陽人，熟於禮學。

備　遺

叔雲問：「爲學之初，在乎格物。物物有理，從何處下手？」曰：「人箇箇有知，不成都無知，但不能推而致之耳。格物是格物理至徹底處。」又云：「致知格物，只是一事，非是今日格物，明日又致知。格物以理言，致知以心言。」

先生教叔雲曰：「爲學切須收斂端嚴，就自家身心上做工夫，自然有所得。」

馮德英

備　遺

先生與德英説爲己爲人，曰：「若不爲己，看做甚事都只是爲别人，雖做得好，亦不關己。自家去從師，也不是要理會身己。自家去取友，也不是要理會身己。只是漫恁地，只是要人説道『也會如此』，要人説道好，自家又識得甚麼人，自家又有幾箇朋友。這都是徒然説道。看道理，不曾看自家身己，如何會曉得？世上如此爲學者多。只看爲己底是如何。他直是苦切，事事都是自家合做底事，如此方可，不如此定是不可。今有人苦學者，他因甚恁地苦？只爲見這物事是自家合做底事。如人喫飯，是自家肚饑，定是要喫。又如人做家主，要錢使，在外面百方做計，一錢也要將歸，這是爲甚如此？只爲自家身上事。若如此爲學，如何會無所得？」

林仲參

備遺

仲參問下學之要受用處，先生曰：「放底椅桌在屋下坐，❶便是受用。若貪慕外面高山曲水，便不是受用底。」舉詩云：「『貧家淨掃地，貧女好梳頭。下士晚聞道，聊以拙自修。』前人只恁地説了。」

劉淮

備遺

淮求教。曰：「熹無别法，只是將聖賢之書，虚心下氣以讀之，且看這箇是，那箇不是，待得一回推出一回新，便是進處。不然，只是外面事，只管做出去，不見裏面滋味，如何責得他。」

❶「椅桌」，原作「倚卓」，據《朱子語類》卷一百二十改。

許敬之

備遺

敬之侍教，屢與言不合，先生曰：「學未曉理亦無害，説經未得其意，亦無害，且須静聽説話，尋其語脉是如何。一向强辯，全不聽所説，胸中殊無主宰，少間只成箇狂妄人去。」

劉淳叟

備遺

淳叟問：「方讀書時，覺得無静底工夫。須有讀書之時，有虚静之時。」先生曰：「熹舊見李先生，嘗教令静坐，後來看得不然，只是一箇敬字好。方無事時敬於自持，及應事時敬於應事，讀書時敬於讀書，便自然該貫動静，心無時不存。」

先生見淳叟閉目坐，曰：「淳叟待要遺物，物本不可遺。」

坐間有及劉淳叟事，先生曰：「不意其變常至此。向時來相見，極口説陸子静之學大謬，熹因詰之云：

『若子静學術，自當付之公論，公如何得如此説他？』此亦見他輕薄處。然其初間深信之，❶畢竟自家喚做不知人。」

先生云：「《辨姦論》謂：『事之不近人情者，鮮不爲大姦慝。』每常嫌此句過當，今見得亦有此様人。熹向年過江西，與子壽對語，而淳叟獨去後面角頭坐，都不管，學道家打坐。被熹罵云：便是熹與陸丈言不足聽，亦有數年之長，何故恁地作怪。」

陳寅仲

備遺

寅仲問曰：「劉淳叟方其做工夫時，也過於陳正己，及其狼狽，也甚於陳正己。陳正己輕薄，向到那裏，覺得他意思大段輕薄，每事只説道他底。是他資質本自撈攘。後來又去合那陳同父。兼是伯恭教他時，只是教他權數了。伯恭教人，不知是怎生地至此。」先生笑云：「向前見他門人有箇祭文云，其有能底則教他立功名、作文章，其無能底，便語他正心誠意。」

---

❶「其」，原作「熹」，據《朱子語類》卷一百二十改。

戴明伯

備遺

明伯請教，先生曰：「且將一件書讀。聖人之言即聖人之心，聖人之心即天下之人之心之理。❶且逐段看，令分曉。道理固是自家本有，但如今隔一隔了，須逐旋揩磨，呼喚得歸。然無一喚便見之理。如金谿只要自得，若自得底是，固善，若自得底非，却如何？不若且虚心讀書。」

徐琳

徐琳，字元明，括蒼人。

備遺

元明與鄭子上同見，先生曰：「『博學而詳説之，將以反説約也。』今江西諸人之學，只是要約，更不務博。本來雖有些好處，臨事盡是鑿空杜撰。至於吕子約，又一向務博而不能反約，讀得書多，左牽右撰，横

❶「之人之心」，《朱子語類》卷一百二十無此四字。

説直説，皆是此理，只是不潔淨，不切要，有牽合無謂處。沈叔晦不讀書，不教人，只是所守者淺狹，只有些子道理便守定了，亦徑約之弊。」❶

孫吉甫

備遺

先生曰：「看吉甫書，見得是要做文字底氣習。且如兩漢、晉、宋、隋、唐風俗，何嘗有箇人要如此變來？只是其風俗之變，滚來滚去，自然如此。漢末名節之極，便變作清虚底道理。到得陳、隋以後，都不理會名節，也不理會清虚，只是相與做一般纖豔底文字，君臣之間，把這文字做一件大事理會。如進士舉，是隋煬帝做出來，至唐三百年，以至國初，皆是崇尚文辭。」鄭子上問：「風俗滚來滚去，如何到本朝程先生出來，便理會發明得聖賢道理？」曰：「周子、二程説得道理如此，亦是上面諸公那趲將來。當楊、劉時，只是理會文字。到范文正、孫明復、石守道、李泰伯、常夷甫諸人，漸漸刊落枝葉，務去理會政事，思學問見於用處。及胡安定出，又教人作治道齋，漸漸得近裏。所以周、程發明道理出來，非一人之力也。」

❶「徑約」，《朱子語類》卷一百二十作「不博」。

杜　斿弟旝

杜斿，字叔高，金華人。旝，字幼高，自經史諸子，皆有論辨，名《粹裘集》，凡十卷。

備　遺

先生謂叔高曰：「學貴適用。」

魯可幾

備　遺

先生謂可幾曰：「事不要察取盡。」

徐子顔

備　遺

先生曰：「子顔一室蕭然，有以自樂，令人敬歎。日用工夫，精進如此，尤爲可喜。若知此心此理，端的在我，則參前倚衡，自有不容舍者。」

或問子顔，先生曰：「其人有守，但未知所見如何。」

郭植

郭植，字廷碩，廬陵人。

備遺

先生問：「廷碩今如何？」曰：「也只如舊爲學。」曰：「賢江西人，樂善者多，知學者少。」又説：「楊誠齋廉介清潔，直是少。謝尚書和易寬厚，也煞朴直。昔過湘中時，曾到謝公之家，頹然在敗屋之下，全無一點富貴氣也。難得。」

考亭淵源録卷之二十一

陳　址

陳址，字廉夫，莆田人。厚重明敏，自幼即有志於學。以祖正獻公蔭，授承事郎，監泉州南安縣鹽税。卒年二十八。嘗學於文公，公悲其賢而不克就其志也，爲之誌其壙。

程次卿

備　遺

次卿自述：「向嘗讀伊洛書，妄謂人當隨事而思。視時便思明，聽時便思聰，視聽不接時皆不可有所思，所謂『思不出其位』。若無事而思，則是紛紜妄想。」先生曰：「若閒時不思量義理，到臨事而思已無及。若只塊然守自家軀殼，直到有事方思，閒時都莫思量，這却易，只守此一句足矣，六經、《語》《孟》之書，皆一齊不消存得。以孔子之聖，也只是好學。若説閒時都莫思量，則世上大事小事都莫理會，如此却都無難者。事事須先理會，知得了，方做得、行得。」

吴伯英

備遺

伯英問持敬之義，先生曰：「且放下了持敬更須向前進一步。」問如何是進步處，曰：「心中若無一事時便是敬。」

伯英講書，先生因曰：「凡人讀書，須虚心入裏，玩味道理，不可只説得皮膚上。譬如一食物，滋味盡在裏面，若只舐噬其外而不得其味，無益也。」

江文卿

備遺

文卿博識群書，因感先生之教，自咎云：「文卿五十年前枉費許多工夫，記許多文字。」曰：「也不妨。如今若理會得這要緊處，那許多都有用。如七年十載積疊得柴了，如今方點火燒。」

先生謂文卿曰：「『多聞，擇其善者而從之，多見而識之。』今却無擇善一着。聖人擇善便是事，不遺乎理。公今知得，便拽轉前許多工夫，自不妨。要轉便轉，更無難者。覺公意思，尚放許多不下。説幾句，又漸漸走上來，如車水相似，又滚將去。」又曰：「東坡説話，固多不是，就他一套中間，又自有精處。如説

《易》，説甚性命全然惡模樣。如説《書》，却有好處。如説帝王之興、受命之祥，如河圖、洛書，元鳥生民之詩，固有是理，然非以是爲先，恨學者推之過詳，流入讖緯，後人舉從而廢之，亦過矣。這是他説得好處，却不記得這般所在，亦是自家本領不明。若理會得原頭正，到得看那許多，方有辨別。如程先生與禪子讀碑，❶云：『公所看都是字，吾所看都是理。』似公如今所説，亦都是字，自家看見，都是理。」

李周翰

備遺

周翰請教，屢歎年歲之高，未免時文之累。曰：「這須是自見得。」

又問作時文，先生曰：「讀書纔説要做文字使，此心便錯了。若剩看得了，到合説處便説，當不説處，不説也得，本來不是要人説得便了。如時文也只不出聖賢許多説話，翻騰出來。且如到説忠信處，他也會説做好，只是與自家全不相干。」

❶「碑」，原作「禪禪」，據《朱子語類》卷一百二十改。

吴　寀

吴寀，字直翁。

備　遺

直翁問：「學亦頗知自立，而病痛猶多，奈何？」曰：「未論病痛。人必全體是，而後可以言病痛。譬如純是白物事了，而中有黑點，始可言病痛。公今全體都未是，何病痛之可言？設雖有善，亦是黑上出白點，特其義理之不能已，與氣質之或美耳。大抵人須先要趨向是。若趨向正底人，雖有病痛，也是白地上出黑花，此特其氣稟之偏，未能盡勝耳，要之白地多也。趨向不正底人，雖有善，亦只是黑地上出白花，却成儘異事。如孔門弟子，亦豈能純善乎？然却是白地多，可愛也。人須先拽轉了自己趨向始得。孔子曰：『苟志於仁矣，無惡也。』既志於義理，自是無惡，雖有未善處，只是過耳，非惡也。以此推之，不志於仁，則無善矣。蓋志在於利欲，假有善事，亦偶然耳。蓋其心志，念念只在利欲上。世之志利欲，與志理義之人，自是不同。志利欲者，便如趨夷狄禽獸之徑；志理義者，便是趨正路。鄉里如江德功、吴公濟諸人，多少是激惱人，然其志終在於善。世亦有一種不激惱人底，又見人説道理，他也從而美之，見人非佛老，他亦從而非之，但只是胡亂順人情説，而心實不然，不肯真箇去做，此最不濟事。」

林士謙

備遺

士謙初見，問仁、智自得處。先生曰：「仁者得其爲仁，智者得其爲智。豈仁、智之外，更有自得？公此問不成問，且去將《論語》從『學而時習』讀起，《孟子》將《梁惠王》讀起，《大學》從『大學之道在明明德』讀起，《中庸》從『天命之謂性』讀起。熹之法是如此，不可只摘中間一兩句來理會，意脉不相貫。」

林恭甫

備遺

恭甫問：「《論語》記門人問答之辭，而《堯曰》一篇乃記堯、舜、湯、武許多事，何也？」曰：「不消恁地理會文字，只消理會那道理。譬如喫飯，碗中盛得飯，自家只去喫，看那滋味如何。莫要問他從那處來。《堯曰》一篇，熹也嘗見人說來，是夫子嘗誦述前聖之言，弟子類記於此。先儒亦只是如此說，然道理緊要却不在這裏。這只是外面一重，讀書須去裏面理會。」

符叙

符叙，字舜功。

備遺

先生答舜功書曰：「嘗謂敬之一字，乃聖學始終之要。未知者非敬無以知，已知者非敬無以守。若曰『先知大體，而後敬以守之』，則夫不敬之人，其心顛倒繆亂之不暇，亦將何以察夫大體而知之也？」

符初

符初，字復仲。

備遺

先生答復仲書云：「向所喻，義利之間，誠有難釋者。但意所疑以爲近利者，即便舍去可也。向後見得親切，却看舊事，只有見未盡、舍未盡者，不解有過當也。見陸丈回書，其言明當，且就此持守，自見功效，不須多疑多問，却轉迷惑也。

「且讀《易傳》甚佳，但此書明白而精深，易讀而難曉，須兼《論》《孟》及《詩》《書》明白處讀之，乃有味耳。」

符國瑞

備遺

先生答書云：「辱書具道爲學之志，又見令叔爲言曲折，甚善。既有此志，則窮理飭躬處，且當勉力，未可便肆虚談，厭末求本，恐或流於輕妄而反失之也。」

吴英

吴英，字茂實，邵武人，紹興三十年進士。

備遺

先生與茂實書云：「近來自覺向時工夫，止是講論文義，以爲積集義理，久當自有得力處，却於日用工夫，全少點檢。諸朋友往往亦只如此做工夫，所以多不得力。今方深省而痛懲之，亦願與諸同志勉焉，幸足下偏以告之也。陸子壽兄弟近日議論與前大不同，却方要理會講學。其徒有曹立之、萬正淳者來相見，氣象皆儘好。却是於情性持守上用力，此意自好。」

葉永卿

備　遺

先生答永卿書云："先天之説，昨已報商伯矣，來喻亦推得行，然皆未能究其藴。須先將六十四卦作一横圖，則震、巽、復、遇正在中間，先自震、復而却行，以至於乾，乃自巽、姤而順行，以至於坤，便成圓圖，而春夏秋冬、晦朔弦望、晝夜昏旦，皆有次第：此作圖之大指也。又左方百九十二爻，本皆陽；右方百九十二爻，本皆陰，乃以對望，交相博易，而成此圖。若不從中起以向兩端，而但從頭至尾，則此等類皆不可通矣。試用此意推之，當自見得也。"

黄孝恭

黄孝恭，字令裕，邵武人。

備　遺

先生答令裕書云："示喻道之大本，未有真見之期。此只是急迫之病。道之大本，豈别是一物？但日用中隨事觀省，久當自見。然亦須是虚心游意，積其功力，庶幾有得。若一向如此急迫，則方寸之間，躁擾不寧，終無可得之期矣。

「收書雖見向道之切，然更宜寬以居之，使其優柔漸漬，有以自得，乃爲有益，正不在如此迫切也。《大學》文義通貫，所不難見，須更反復，要見下手用力處而從事焉，乃爲有諸己耳。若只如此安排布置，口説得，行未至，未當得工夫也。」

曹晉叔

曹晉叔，建安人。

備　遺

先生答晉叔書云：「近仁之説，來喻固未安，擇之説亦有病。竊原聖人之意，非是教人於此體仁，乃是言如此之人，於求仁爲近耳。雖有此質，正須實下求仁工夫，乃可實見近處。未能如此，只守却剛毅木訥四字，要想象思量出仁體來，則恐無是理也。」

林巒

林巒，泉州人。

備　遺

先生答巒書云：「學之道，非汲汲乎辭也。必其心有以自得之，則其見乎辭者，非得已也。是以古之立言者，其辭粹然，不期以異於世俗，而後之讀之者，知其卓然非世俗之士也。今足下之詞富矣，其主意立説高矣，然類多採摭先儒數家之説以就之耳。足下之所以自得者何如哉？夫子所謂德之棄者，蓋傷此也。足下改之，甚善。示喻推所聞以講學閭里，亦甚善。《記》曰：『教然後知困。』知困則知所以自强矣。熹所望於足下者在此，足下勉旃。」

戴　邁

備　遺

先生答邁書云：「熹來此，得足下於衆人之中，望其容色，接其議論，而知足下之所存，若有所蓄積，而未得其所以發之者。心獨期足下可共進於此道。及以《論語》之説授諸生，諸生方愕眙不知所向，而足下獨以爲可信也，手抄口誦而心惟之。熹謂足下將得其所以發之者矣，甚慰所望。今辱書及，以所抄四大編示之，託名《經端》，則非熹之任，而足下之過也。夫執經南面，而以其説與門人弟子相授受，此其非熹之任，明矣。夫學期以自得之而已，人知之不知之，無所與於我也。今足下自謂其已自得之耶？則宜無汲汲於此，而熹之言亦何足爲足下重？不然，雖熹妄言之，於足下何有？足下之爲甚過，足下勉自求之，期有以自得之而後已。熹雖荒落矣，尚能與足下上下其説而講評之。四編且以歸書室，而具其所以然者報，足下幸察。」

吕　侁

備　遺

先生答侁書云：「惠書甚慰。所守審如是，足下之所存，誠遠且大，非熹所能及也。顧不能不以貧自累，而求有以得於人，則足下之忍其大而不忍其細，又非熹之所能知也。抑熹之官於此，禄不足以仁其家，而無以副足下之意？敢以所聞爲謝，冀足下之堅其守也。貧者士之常，惟無易其操，則甚善。」

柯　翰

柯翰，字國材。

備　遺

先生答翰書云：「辱書示以顔子、子貢俱以仁爲問，而夫子告之有若不同者。此固嘗思之，而非如足下之説也。『爲仁由己』，此論爲仁之至要，蓋始終不離乎此。夫其所以求師友而事之之心，豈自外至哉？既得師友而事之矣，然不求諸己，則師友者自師友耳，我何有焉？以此意推之，則二説者，初不異也。」

劉　玶

劉玶，字平甫。

備　遺

先生答平甫書云：「講學、幹蠱之外，挽弓、鳴琴、抄書、讐校之類，皆可且罷。此等不惟廢讀書，亦妨幹也。平甫試思，此等於吾身，計果孰親且急哉？又比來遊從稍雜。與此曹交處，最易親狎，而驕慢之心日滋，既非所以養成德器，其於觀聽，亦自不美，所損多矣。有國家者，猶以近習傷德害政，況吾徒乎？然亦非必絶之，但吾清心省事，接之以時，遇之以禮，彼將自踈。如僕輩固不足道，然平甫亦嘗見衡門之下有雜賓乎？以禮來者，以禮接之，亦嘗有留連酒炙，把臂並遊，對牀夜語者乎？此不足爲外人道，但欲平甫自知而節之。」

黄　東弟杲

黄東，字仁卿，三山人，榦之兄也。弟杲，字升卿。

備遺

先生答仁卿書云：「所示《春秋》大旨，甚善。此經固當類例相通，然亦先須隨事觀理，反復涵泳，令胸次開闊，義理貫通，方有意味。若便一向如此排定説殺，正使在彼分上斷得十分的當，却於自己分上都不見得箇從容活落受用，則亦何益於事邪？大抵不論看書與日用工夫，皆要放開心胸，令其平易廣闊，方可徐徐旋看道理，浸灌培養，切忌合下便立己意。把捉得太緊了，即氣象急迫，田地陿隘，無處着工夫也。此非獨是讀書法，亦是仁卿分上變化氣質底道理也。」

「示喻食貧之狀，深爲歎息。向見擬此闕，意官期必甚近，不謂尚許久也。然從官兩世，清貧如此，益見家法之有傳，足使貪濁知所愧矣。所恨自困涸轍，不能少致濡沫之助，但有歎恨耳！」

呂祖儉

呂祖儉，字子約，東萊弟也。

備遺

先生答子約書云：「今人讀書務廣而不求精，是以刻苦者迫切而無從容之樂，平易者泛濫而無精約之功。兩者之病雖殊，然其所以受病之原，則一而已。愚意《論》《孟》《中庸》《大學》，當以序進，然後可以研味從容，深探其旨，而無迫切泛濫之累。

「氣質未化，偏重難反，學者之通病。今亦但當用力於恭敬持養之地，而玩味義理，以培養之。不必反復較計，悔咎剋責。如此太深，却恐有害清明和樂之氣象，亦足以妨日新之益也。

「日用工夫，比復何如？文字雖不可廢，然涵養本原，而察於天理人欲之判，此是日用動静之間不可頃刻間斷底事。若於此處見得分明，自然不到得流入世俗功利權謀裏去矣。熹亦近日方實見得向日支離之病。雖與彼中證候不同，然其忘己逐物、貪外虚内之失，則一而已。程子説：『不得以天下萬物撓己。己立後，自能了得天下萬物。』今自家一箇身心不知安頓去處，而談王説霸，將經世事業别作一箇伎倆商量講究，不亦誤乎？相去遠，不得面論，書問間終説不盡，臨風歎息而已。

「孟子言，學問之道，惟在求其放心，而程子亦言：『心要在腔子裏。』今一向耽着文字，令此心全體都奔在册子上，更不知有己，便是箇無知覺，不識痛癢之人，雖讀得書，亦何益於吾事邪？」

子約復書云：「祖儉蓋嘗深體之，此箇大頭腦，本非外面物事，是我元初本有底，其曰『人生而静』，其曰『喜怒哀樂之未發』，其曰『寂然不動』。人汩汩地過了日月，不曾存息，不曾實見此體段，如何會有用力處？程子謂：『這箇義理，仁者又看做仁了，智者又看做智了，百姓日用而不知，此所以君子之道鮮。此箇亦不少，亦不剩，只是人看他不見。』不大段信得此話！及其言『於勿忘勿助長間認取』者，認乎此也。認得此，則一動一静皆不昧矣。惻隱、羞惡、辭讓、是非，四端之着也，操存久則發見多。忿懥、憂患、好樂、恐懼，不得其正也，放舍甚則日滋長。記得南軒先生謂：『驗厥操舍，乃知出入。』乃是見得主腦，於操舍間乃有用力處之實話。蓋苟知主腦，不放下，雖是未能常常操存，然語默應酬間，歷歷能自省驗，雖非實有一物在我手裏，然可欲者是我底物，不可放失，不可欲者非是我物，不可留藏，雖謂之實有一物在我手裏，亦可也。若是漫説，既無歸宿，亦無依據，縱使强把捉得住，亦止是襲取，夫豈是我元有底邪？愚見如此，敢望指教。」朱子答書云：「此段大概甚正當親切。」

先生又答云：「年來覺得，日前爲學不得要領，自做身主不起，反爲文字奪却精神，不是小病。每一念之，惕然自懼，且爲朋友憂之。而每得子約書，輒復恍然，尤不知所以爲賢者謀也。」

曹立之

備遺

先生答立之云：「録示陸兄書，意甚佳。近大冶萬正淳來訪，亦能言彼講論曲折，大概比舊有間矣。但覺得尚有兼主舊説，以爲隨時立教，不得不然之意。似此意思，却似漸有揜覆不明白處，以故包顯道輩仍主先入，尚以讀書講學爲充塞仁義之禍，而南軒頃亦云『傳夢泉者，楊眉瞬目』云云。恐不若直截剖判，便令今是昨非，平白分明，使學者各洗舊習，以進於日新之功，不宜尚復疑貳秘藏，以滋其惑也。旦夕亦有人去臨川，自當作書，更扣陸兄也。

「所録示二書，甚善。但所謂不可以一説片言立定門户，則聖賢之教，未嘗不有一定之門户以示衆人。

至於逐人分上，各隨其病痛而箴藥之，則又自有曲折，然亦分明直截，無所隱秘回互，令人理會不得也。隨己分修習，隨己見觀書，學者只得如此。其至不至，明道與不明道，則在其人功力淺深，恐亦不可謂此爲雖不中不遠者，而别求顔、曾、明道，見古人用心底奇特工夫也。」

諸葛誠之

備遺

先生答誠之書云：「子静平日所以自任，正欲身率學者一於天理，而不以一毫人欲雜於其間，決不至如賢者之所疑也。義理天下之公，而人之所見，有未能盡同者，正當虚心平氣，相與熟講而徐究之，以歸於是，乃是吾黨之責。而向來講論之際，見諸賢往往皆有立我自是之意，厲色忿詞，如對讎敵，無復長少之節、禮遜之容。蓋嘗竊笑，以爲正使真是讎敵，亦何至如此？但觀諸賢之氣方盛，未可遽以片辭取信，因默不言，至今常不滿也。

「所喻子静不至深諱者，不知所諱何事？又云銷融其隙者，不知隙從何生？愚意講論義理，只是大家商量，尋箇是處，初無彼此之間，不容更似世俗遮掩回護，愛惜人情，纔有異同，便成嫌隙也。」

孫應時

孫應時，字季和。

備遺

先生答季和云：「明善、誠身，正當表裏相助，不可彼此相推。若行之不力，而歸咎於知之不明，知之不明，而歸咎於行之不力，即因循擔閣，無有進步之期矣。

「縣事想日有倫理？學校固不免爲舉子文，然亦須告以聖學門庭，令士之略知修己治人之實，庶幾於中或有興起，作將來種子。浙中學問，一向外馳，百怪俱出，不知亦頗覺其弊否？」

應仁仲

備遺

先生答仁仲云：「道理最是講論時説得透，纔涉紙墨，便覺不能及其一二。縱説得出，亦無精彩。以此見聖賢心事，今只於紙上看，如何見得到底？每一念此，未嘗不撫卷慨然也。」

周叔謹

備　遺

先生答叔謹書云：「應之甚恨未得相見，其爲學規模次第如何？近來吕、陸門人，互相排斥，此由各狥所見之偏，而不能公天下之心，以觀天下之理，甚覺不滿人意。應之蓋嘗學於兩家，不知其於此看得果如何？因語扣之，因書喻及爲幸也。熹近日亦覺向來説話有太支離處，反身以求，正坐自己用功亦未切耳。因此減去文字工夫，覺得閒中氣象甚適。每勸學者，亦且看孟子道性善、求放心兩章，着實體察收拾爲要。其餘文字，且大概諷誦涵養，未須大段着力考索也。」

康炳道

備　遺

先生答炳道書云：「所論學者之失，由其但以致知爲事，遂至陷溺。此於今日之弊，誠若近之。然恐所謂致知者，即與今日討論制度、較計權術者，意思工夫迥然不同。若致得吾心本然之知，豈復有所陷溺也？正坐論事而不求理，遂至生此病痛耳。」

時子雲

備遺

先生答子雲書云：「來喻滿紙，深所未喻。必是當時於此見得太重，所以如此執着，放捨不下。今想未能遽然割棄，但請逐日那三五分工夫，將古今聖賢之言剖析義利處，反復讀熟，時時思省：義理何自而來，利欲何從而有，二者於人，孰親孰踈、孰輕孰重，必不得已，孰取孰舍、孰緩孰急。初看時似無滋味，久之須自見得合剖判處，則自然放得下矣。捨此不務，紛紛多言，思前算後，展轉纏縛，一生出不得。未論小小得失，正使一旦便登高科、躋顯官，又須別有思量擘畫，終不暇向此途矣。試思之如何？向編《近思録》，欲入數段説科舉壞人心術處，而伯恭不肯。今日乃知此箇病根，從彼時便已栽種培養得在心田裏了，令人痛恨也。」

吴玭弟琮

吴玭，字仲玭。琮，字仲方，仕爲判院。

備　遺

先生答玭書曰：「令弟仲方判院之來，幸數得從容。開警雖多，然所未合者亦不少。熹既以乍到疾病，公私紛冗，而匆匆遽歸之際，仲方亦不甚佳，遂不得竟其説，至今以爲恨也。蓋道之體用雖極淵微，而聖賢言之則甚明白。學者誠能虚心静慮，而徐以求之日用躬行之實，則其規模之廣大、曲折之詳細，固當有以得之燕閒静一之中，其味雖淡而實腴，其旨雖淺而實深矣。然其所以求之者，不難於求，而難於養。故程夫子之言曰：『學莫先於致知，然未有能致知而不在敬者。』而邵康節之告章子厚曰：『以君之材，於吾之學，頃刻可盡。但須相從林下一二十年，使塵慮銷散，胸中豁豁無一事，乃可相授。』正爲此也。今觀來喻，似於義理未有實見而强言之，所以談經則多出於新奇，立意則或流於偏宕。而辭氣之間，又覺其無温厚和平、斂退篤實之意。是固未論其説之是非，而此數端者已可疑矣。豈於先賢指示入道之方，猶有所未講耶？抑已講之，而用力有未至耶？」

琮問：「昨日先生與諸人答問心説，或謂存亡出入，皆是聖人之妙。或謂入而存者，道心也；出而亡者，人心也。琮謂通四句只是説人心操之則存，舍之則亡，於是『出入無時，莫知其鄉』，言其所以危者如此。若是道心則湛然常存，不惟無出，亦自無入；不惟不舍，雖操亦無用。」曰：「且説如何是人心，又如何是道心。」曰：「心一也。方寸之間，人欲交雜，則謂之人心。純然天理，則謂之道心。」先生曰：「人心堯舜不能無，道心桀紂不能無。蓋人心不全是人欲，若全是人欲，則直是喪亂，豈止危而已哉？只饑食渴飲、目視耳聽之類是也，易流故危。道心即惻隱、羞惡之心，其端甚微故也。」琮又問：「『惟精惟一』，不知學者工夫多在精字上，或多在一字上。」曰：「惟精惟一是一樣説話。」曰：「琮意工夫合多在精字上。」曰：「如何見得？」曰：「譬如射藝，精則一，不精則二三。」曰：「如何得精？」曰：「須從克己中來。若己私未克，則被粗底夾和在，何止二三。」曰：「精字只是於縫脉上見得分明，一字却是守處。」問：「如此，恐『允執厥中』更無着力處。」曰：「是其效也。」

考亭淵源録卷之二十二

王　過

王過，字幼觀，一字功甫，饒州鄱陽人。

備　遺

過見先生，越數日，問曰：「思得爲學之要，只在主敬以存心，格物以觀當然之理。」曰：「『主敬以存心』却是，下句當云『格物所以明此心』。」

先生教過：「爲學不可麤淺。」過以橘子譬云：「皮内有肉，肉内有子，子内有仁。」又云：「譬如掃地，不可只掃面前，如椅子之下，及角頭背處，亦須掃着。」

先生語過，以爲學須要專一用功，不可雜亂，因舉異教數語云：「用志不分，乃凝於神。置之一處，無事不辨。」

周明作

周明作，字元興，建陽人。

備遺

明作問：「事有最難的，奈何？」先生曰：「亦有數等。或是外面阻遏做不得，或是裏面紛亂處不去。亦有一種紛拏時，及纖毫委曲微細處，難處。全只在人自去理會。大概只是要見得道理分明，逐事上自有箇道理。《易》曰『探賾索隱』，賾處不是奥，是紛亂時。隱，是隱奥也。全在探、索上。紛亂是他自紛亂，我若有一定之見，安能紛亂得我？大凡一等事，固不可避，避事不是工夫。又有一等人情底事，得遣退時且遣退，無時是了，不要兜攬。凡可以省得底事，省亦不妨，應接亦只是不奈何。有合當住不得底事，此却要思量處置。裏面都自有箇理。」

凡日用工夫，須是自做喫緊把捉。見得不是處，便不要做，勿狥他去。所説事，有善者可從，又有不善者間之，依舊從不善處去；所思量事，忽爲别思量勾引將去，皆是自家不曾把捉得住，不干别人事。須是自把持，不被他引去方是。顏子問仁，孔子答許多話，其末却云：「爲仁由己，而由人乎哉？」看來不消此二句亦得。然許多話，不是自己着力做，又如何得？

蔡　愢

蔡愢，字行夫，平陽人。

備　遺

先生論讀《大學》，愢答以每爲念慮攪擾，頗妨工夫。曰：「只是不敬。敬是常惺惺底法，以敬爲主，則百事皆從此做去。今人都不理會，自不知心所在。心者身之主也。撑船須用篙，喫飯須使箸，不理會，必是不用篙、不使箸之謂也。攝心只是敬，纔敬，看做甚麽事，登山亦只這箇心，入水亦只這箇心。」

游　倪

游倪，字和之，建寧人。

備　遺

先生問倪：「已前做甚工夫？」曰：「只是理會舉業。」曰：「須有工夫。」曰：「只是習《春秋》。」又問：「更做甚工夫？」曰：「曾涉獵看先生《語孟精義》。」曰：「近來作《春秋》義，穿鑿殊甚。如紹興以前只是諱言攘夷狄，近事專要説和戎，却不至如此穿鑿。熹那時亦自説《春秋》不可做，而今穿鑿尤甚。」倪曰：「緣是主司出題目多，是將不相屬處出，致舉子不得不如此。」曰：「却是引得他如此。」又曰：「向來沈司業曾有申請，令主司不得斷章出題。後來少變。」曰：「向在南康日，教官出題不是，也不免將他申請，下郡學，令不得如此。近來省試，如《書》題，依前如此。」又曰：「看來不要作《春秋》義，可別治他經。」

倪求下手工夫，先生曰：「只是要收斂此心，莫要走作。走作便是不敬，須要持敬。堯是古今第一箇人，《書》説堯，劈頭便云『欽明文思』，欽便是敬。」

歐陽謙之

歐陽謙之，字希遜，吉州廬陵人。

備　遺

謙之前此請問：「曾點氣象從容，辭意灑落，堯、舜事業亦優爲之。」先生批教云：「曾點氣象固是從容灑落，然須見得他因甚得到如此始得。若見得此意，自然見得他做得堯、舜事業處。」謙之因此熟玩《集註》之語，若曰：「但味其言，則見其日用之間，無非天理流行之妙，而用舍行藏，了無所與於我。見得曾點只是天資高，所見處大，所以日用之間，無非天理流行之妙。惟其識得這道理破，便無所係累於胸中，所謂『雖堯、舜事業，亦優爲之』。自其所言，以逆諸其日用之間，而知其能爾也。何者？堯、舜之聖，只是一箇循天理而已。然曾點雖是見處如此，却無精微縝密工夫。觀《論語》一書，點自言志之外，無一語問答焉，則其無篤實工夫可見矣。使曾點以此見識，加之以鑽仰之功，謹於步趨之實，則其至於堯、舜地位也，孰禦？本朝康節先生大略與點相似。」先生曰：「人有天資高，自然見得此理真實流行運用之妙者，未必皆由學問之功。如康節、二程先生，若以爲未必學，則初無不知也。來喻皆已得之，大抵學者當循下學上達之序，庶幾不錯。若一向先求曾點見解，未有不入於佛、老也。」

陳　芝

陳芝，字廷秀。

備　遺

廷秀問：「今當讀何書？」先生曰：「聖賢教人，都提切己説話，不是教人向外，只就紙上讀了便了。自家今且剖判一箇義利，試自返看：自家今是要求人知？要自爲己？孔子曰：『君子喻於義，小人喻於利。』又曰：『古之學者爲己，今之學者爲人。』孟子曰：『亦有仁義而已矣，何必曰利？』孟子雖是爲時君言，在學者亦是切身事。大凡爲學，且須分箇内外，這便是生死路頭。今人只一言一動、一步一趨，便有箇爲義爲利在這裏。從這邊便是爲義，從那邊便是爲利。向内便是入聖賢之域，向外便是趨愚不肖之途。這裏只在人劄定脚做將去，無可商量。若是已認得這箇了，裏面煞有工夫，却好商量也。」

先生謂廷秀曰：「今只理會下手做工夫處，莫問他氣稟與習，只是是底便做，不是底莫做，一直做將去，那箇萬里不留行，更無商量。如今推説，雖有許多般樣，到做處，只是是底便做，一任你氣禀物欲，我只是不恁地。如此則雖愚必明，雖柔必强，氣習不期變而變矣。」

廷秀問：「緣不能推廣。」先生曰：「而今也未要理會如此。如佛家云：『只怕不成佛，不怕成佛後不會説話。』如公却是怕成佛後不會説話了。」廷秀又問：「莫是見到後自會恁地否？」曰：「不用恁地問。如今只用下工夫去理會，見到時也着去理會，見不到時也着去理會。且如見得此段後，如何便休得？自着去理會。見不到時，也不曾説自家見不到，便休了，越着去理會。」

黎季成

黎季成，贛州寧都人，一作季忱。

備　遺

季成問：「向來工夫零碎，今聞先生之誨，乃見得人之所任甚重，統體通貫。」先生曰：「季成只是守舊窠窟，須當進步。」

張顯父

張顯父，字敬之，南劍州順昌人。楊長孺誌其墓。

備　遺

先生答敬之書曰：「論聖賢優劣，此亦是癡人比較父、祖年甲高下之説。學問工夫，都不在此。枉費心思言語之力也。」

嚴世文

嚴世文，字時亨，新喻人。隱居不仕。

備　遺

時亨問：「子路、曾晳、冉有、公西華侍坐一章，世文嘗因是而思之。爲學與爲治，本來只是一統事，他日之所用，不外乎今日之所存。三子却分作兩截看了。如治軍旅，治財賦，治禮樂，與凡天下之事，皆是學者所當理會，無一件是少得底。然須先理會，要教自家身心自得無欲，常常神清氣定，涵養直到清明在躬、志氣如神，則天下無不可爲之事。程子所謂『不得以天下撓己，己立後，自能了當得天下事物』者是矣。曾點浴沂風雩，自得其樂，却與夫子飯蔬食飲水，樂在其中，顔子簞瓢陋巷，不改其樂，襟懷相似。夫舉體遺用，潔身亂倫，聖門無此事，全不可以此議曾點。蓋士之未用，須知舉天下之物，不足以易吾天理自然之安，方是本分學者。曾點言志，乃是素其位而行，不願乎其外，無入而不自得者，故程子以爲樂而得其所也。譬如今時士子以窮居隱處爲未足以自樂，切切然要做官，建立事功，方是得志，豈可謂之樂而得其所也？孟子謂：『廣土衆民，君子欲之，所樂不存焉。中天下而立，定四海之民，君子樂之，所性不存焉。君子所性，雖大行不加焉，雖窮居不損焉，分定故也。』孟子所謂『君子所性』，即孔子、顏子、曾點之所樂，如『老者安之，朋友信之，少者懷之』，物各付物，與天地同量。惟顏子所樂如此，故夫子以四代禮樂許之，此浴沂風雩，識者所以知堯、舜事業，曾點固優爲之也。然知與不知在人，用與不用在時。聖賢於此，乘流則行，遇坎則止。但未用時，只知率性循理之爲樂，正以此自是一統底事故也。龜山謂：『堯、舜所以爲萬世法，亦只是率性而已。外邊用計用數，假饒立得功業，只是人欲之私，與聖賢作處，天地懸隔。』」

先生曰：「此一段説得極有本末，學者立志，要當如此。然其用力，却有次第，已爲希遜言之矣。」

魏椿

魏椿，字元壽，建陽人。

備　遺

椿請教。曰：「凡人所以立身行己、應事接物，莫大乎誠、敬。今欲作一事，若不立誠以致敬，胡做了，做不成，又付之無可奈何，這便是不能敬。人面前底是一樣，背後又是一樣；外面做底事，内心却不然，這箇皆不誠也。學者之心，大凡當以誠、敬爲主。」

鍾震

鍾震，字春伯，潭州人。

備遺

先生問：「日間做甚工夫？」震曰：「讀《大學章句》《或問》，玩味先生所以警策學者着實用工處。」曰：「既知工夫在此，便把《大學》爲主。」又問：「《或問》載諸先生敬之説，震嘗以爲整齊嚴肅，體之於身，往往不能久，此心又未免出入，不能自制。」曰：「只要常常操守，人心如何免得出入？一如人要去，又且留住他，莫教他去得遠。」

黄卓

黄卓，字先之。

備遺

先之問：「每日做工夫處。」先生曰：「每日工夫，只是常常喚醒，如程先生所謂『主一之謂敬』，謝氏所謂『常惺惺法』是也。然這裏便是致知底工夫。程先生曰：『涵養須用敬，進學則在致知。』須居敬以窮理。若不能敬，則講學又無安頓處。」

問：「主一無適，若是遇事之時，也須如此？」曰：「於無事之時，這心却只是主一，到遇事之時，也是如此。且如這事當治不治，當爲不爲，便不是主一了。若主一時，坐則心坐，行則心行，身在這裏，心亦在這裏。若不能主一，如何做得工夫。」

吴振

備遺

問孟子「如不得已」一段。曰：「公念得『如不得已』一句字重了，但平看，便理會得。」因此有警，以言語太麤急也。

林至

林至，字德久。

備遺

先生答德久書曰：「窮理亦無他法，只日間讀書應事處，每事理會便是。雖若無大頭段增益，然亦只是積累久後，不覺自浹洽貫通，正欲速不得也。

「無事静坐，有事應酬，隨時隨處，無非自己身心運用。但常自提撕，不與俱往，便是功夫。事物之來，豈以漠然不應爲是耶？」

李　杞

李杞，字長仲，平江人。

備　遺

先生由經筵奉祠，待命靈芝寺，杞往見。首問：「曾作甚工夫？」曰：「向蒙程先生曰：『端蒙賜教，謂人之大倫有五，緊要最是得寸守寸，得尺守尺。』曰：『如何得這寸，得這尺？』曰：『大概以持敬爲本，推而得之於五者之間。』」曰：「大綱是如此。凡人爲學，須窮理，窮理以讀書爲本。孔子曰：『好古，敏以求之。』若不窮理，便只守此，安得有進底工夫？」

杞云：「《大學》論治國平天下許多事，却歸在格物上。凡事事物物，各有一箇道理。若能窮得道理，則施之事物，莫不各當其位，此是『萬物皆備於我』。」先生曰：「極是。」

呂勝己

呂勝己，字季克，尚書祉之子。祉居建陽，卒葬邵武，因家焉。勝己往來朱、張之門，官至朝請大夫，知沅州。自號渭川居士。

鄧絅

鄧絅，字衛老，將樂人。與其兄邦老同遊朱子之門。嘉定中，陳宓守延平，以邦老道德隆重，而且耆年，延入書院，與李燔、林羽、蔡念成、楊復、余道夫、李伯武、趙師恕並爲堂長。

備遺

絅問：「程子言昔受學于周茂叔，每令尋顏子仲尼樂處，所樂者何事。絅謂孔、顏之所樂者，循理而已矣。」先生曰：「此等處未易一言斷，且宜虛心玩味，兼考聖賢爲學用力處，實下工夫，方自見得。如此硬説，無益於事也。曾點之説，乃不真實之尤者。今亦未須便論見處，且當理會如何是實下工夫底方法，次第而用力焉，久當自有得耳。若只如此揣摸籠罩將去，人人會説，更要高妙亦得，但不濟事，反害事耳。」

李文子

李文子，字公謹，光澤人，方子之弟。紹熙四年進士，歷知太安軍、綿閬州、潼川府。著《蜀鑑》十卷。

備遺

公謹問：「讀書且看大意，有少窒礙處，且放過，後來旋理會，如何？」先生曰：「公合下便立這規模，便不濟事了。纔恁地立規模，只是要苟簡。小處曉不得，也終不見大處。若説窒礙，到臨時十分不得已，只得且放下，如何先如此立心。」

祝穆弟癸

祝穆，字和父，崇安人。少名丙，性温行淳，學富文贍。與弟癸嘗同從朱子游。所著有《事文類聚》《方輿勝覽》。

李東

李東，邵武人，丞相綱族孫。學于朱子，號精敏。紹熙中，第進士，爲吉州廬陵簿，遷萬安縣令。黄直卿嘗以書薦諸漕使揚楫，乞委以事而觀其能。

彭蠡

彭蠡，字師範，南康軍都昌人。文公守郡，蠡質疑義，辨析甚精，公稱獎之。以經學名世，教授江、淮之間。所著有《皇極辨》。

其兄名尋，亦從文公游。

備遺

二彭初見，先生問：「平居做甚工夫？」對曰：「爲科舉所累，自時文外，不曾爲學。」曰：「今之學者多如此。然既讀聖人書，當反身而求，可也。」二子頗自言其居家實踐等事。曰：「躬行固好，亦須講學。不講學，遇事便有嵲屼不自安處。講學明，則坦坦地行將去。」

余元一

余元一，字景思，興化軍仙遊人。娶三山黄御史瑀之女，遂與瑀子榦師事文公。始見之日，以仁、義、禮、智、信分作五篇，及自著文爲贊。間與榦講論，有異同輒以質諸文公。淳熙五年登第，歷奉議郎，知泉州同安縣。嘗立蘇緘祠於其故居，文公甚喜之。爲縣以清嚴稱。終池州通判。

熊　節

熊節，字端操，建陽人。甫十歲，讀《易》，日誦一卦，即知問難，至通曉而後止。慶元己未廷對，值僞學之禁，以納諫行仁求賢對。知舉黄由以其不迎合時好，特置前列，且爲奏御。仕終通直郎，知福州閩清縣。著《性理群書》二十三卷，《中庸解》三卷，《知仁堂藁》十卷。

宋　斌

宋斌，袁州人。少從黄榦、李燔，因登朱子之門。學禁方嚴，斌羈旅困沮。年八十，趙與懽延之，事以父行，奏乞用旌禮布衣故事。

吕　喬　年

吕喬年從文公游，值吴柔勝爲國子正，於文公生徒中得喬年與潘時舉，白于長，擢爲學職，使以文行表率。

詹　淵

詹淵，字景憲，崇安人。慶元五年登第，調臨安軍户漕，授國子監書庫官，差監車輅院。年五十八卒。

真德秀誌其墓。

潘友文

潘友文，字文叔，金華人，友端、友恭之群從。嘉定間，嘗提舉福建常平茶鹽公事。

備遺

先生答文叔書曰：「《大學》所謂格物致知，乃是即事物上窮得本來自然當然之理，而本心知覺之體光明洞達，無所不照耳。非是回頭向壁隙間窺取一霎時間己心光影，便爲天命全體也。」「所喻讀書求道，深思力行之意，深慰所望。然殊未見常日端的用功，及逐時漸次進步之處，而但説不敢向外馳求，不作空言解會，恐又只成悠悠度日，永不到真實地頭也。」

彭方

彭方，字季正，南康軍都昌人。文公在郡，方從學。弱冠魁省闈。紹熙四年登第，爲池州教授。歷知景陵歙縣。以諸賢論薦，除直秘閣知袁州，召除國子司業，遷祭酒，除殿中侍御史。淳祐遷侍御史，仍兼侍講，除兵部侍郎。終龍圖閣學士。

陳宇

陳宇，字允初，莆田人，守定宓之群從。文公爲同安簿，宇往師之。丞相留正誌宇墓云：「君從晦菴未久，於主敬行恕之訓，守之不忽。」仕終太常少卿。

李儒用

李儒用，字仲秉，岳州岳陽人。

備遺

先生答輔漢卿書曰：「精舍有朋友十數人，講學頗有趨向。仲秉遠來，甚不易，看得文字亦好。但恨漢卿不同此會耳。」

考亭淵源録卷之二十三

考亭門人無記述文字者

陳孔夙，字仲仁，孔碩之兄。慶元五年進士。寓平江。

俞聞中，字夢達，邵武人。淳熙八年進士，知黎州。

張揚卿，字清叟，瑞安人。舉進士，爲南康軍教授。

陳駿，字敏仲，寧德人。舉進士，有《語孟筆義》《詩筆義》。

許儉，字幼廣，閩清人。三世不分異，林羽記其「友順之堂」。

曾逢震，字誠叟，閩縣人。隱居道山。所著詩文名曰《月林醜境》。

時子源，婺州東陽人。先從吕祖謙學，後游考亭之門。

程若中，字寶石，古田人。躬行蹈禮，自號「槃澗居士」。

黄幹，字尚質，長溪人。仕至直學士院。

上官謐，字安國，邵武人。仕爲四會令。

曹彦純，都昌人。與弟彦約同學于考亭。

朱滰，興化仙遊人，仕終廣東帳幹。
祝汝玉，信安人，淳熙中知休寧。
黄仲本，邵武人，知南劍州。
金去僞，字敬直，饒州樂平人。
李季札，字季子，徽州婺源人。
林恪，字叔恭，台州天台人。
孫自修，字敬父，宣州宣城人。
黄謙，字德柄，光澤人。
游敬仲，字連叔，南劍人。
吴雉，字和中，建陽人。
湯泳，字叔永，丹陽人。
董拱壽，字仁叔，饒州人。
吴炅，字叔夏，徽州人。
劉子寰，字圻父，建陽人。
郭植，字廷碩，廬陵人。
劉鏡，字叔光，惠安人。

葉任道，即味道之弟。
輔萬，即廣之弟。
劉貴，字炳文，南康建昌人。
薛洪，字持志，永嘉人。
王仲傑，字之才，縉雲人。
彭樓，字子應，宜春人。
彭鳳，字子儀，宜春人。
陳士直，字彦忠，❶閩清人。
陳祖永，字慶長，會稽人。
張彦先，字志遠，臨淮人。
傅公弼，字夢良，莆田人。
劉瑾，建陽人，子翔之子，文公之甥。
魏恪，字元作，文公之甥。
蔣康國，字彦禮，古田人。

❶ 「忠」，原作「志」，據《晦庵集》卷七及《勉齋集》卷十五改。

魏應仲，元履之子。

傅定，字敬子，婺州人。

劉黻，廬陵人。

蕭長夫，福州人。

饒克明，邵武人。

林子蒙，湖南人。

吴唐卿，南安人。

朱魯叔，仙遊人。

王春卿，建安人。

林仁實，永福人。

程深父，古田人。

趙子明，開封人。

劉子禮，建州人。

劉叔通，建州人。

蕭佐，南昌人。

鄒浩，宣城人。

周椿，字伯壽。
林賜，字聞一。
李德，字季元。
康淵，字叔臨。
朱沅，字叔元。
俞潔己，字季清。
詹觀，字尚賓。
吴南，字直之。
陳夢良，字與叔。
董壽昌，字仁仲。
郭邦逸，字逍遥。
李德之。
方克大。
舒高。
周僴。
周得之。

江孚先。
王翰。
周頤。
劉子晉。
劉定夫。
董壽昌。
盧淳。
黄有開。
劉棟。
周莊仲。
吴仁父。
陳仲亨。
陳公直。
張仁叟。
陶安國。
林易簡。

考亭淵源録卷之二十四

趙師雍

趙師雍，字然道。

備遺

先生答師雍書云：「老拙文學，❶雖極淺近，然其求之甚艱，而察之甚審，視世之道聽塗説於佛老之餘，而遽自謂有得者，蓋嘗笑其陋而譏其僭，豈今垂老，而肯以其千金易人之弊箒者哉？又況賢者之燭理似未甚精，其立心似未甚定，竊意且當虚心擇善，求至當之歸，以自善其身。自此之外，蓋不惟有所不暇，而亦非所當預也。向有安仁吴生書來，狂僭無禮，嘗以數字答之。今謾録去，試一觀之，或不爲無補也。所喻寫《孟子》，字多不暇，三大字適冗，亦未及作。然此亦何能有助於學，而徒使老者勞於揮染耶？」

先生答安仁吴生書云：「去歲辱書，無便可報，今又承專人枉問，極感至意，且知志尚之高遠，可喜也。

---

❶「文」，《晦庵集》卷五十五作「之」。

然三復來示，蓋已自謂所得之深，而自信不疑矣，復何取於老拙之無聞，而勤懇若是耶？以爲見教，則僕未嘗有請於吾子。以爲求知於僕，則易簡理得、可久可大之君子，似不應若是其汲汲也。且僕於吾子，初未相識。問之來使，則知吾子之齒甚少，而家有嚴君之尊焉。今書及詩序等，乃皆嵬岸倨肆，若老成人之爲者，至於卒然以物饋其所不當饋之人，而不稱其父兄之命，則於愛親敬長之良知良能，又若不相似也。吾子自謂已得是心而明是理，僕不知吾子之所謂心者果何心，所謂理者果何理也。夫顔子之樂，未嘗自道。曾晳之志，非夫子扣之再三而不置，亦未嘗肯遽以告人也。豈若是其高自譽道，而惟恐人之不我知也哉？相望之遠，不知吾子師友淵源之所自。恐其所以相告者，未得聖賢窮理修身之實，而徒以空言相誤，使吾子陷於狂妄恣睢之域而不自知其非也。所惠紙簡硯墨，受之無説，不敢發封，復以授來使矣。吾子其於聖賢小學之教，少加意焉，則其進有序而終亦無所不至矣。」

傅伯壽

傅伯壽，字景仁，泉州晉江人，伯成之兄。隆興初，舉進士，復應博學宏詞科。歷吏部郎官，知漳州。慶元初，除中書舍人，直學士院。歷遷禮部尚書。出知建寧府，召權翰林學士，知制誥。嘉泰中，除端明殿學士，僉書樞密院事。以觀文殿學士奉祠，卒。嘗修高、孝兩朝《實録》。遺文三十八卷。

備遺

伯壽少與伯成同師事文公，又名臣孫子，乃奴事韓侂胄、蘇師旦，致身通顯。伯成非其所爲，每切責之。方僞學之禁，預草詔，以詆善類。其草文公秘撰告詞，有「大遜如慢，小遜如僞」等語。文公没，伯壽適知建寧，又不以聞。

伯壽人品如此，真西山序其文集，乃曰：「宣城一書，意慮懇款，陳夷虜必亡之勢與中國必勝之理，而始末以勢未可勝爲言。其論古今用兵成敗利害甚悉，欲治其在我，以俟敵之釁。當是時，權臣開邊意鋭甚，公之持論固如此，然則世之以附會詆公者，亦豈盡知其中心之所存哉？」此又不知其何説也。

「伯壽晚年入朝，議宗廟大典禮，援據敷析，出入經史百子，滚滚數千言。雖漢儒以禮名家，未能遠過也。

「伯壽初欲自奮於功名，不幸當世道清明之時，所施者止於二千石部刺史。迨其沉鬱既極，有力者始推而輓之，則非其時而伯壽老矣。故雖以文墨致高位，而其終身常若不釋然者。夫志既不白於當世，獨其文詞可自托以久。」西山之言，果何謂哉。豈獨有取於其文邪？

《真西山文集》所載：「近歲有嘗登晦翁之門者，既而黨論起，其人畏禍匿迹，過門不敢見，則以書謝曰：『非不願見也，懼爲先生累耳。』晦翁答曰：『予比得一疾，奇甚，相見則能染人。不來甚善。』聞者代爲汗下。」此不知其何所指也。

胡紘

胡紘，字應期，處州遂昌人。淳熙中，舉進士。紹熙五年，以京鏜薦，監都進奏院，遷司農寺主簿。秘書郎韓侂胄用事，逐朱熹、趙汝愚，意猶未快，遂擇紘爲監察御史。

紘未遇時，嘗謁熹於建安，受學門下。熹待學子，惟脱粟飯，遇紘不異也。紘不悦，語人曰：「此非人情。隻鷄尊酒，山中未爲乏也。」遂亡去。及是劾趙汝愚，且詆其引用朱熹，爲僞學罪首，汝愚遂謫永明。汝愚初抵罪去國，縉紳大夫與夫學校之士皆憤悒不平，疏論甚衆，侂胄患之。以汝愚之門及朱熹之徒多知名士，不便於己，欲盡去之，謂不可一一誣以罪，則設爲僞學之目以擯之。用何澹、劉德秀爲言官，專擊僞學，然未有誦言攻熹者，獨紘草疏。將上，會改太常少卿，不果。沈繼祖以追論程頤得爲美官，紘遂以藁授之，繼祖論熹，皆紘筆也。

寧宗以孝宗嫡孫，行三年服。及期，詔侍從、臺諫、給舍集議釋服，於是徙紘太常少卿，使草定其禮。既而親饗太廟，紘復入疏云：「比年以來，僞學猖獗，圖爲不軌，動摇上皇，詆誣聖德，幾至大亂。一二大臣、臺諫，出死力而排之，故元惡殞命，郡邪屏跡。自御筆有『救偏建中』之説，或者誤認天意，急於奉承，倡爲調停之議，取前日僞學之姦黨，次第用之，冀幸其他日不相報復。往者建中靖國之事，可以爲戒，陛下何未悟也。漢霍光廢昌邑王賀，一日而誅群臣一百餘人；唐五王不殺武三思，不旋踵而皆斃於三思之手。今縱未能盡用古法，亦宜且令退伏田里，循省愆咎。」俄遷紘起居舍人。詔僞學之黨，宰執權住進擬用，紘言也。自是學禁益嚴。進起居郎，權工部侍郎，移禮部，又移吏部。坐同知貢舉，考紘詞不當而罷。未幾，學禁漸弛，紘亦廢棄死。

備　遺

陳枅一日獨侍坐，先生忽顰蹙云：「趙丞相謫命出自胡紘。」枅問：「不知先生曾識紘否？」曰：「舊亦識之。此人頗記得文字，莆陽之政亦好，但見朋友多説其狠愎。」

附四庫全書總目考亭淵源録❶

考亭淵源録二十四卷浙江吴玉墀家藏本

明宋端儀撰，薛應旂重修。端儀，字孔時，莆田人，成化辛丑進士。官至廣東提學僉事。事迹具《明史》本傳。應旂有《四書人物考》已著録。此編仿《伊洛淵源録》之例。首列李侗、胡憲、劉子翬、劉勉之四人，以溯師承之所自。次載朱子始末。次及同時友人張栻以下七人。次則備列考亭門人，自黄榦以下二百九十三人。其二十三卷，則門人之無記述文字者，但列其名，凡八十八人。末卷則考亭叛徒趙師雍、傅伯壽、胡紘等三人，亦用《伊洛淵源録》載邢恕例也。史稱端儀慨建文朝忠臣湮没，乃搜輯遺書，爲《革除録》。建文忠臣之有録，自端儀始。然其書今未見。即此書原本，亦未見。世所行者，惟應旂重修之本。應旂作《宋元通鑑》，於道學宗派，多所紀録，此書蓋猶是意。然應旂初學於王守仁，講陸氏之學，晚乃研窮洛、閩之旨，兼取朱子，故目録後有云：「兩先生實所以相成，非所以相反。」遂以陸九淵兄弟三人列《考亭淵源録》中，名實未免乖舛也。

❶ 此標題原無，今補。

「《儒藏》精華編選刊」選目

經部

周易鄭注
漢魏二十一家易注
周易注
周易正義
周易口義（與《洪範口義》合册）*
温公易説（與《司馬氏書儀》《孝經注解》《家範》合册）
漢上易傳
誠齋先生易傳
易學啓蒙
周易本義
楊氏易傳
易學啓蒙通釋
周易本義附録纂注
周易啓蒙翼傳
周易本義通釋
易經蒙引
周易述
周易述補（江藩）（與李林松《周易述補》合册）
周易述補（李林松）
易漢學
御纂周易折中
周易虞氏義
雕菰樓易學
周易集解纂疏
周易姚氏學
鄭氏古文尚書
洪範口義
書傳（與《書疑》《尚書表注》合册）
書疑
尚書表注
書纂言
尚書全解（全二册）
尚書要義
讀書叢説
書傳大全（全二册）

古文尚書攷（與《九經古義》合册）
尚書集注音疏（全二册）
尚書後案
詩本義
吕氏家塾讀詩記
慈湖詩傳
詩經世本古義（全四册）
毛詩稽古編
毛詩説
毛詩後箋（全二册）
詩毛氏傳疏（全三册）
詩三家義集疏（全三册）
儀禮注疏
儀禮集釋（全二册）
儀禮圖
儀禮鄭註句讀

儀禮章句
儀禮正義
禮記正義
禮記集説（衛湜）
禮記集説（陳澔）（全二册）
禮記集解
禮書
五禮通考
禮經釋例
禮經學
司馬氏書儀
春秋左傳正義
左氏傳説
左氏傳續説
左傳杜解補正
春秋左氏傳賈服注輯述

春秋左氏傳舊注疏證（全四册）
春秋左傳讀（全二册）
公羊義疏
春秋穀梁傳注疏
春秋集傳纂例
春秋權衡（與《七經小傳》合册）
春秋集注
春秋經解
春秋尊王發微（與《孫明復先生小集》合册）
春秋本義
春秋集傳
春秋集傳大全（全三册）
孝經注解
孝經大全
白虎通德論

七經小傳
九經古義
經典釋文
群經平議（全二册）
論語集解（正平版）
論語義疏
論語注疏
論語全解
論語學案
孟子注疏
孟子正義（全二册）
四書集編（全二册）
四書纂疏（全三册）
四書集註大全
四書蒙引（全二册）
四書近指
四書訓義
四書賸言
四書改錯
四書説
爾雅義疏
廣雅疏證（全三册）
説文解字注

史部

逸周書
國語正義（全二册）
貞觀政要
歷代名臣奏議
御選明臣奏議（全二册）
孔子編年
孟子編年
陳文節公年譜
慈湖先生年譜
宋名臣言行録
伊洛淵源録
道命録
考亭淵源録
道南源委
聖學宗傳
元儒考略
四先生年譜
洛學編
儒林宗派
程子年譜
學統
伊洛淵源續録
豫章先賢九家年譜

閩中理學淵源考（全三册）
清儒學案
經義考
文史通義

子部

孔子家語（與《曾子注释》合册）
曾子注釋
孔叢子
新書
鹽鐵論
新序
説苑
太玄經
龜山先生語録
胡子知言（與《五峰集》合册）
木鐘集
西山先生真文忠公讀書記
性理大全書（全四册）
居業録
思辨録輯要
家範
小學集註
曾文正公家訓
勸學篇
仁學
習學記言序目
日知録集釋（全三册）

集部

蔡中郎集
李文公集
孫明復先生小集
直講李先生文集
歐陽脩全集
伊川擊壤集
元公周先生濂溪集
張載全集
温國文正公文集
公是集（全二册）
游定夫先生集
和靖尹先生文集
豫章羅先生文集
梁溪先生文集
斐然集
五峰集
文定集
渭南文集

誠齋集（全四册）
晦庵先生朱文公文集
東萊呂太史集
止齋先生文集
攻媿先生文集
象山先生全集
陳亮集（全二册）
絜齋集
文山先生文集
勉齋先生黄文肅公文集
北溪先生大全文集
西山先生真文忠公文集
鶴山先生大全文集
閑閑老人滏水文集
郝文忠公陵川文集
仁山金先生文集

静修劉先生文集
雲峰胡先生文集
許白雲先生文集
吴文正集（全三册）
道園學古録　道園遺稿
師山先生文集
曹月川先生遺書
康齋先生文集
敬齋集
涇野先生文集（全三册）
重鐫心齋王先生全集
雙江聶先生文集
歐陽南野先生文集
念菴羅先生文集（全二册）
正學堂稿
敬和堂集

涇皋藏稿
馮少墟集
高子遺書
劉蕺山先生集（全二册）
南雷文定
桴亭先生文集
西河文集
曝書亭集
三魚堂文集外集
考槃集文録
復初齋文集
述學
揅經室集（全三册）
劉禮部集
籀廎述林
左盦集

出土文獻

郭店楚墓竹簡十二種校釋

上海博物館藏楚竹書十九種校釋（全二册）

秦漢簡帛木牘十種校釋

武威漢簡儀禮校釋

*合册及分册信息僅限已出版文獻。